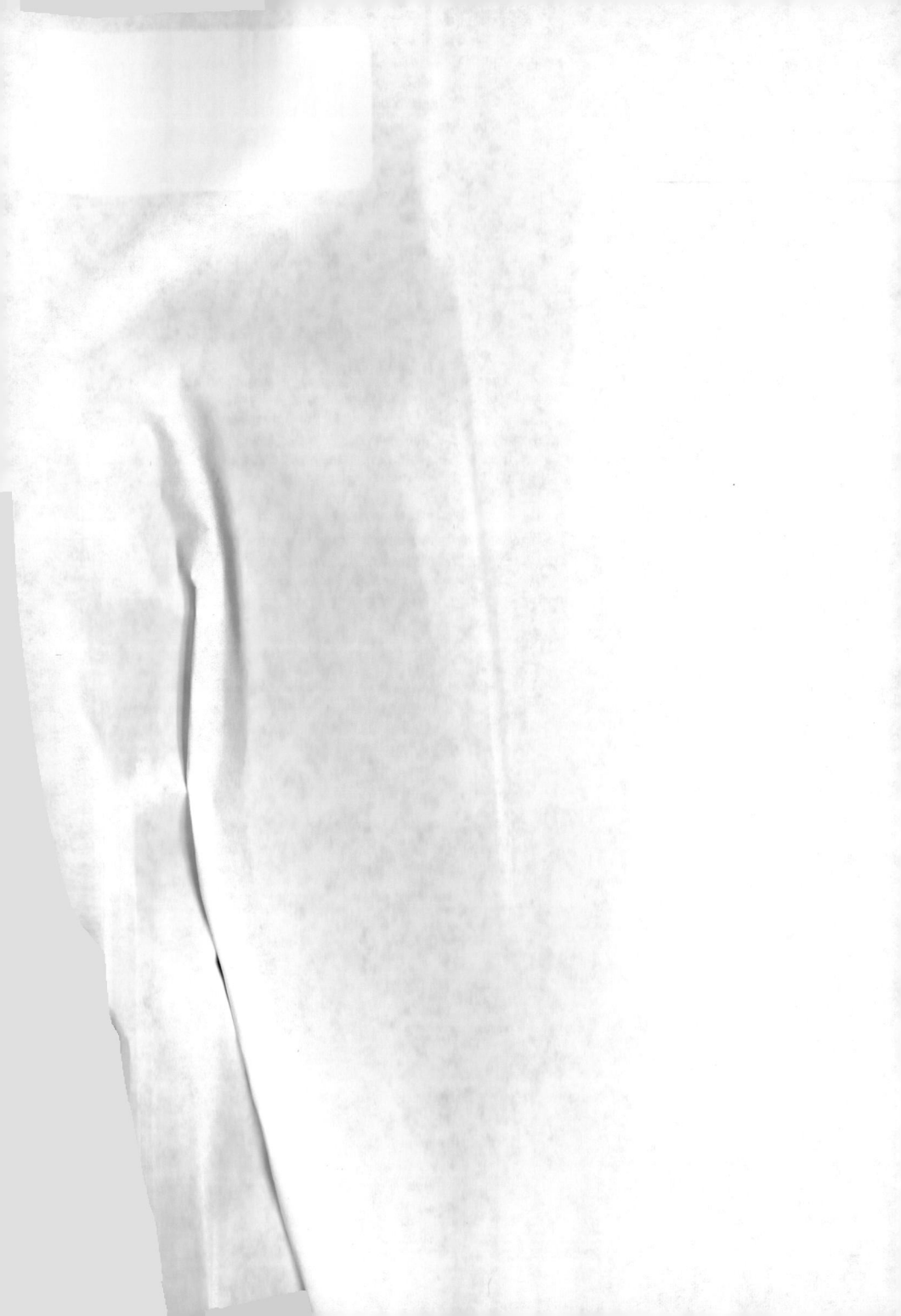

# TRATADO DE TEORÍA DEL HABITAR

**Casanova Berna, Néstor**
Tratado de teoría del habitar / Néstor Casanova Berna. - 1a ed. - Ciudad Autónoma de Buenos Aires : Diseño, 2019.
348 p. ; 21 x 15 cm.

ISBN 978-1-64360-272-1

1. Arquitectura. 2. Teoría. 3. Teoría del habitar. I. Título.

---

DISEÑO GRÁFICO: Karina Di Pace

ILUSTRACIÓN DE PORTADA: *La vida paseante*, 2017, María de los Ángeles Martínez (1953. San José. Uruguay), cedida gentilmente por su autora para su reproducción. https://angelesmartinez.com/

El presente libro fue distinguido con el Premio Nacional a las Letras concedido en 2018 por el Ministerio de Educación y Cultura de Uruguay en la categoría Ensayo de Arte y Música.

Hecho el depósito que marca la ley 11.723

La reproducción total o parcial de este libro, en cualquier forma que sea, idéntica o modificada, no autorizada por los editores, viola derechos reservados; cualquier utilización debe ser previamente solicitada.

© 2019 Diseño Editorial
ISBN 978-1-64360-272-1

Noviembre de 2019

# TRATADO DE TEORÍA DEL HABITAR

Néstor Casanova Berna

diseño

# ÍNDICE

**1. Preámbulo** — **11**
  1.1 Pertinencia — 11
  1.2 Oportunidad de un tratado — 13
  1.3 Líneas maestras — 17
  1.4 Esbozo programático — 20

**2. Aspectos cognoscitivos** — **23**
  2.1 Marco epistemológico — 23
    2.1.1 *Epistemología de las ciencias humanas* — 23
    2.1.2 *Perspectivas sobre el habitar* — 25
    2.1.3 *Hermenéutica del habitar* — 30
    2.1.4 *El marco epistemológico adoptado* — 34
  2.2 Categorías fundamentales — **36**
    2.2.1 *Habitar* — 36
    2.2.2 *Habitantes* — 41
    2.2.3 *El lugar: espacio y tiempo* — 48
    2.2.4 *La arquitectura* — 54
    2.2.5 *La arquitectura del lugar* — 59
    2.2.6 *Morfología del habitar* — 63
    2.2.7 *Teleología del habitar* — 69
    2.2.8 *Síntesis de la forma* — 75
  2.3 El ámbito doméstico — **83**
    2.3.1 *Oikos* — 83
    2.3.2 *Ámbitos domésticos* — 90
      2.3.2.1 La cocina y el cocinar — 90
      2.3.2.2 El comedor y el comer, más allá de la pura necesidad biológica — 93
      2.3.2.3 Las alcobas, las cámaras y los ámbitos de la intimidad: el sueño y sus alrededores — 96
      2.3.2.4 El baño: los rituales de lo limpio y del abandono de lo sucio — 100
      2.3.2.5 La sala y las interacciones microsociales domésticas — 102
      2.3.2.6 El deambular por pasillos y corredores — 104

| | |
|---|---|
| 2.4 Una forma de habitar ciertas casas | **106** |
| 2.4.1 *Presentación* | 106 |
| 2.4.2 *Marco histórico* | 108 |
| 2.4.3 *Una práctica de arquitectura contextual* | 110 |
| 2.4.4 *Las formas de vivir estas casas* | 116 |
| 2.4.5 *Síntesis* | 120 |
| 2.5 Otros ámbitos habitados | **124** |
| 2.6 La arquitectura del lugar y su estructura fundamental | **139** |
|   2.6.1 *Constituyentes* | 139 |
|     2.6.1.1 Cielo | 139 |
|     2.6.1.2 Tierra | 141 |
|     2.6.1.3 Horizonte | 142 |
|     2.6.1.4 La estructura del cuerpo | 142 |
|     2.6.1.5 Articulaciones | 143 |
|     2.6.1.6 Estancias | 144 |
|     2.6.1.7 Tránsitos | 145 |
|     2.6.1.8 Umbrales | 146 |
|     2.6.1.9 Esferas y laberintos | 147 |
|   2.6.2 *Elementos* | **148** |
|     2.6.2.1 Puertas | 148 |
|     2.6.2.2 Ventanas | 149 |
|     2.6.2.3 Cubiertas | 150 |
|     2.6.2.4 Muros | 151 |
|     2.6.2.5 Suelos | 152 |
|   2.6.3 *Patrones, paradigmas y tipos del habitar* | 153 |
|   2.6.4 *Dimensiones* | 159 |
|     2.6.4.1 Profundidad perspectiva | 159 |
|     2.6.4.2 Altura | 160 |
|     2.6.4.3 Amplitud | 162 |
|     2.6.4.4 Alcance quirotópico | 163 |
|     2.6.4.5 Profundidad histerotópica | 164 |
|     2.6.4.6 Sima alethotópica | 166 |
|     2.6.4.7 Sima tanathotópica | 168 |
|     2.6.4.8 Dimensión ergotópica | 169 |
|     2.6.4.9 Dimensión erototópica | 170 |
|     2.6.4.10 Dimensión nomotópica | 171 |
|     2.6.4.11 Dimensión osmotópica | 172 |
|     2.6.4.12 Dimensión fonotópica | 174 |
|     2.6.4.13 Dimensión termotópica | 176 |
|     2.6.4.14 Dimensión fototópica | 177 |

|       |                                                                                          |     |
|-------|------------------------------------------------------------------------------------------|-----|
| 2.7   | La arquitectura del lugar y sus posibles protocolos descriptivos e interpretativos       | 179 |
| 2.8   | La habitación del ambiente                                                               | 181 |
| 2.8.1 | *Habitar y vida*                                                                         | 181 |
| 2.8.2 | *El ambiente habitado*                                                                   | 185 |
| 2.8.3 | *Hacia un habitar ambientalmente sustentable*                                            | 191 |

## 3. Aspectos ético-políticos — **199**
- 3.1 Habitar como ethos — 199
- 3.2 Coreografías, rituales y ceremonias — 202
- 3.3 Ética del habitar — 209
- 3.4 Las prácticas sociales del habitar — 213
- 3.5 Axiología del habitar — 221
- 3.6 Existenzminimum y tamaño conforme — 229
- 3.7 De la política de vivienda a la política del habitar — 237
- 3.8 Del "problema de la vivienda" al derecho a la vivienda y a las políticas específicas — 239
- 3.9 Más allá del derecho a la vivienda: del derecho a la ciudad al derecho a habitar — 257

## 4. Aspectos productivos — **271**
- 4.1 La producción social del habitar — 271
- 4.2 Los agentes productivos — 276
- 4.3 Los proyectos sociales del habitar — 288
- 4.4 Estética del habitar — 291
- 4.5 Emociones del habitar — 300
- 4.6 Historia social del habitar — 304

## 5. Perspectivas de desarrollo futuro — **309**
- 5.1 Hacia una teoría del confort — 309
- 5.2 Hacia una indagación sistemática y profunda de las demandas del habitar — 315
- 5.3 Hacia una arquitectura como el ejercicio de un humanismo práctico — 317

**Galería de ilustraciones** — **323**

**Bibliografía** — **339**

# 1. Preámbulo

## 1.1 PERTINENCIA

> *Es evidente que se ha agotado la forma de pensar y de vida de la vieja Europa, la filosofía; la biosofía acaba de comenzar su trabajo, la teoría de las atmósferas se acaba de consolidar provisionalmente, la teoría general de los sistemas de inmunidad y de los sistemas de comunidad están en sus inicios, una teoría de los lugares, de las situaciones, de las inmersiones se pone en marcha lentamente, la sustitución de la sociología por la teoría de redes de actores es una hipótesis con poca recepción aún, consideraciones sobre la movilización de un colectivo constituido realistamente con el fin de aprobar una nueva constitución para la sociedad global del saber no han mostrado más que esbozos. En estos indicios no puede reconocerse sin más una tendencia común. Sólo algo está claro; donde se lamentaban pérdidas de forma, aparecen ganancias en movilidad.* (Sloterdijk, 2004: 24)

Una finalidad trascendente de la arquitectura es servir a la habitación humana.

Pero el habitar no es la única finalidad de los oficios y de las profesiones arquitectónicas. A despecho de lo que pudiera pensarse en principio, para la dilatada historia del ejercicio de la arquitectura, el habitar se ha tenido como la consecuencia tan obvia como no problemática de las operaciones profesionales del proyectar y construir artefactos que lo hagan posible. De allí se desliza un equívoco de muy larga data: frente a la conciencia de los profesionales de la arquitectura, tanto el construir como el proyectar se han transformado en finalidades en sí y específicas que demandan la mayor atención. Así, el propio habitar se ha soslayado.

A esta observación se podría replicar, no sin alguna razón, que la atención que brinda Vitruvio a la *utilitas* (utilidad) supone que el habitar humano ha sido desde casi siempre un factor importante en la reflexión y en el obrar arquitectónico. Sin embargo, frente al desafío artístico y técnico de construir, hay que reconocer que en su tratado resulta bastante sumario en lo que respecta al habitar como asunto específico.

Si se repasa el tratado de Alberti, por su parte, se observa que el acento de la atención vira de la construcción material al desafío intelectual del proyecto. Tampoco se aprecia un interés especial y equiparado en importancia por el propio habitar. Este aspecto se agudiza peculiarmente en toda la tratadística académica posterior.

También podría replicarse que la preocupación moderna, en los albores del siglo XX, por la función utilitaria supuso un importante aporte a la cuestión que nos ocupa. Debe concederse cierta cuota de razón a tal observación. No obstante, no es menos cierto que en la conocida proposición debida a Le Corbusier —aquella que sostiene que *la casa es una máquina de habitar* (Le Corbusier, 1923)— reduce la compleja relación de la implementación habitable en una relación de operación hombre/máquina. No es que tal proposición no tenga su parte de verdad y su relativa trascendencia histórica, pero hay que reconocer que en la actualidad resulta falazmente reductiva.

Es precisamente en el momento histórico que tiene lugar la crisis del funcionalismo mecanicista moderno que madura en algunas conciencias la perplejidad por el significado y sentido del habitar humano. En este punto, ha resultado de una peculiar inspiración el magisterio del arquitecto finlandés Alvar Aalto (1898-1976), que propugnó en su momento por una humanización de la arquitectura. *"El verdadero funcionalismo de la arquitectura debe reflejarse, principalmente, en su funcionalidad bajo el punto de vista humano. El funcionalismo técnico no puede definir la arquitectura"*, afirmaba, ya en 1940.

El resultado paradojal de esta situación histórica nos conduce a un presente en que tanto la problematización del habitar, como la reivindicación de la condición humana en la arquitectura resultan aspectos relativamente novedosos. De allí que el estudio sistemático del habitar humano suponga tanto un renovado desafío antropológico, así como un nuevo eje epistemológico y reflexivo para la propia teoría de la arquitectura. Resulta ahora claro que el habitar *no es* la consecuencia obvia y aproblemática del ejercicio profesional de la arquitectura.

El habitar en esta circunstancia histórica se ha vuelto opaco, problemático y desafiante. Esta triple condición funda la pertinencia del contenido del presente trabajo.

## 1.2 OPORTUNIDAD DE UN TRATADO

> *En nuestro siglo, el núcleo del saber humano ha explosionado, disgregándose en mil pedazos. También la arquitectura ha experimentado esa fragmentación y hoy vive con una mezcla de estupor y resignación la imposibilidad de un "tratado" que recomponga, de un modo armonioso, los fragmentos de ese saber disperso.* MARTÍ ARÍS, 1993: 11

La Teoría del Habitar constituye en la actualidad una materia específica sobre la cual se vuelve pertinente el intento de elaborar un tratado.

Esta proposición exige fundamentar, en primer lugar, la existencia de una teoría que merezca esta denominación y, en segundo término, defender la oportunidad del intento de redactar un tratado.

Acerca de la primera cuestión cabe afirmar que se ha acumulado más que suficiente reflexión y estudio sobre la materia por lo menos desde el último cuarto del siglo XX. La atención dirigida a los aspectos humanos implicados por la arquitectura, a la constitución efectiva de lugares, y la reflexión sobre el propio concepto de habitar ya constituyen una base más que suficiente para dar forma, aún incipiente, a una Teoría del Habitar que unifique y sintetice superiormente las diversas y convergentes atenciones y tratamientos del tema. De allí proviene el concepto de habitar como estructura dotada de una especificidad diferencial que merece especial tratamiento de estudio en un grado de desarrollo tal que permita un asedio integral y riguroso.

Defender la oportunidad del intento de redactar un tratado, por su parte, implica argumentar acerca de la maduración propia del contenido en la conciencia social tanto como anunciar las condiciones que hacen posibles una exposición unitaria, integral y ordenada sobre la materia. Puede constatarse que la temática no se ha desarrollado tanto como para suscitar una dispersión de sus partes constitutivas, así como el hecho de la factibilidad de encontrar un formato de escritura que ordene y disponga el material disponible. Sobre estas creencias se ha construido la presente tentativa.

Tal como afirma Carlos Martí Arís, el milenario saber arquitectónico se ha disgregado y en la actualidad, ya no es sensato intentar un tratado de arquitectura. Pero quizá no sea tan insensato aún acometer el desafío de tratarlo de uno de sus posibles núcleos reflexivos.

En efecto, en la actualidad es dable entrever que el habitar puede constituir un nuevo núcleo reflexivo en el seno de la milenaria Teoría de la Arquitectura. Y no se trata sólo de novedad. Es también milenaria la demanda de la constitución efectiva de una *ciencia de la arquitectura*. Por razones que se verán más adelante, ni las teorías centradas reflexivamente en la construcción ni aquellas fundadas en el proyecto han podido desarrollar al menos el esbozo de un núcleo epistemológico propio de la arquitectura.

Por los aspectos que muestra en la actualidad, es el habitar, como finalidad trascendente de la arquitectura, un posible núcleo epistemológico para una teoría de la arquitectura reformulada. Cabe sospechar, asimismo, que esta Teoría del Habitar obre de preámbulo propiciatorio para la constitución de una ciencia antropológica que opere efectivamente como ciencia de la arquitectura.

Existe una creencia no justificada que considera que la elaboración de un tratado supone una consolidación definitiva y ejemplar en su rigor. Sin embargo, en la actualidad no es siquiera creíble que el saber, entidad en continuo desarrollo, evolución y revisión, pueda quedar finalmente consolidada en un discurso que, en definitiva, es siempre una *tentativa* de un sujeto de carne y hueso, hijo de su formación y de su tiempo. El actual tratado, entonces, es, ni más ni menos, una tentativa de ordenar y disponer algo del conocimiento acerca de su asunto.

> *La presencia obligada y constante del habitar explica la dificultad en reconocer al habitar como un campo u objeto que demande una explicación, una teoría.*
> *En otras palabras, la cercanía, cotidianidad o familiaridad del habitar tiene como consecuencia que no se reconozcan sus incógnitas, sus opacidades, su compleja y variada estructuración.*
> (Roberto Doberti)

El profesor argentino Roberto Doberti ha afirmado que el habitar se invisibiliza ante nuestra conciencia tanto como el agua para el pez que nada en ella. Es posible que por ello la preocupación por el habitar sea incipiente en la actualidad. Sólo cuando se acusan agudas contradicciones entre las expectativas y la realización efectiva puede nacer, al menos, una inquietud al respecto. Sucede algo similar con la atmósfera: sólo tomamos conciencia cabal de ella en ocasión de la tormenta. En lo que nos concierne, en cierta forma se manifiestan ciertas contradicciones entre la provisión arquitectónica y las demandas de los habitantes que dan lugar al señalamiento de una entidad problemática.

Es por ello quizá que pueda pormenorizarse esta característica problemática tanto en los planos de la razón, de la práctica y de la producción. En efecto, ya el habitar no puede considerarse el necesario corolario de la proyectación y la construcción arquitectónicas. Ahora es imperioso señalar que, es porque habitamos que, entonces y en consecuencia, proyectamos y construimos. Ya el habitar no puede reducirse a unas prácticas específicas de apropiación de objetos construidos, sino que debe entenderse en la continua producción omnipresente de relaciones humanas con los lugares. El habitar, entonces, es una *práctica social total*. Por último, el habitar no puede confiarse a la atención de un colectivo profesional restringido, sino que debe abrazar a la sociedad en su conjunto estructurado. Habitar configura una práctica social.

¿A quién importa el habitar?

Podría importarle algo a algunos arquitectos, si éstos se comprometieran mucho con una finalidad última para sus producciones. Pero, por lo que parece, a la gran mayoría de estos profesionales le importa más el proyectar y el construir como fines en sí mismos. Podría importarle algo a algunos antropólogos, si éstos percibieran la problemática opacidad de la condición humana en los lugares. Pero, por lo que parece, a la gran mayoría de estos profesionales les interesan otras cuestiones, sobre todo aquellas de las cuales hay ya investigaciones y publicaciones que orientan el camino. Podría importarle algo a algunos filósofos, ansiosos de intriga por uno de los más sencillos —en apariencia— escritos de Heidegger. Pero, por lo que parece, a la mayoría de los amantes de la sabiduría les intrigan otras cuestiones más fervorosamente discutidas en este momento.

Pero debería importarnos *a todos quienes habitamos*, porque es en nuestra condición humana de habitantes, que debemos conocer y dominar una de nuestras situaciones constituyentes. Pero, por lo que parece... nuestras preocupaciones al respecto andas dispersas e ignorantes unas de otras.

## 1.3 LÍNEAS MAESTRAS

Por Teoría del Habitar se concibe, ante todo, *un conjunto estructurado de hipótesis acerca del habitar humano*.

En torno a la reflexión sobre el habitar como fenómeno, como concepto y como materia de estudio se desarrolla un conjunto coherente de hipótesis. Este conjunto proyecta a su modo una nueva luz sobre fenómenos, conceptos y materias de estudio conexos, los que ofrecen, en la actualidad, un aspecto significativamente concurrente. Tal aspecto promueve activamente la entrevisión de una estructura y, recíprocamente, un discurso hilvanado sobre la materia. En el actual estadio evolutivo de nuestra materia, lo cierto es que puede esbozarse, con relativa claridad, un conjunto estructurado de hipótesis que constituyen una teoría.

En la medida en que se indaga sistemáticamente tanto en los términos utilizados en la reflexión (*vox*), así como en el discurso que da cuenta de sus significados (*sermo*), confrontado con aquello de la realidad que se muestra como fenómeno (*res*), se recorre un círculo virtuoso que construye conceptos operativos.

Así, el desarrollo que investiga el habitar conduce a indagar sobre la condición humana del habitante y la constitución efectiva de lugares. Concomitantemente, la propia idea de arquitectura se somete a una importante revisión y ajuste, lo que conduce a elaborar otras hipótesis sobre la arquitectura y la estructura fundamental de los lugares habitados. De todo esto resulta el desarrollo de nuevas elaboraciones teóricas acerca de unas categorías fundamentales que fundan unas nuevas miradas sobre los modos en que habitamos.

Si bien la materia de la Teoría es indudablemente de naturaleza antropológica, es necesario tener en cuenta que su origen histórico concreto radica en la reflexión arquitectónica. En efecto, han sido arquitectos los que, principalmente hacia el último cuarto del siglo XX, han planteado su preocupación al respecto. (Cf. Muntañola, 1973; Norberg-Schulz, 1975; Alexander, 1977 y 1979 y Frampton, 1980). Todo parece indicar que recién en este momento, un aspecto singularmente importante del destino de la labor arquitectónica fue resituado en un plano de principal atención teórica explícita. Por otra parte, estos ensayos son deudores de una esclarecedora conferencia de Martin Heidegger de 1951, titulada "Construir, habitar, pensar" (Heidegger, 1954).

Una de las principales consecuencias que tiene esta reflexión es la revisión metódica del propio significado del término *arquitectura*, lo que a su vez lleva a reconsiderar su concepto y contenido. Al restringirse la noción de arquitectura al ejercicio profesional socialmente restringido del proyecto y la construcción se realiza de hecho una doble mutilación de sentido social. En efecto, tanto la demanda social —los requerimientos que la vuelven necesaria— como la implementación habitable —que es la justificación última y final— aparecen soslayadas.

Pero si se considera que, sin estos dos importantes extremos, la arquitectura no es siquiera posible, se pasa a reconsiderar la arquitectura como actividad social de producción que vuelve completo e integrado todo el ciclo productivo. Es que no debe confundirse la arquitectura con *aquello que hacen los arquitectos*. En esta nueva asunción es el cuerpo social como tal el que hace pertinente y oportuna una compleja trama de vínculos sociales que administra la transformación de los lugares habitados. El concepto y el contenido de la arquitectura adoptan un nuevo sentido y el oficio del arquitecto no es otra cosa que un servicio social.

Las líneas maestras del presente tratado pueden resumirse en el siguiente conjunto de hipótesis.

1. El *habitar* constituye un tema teórico capaz de ser desarrollado de modo integral, riguroso y operativo del que resulta una positiva Teoría del Habitar
2. Esta Teoría del habitar hace posible una indagación también positiva del *habitante* como sujeto protagonista de una conducta, una práctica social y una producción
3. Es fundamental la correcta caracterización del *lugar* como una estructura desplegada en el campo espacio-temporal efectivamente habitado.
4. El desarrollo consecuente de la Teoría del Habitar conduce a reformular la *Arquitectura* como actividad social de producción.
5. De esta reformulación procederá la caracterización rigurosa de la *Arquitectura del Lugar* como propiedad trascendente de los lugares habitados.
6. En consecuencia, es posible presentar una *Estructura Fundamental del Lugar* como categoría emergente del desarrollo efectivamente alcanzado por la Teoría del Habitar.

Estas hipótesis, estructuradas en su conjunto por un desarrollo y discurso coherente, dan lugar a una agenda temática del que puede anticiparse un esbozo programático.

## 1.4 ESBOZO PROGRAMÁTICO

El presente tratado desarrolla, en forma sucesiva, el tratamiento de los aspectos cognoscitivos, prácticos y productivos implicados por el habitar. Esto corresponde a la estructura intrínseca de una materia que implica, primero una conducta que hay que observar e interpretar; segundo, una práctica social con señalados aspectos éticos y políticos y, por último, un conjunto estructurado de modos sociales de producción. Estos tres aspectos suponen, entonces, un abordaje con pretensiones de integralidad teórica.

Con mucho, el conjunto de aspectos cognoscitivos es el más desarrollado. Abarca un marco epistemológico, un conjunto discreto de categorías fundamentales que culminan en una tentativa de protocolo de observación e interpretación que se aplica a los ámbitos domésticos y a otros ámbitos de diversa naturaleza que se aúnan en un análisis comprensivo de su carácter común de lugares habitados. El repaso de los ámbitos domésticos se ilustra con un ejemplo histórico en donde se condensa lo esencial del asedio cognoscitivo.

La teoría de ahonda y pormenoriza en distintos aspectos de la arquitectura del lugar y su estructura fundamental. Estos extremos muestran cómo se acaban, en la actualidad y desde este punto de vista, los principales extremos cognoscitivos disponibles. Se incorpora, fruto del análisis entablado entre los conceptos de habitar y vida, el tratamiento de la cuestión ambiental, que ofrece aspectos singularmente interesantes.

Los aspectos ético-políticos abarcan el análisis del habitar en tanto práctica social. A la reconsideración de la arquitectura como actividad social de producción se sigue con el examen de las prácticas sociales del habitar como manifestaciones de un *ethos* humano trascendente. En lo que toca a los términos políticos, se reconsidera críticamente tanto el "problema de la vivienda de interés social" como el derecho a la vivienda.

Por su parte, los aspectos productivos comprenden el examen de la producción social del hábitat, la observación y caracterización de los diferentes agentes productivos, así como el análisis de los diferentes modos de proyectos sociales del habitar. A estos tratamientos se agrega un estudio particular de la estética del habitar. El tratamiento de la producción del habitar se cierra con el perfilado de una demanda de estudios históricos sociales al respecto.

El tratado se cierra con el perfilado prospectivo de los desarrollos futuros. Al menos surgen allí dos perspectivas principales: por un lado, la revisión ideológica que promueve la Teoría del Habitar en el seno del ejercicio profesional de la arquitectura y por otro, las eventuales implementaciones cognoscitivas, prácticas y productivas de esta Teoría en el futuro relativamente previsible.

Y luego, todo recomienza y quién sabe hoy qué proyección efectiva tendrán estos estudios. A este futuro imprevisible están dedicadas estas páginas.

# 2. Aspectos cognoscitivos

## 2.1 MARCO EPISTEMOLÓGICO

### 2.1.1 Epistemología de las ciencias humanas

Puede pensarse que existen al menos dos grandes secciones o modalidades de las ciencias: por una parte, las ciencias de la naturaleza y por otra, las llamadas ciencias humanas, o ciencias de lo humano. Estas modalidades de conocimiento científico difieren principalmente por sus respectivas perspectivas sobre el conocimiento.

> *Junto a las ciencias de la naturaleza se ha desarrollado, espontáneamente, por imposición de la misma vida, un grupo de conocimientos unidos entre sí por la comunidad de su objeto. Tales ciencias son la historia, la economía política, la ciencia del derecho y del estado, la ciencia de la religión, el estudio de la literatura y de la poesía, de la arquitectura y de la música, de los sistemas y concepciones filosóficas del mundo, finalmente, la psicología. Todas estas ciencias se refieren a una misma realidad: el género humano. Describen y relatan, enjuician y forman conceptos y teorías en relación con esa realidad.* (Dilthey, *apud* López Molina, 2008)

En las ciencias humanas existe una inmersión *vivencial* del sujeto cognoscente con el objeto de estudio. Para abordar el conocimiento de lo humano, el sujeto no puede —y quizá no deba— tomar distancia de su propia condición humana, sino que debe implicarse, interpretar y comprender. Sólo mediante un método hermenéutico es posible dar cuenta de estos objetos, que son aspectos de la condición humana, asediados por la implicación cognoscitiva destinada a la comprensión de tales objetos.

*La tarea de éstas [las ciencias humanas] no es abstraer leyes formales (ciencias de la naturaleza) sino ordenar, resituar, en un contexto cultural vivo una realidad histórico-social que siempre está haciéndose de nuevo, y esa acción cognoscitiva sólo puede llevarse a cabo mediante un viaje reflexivo de ida y vuelta entre la historia efectual de la conciencia del investigador y las sucesivas objetivaciones en las que se representa la realidad histórico-social.* (López Molina, 2008)

De *comprender*, entonces, se trata. De comprender lo humano en su propio acontecer específico: *"hablamos de las formas elementales de la comprensión cuando la comprensión hermenéutica se dirige a tres clases de manifestaciones vitales, a saber, las expresiones lingüísticas, las acciones y las expresiones de las vivencias"* (López Molina, 2008). Si por nuestra parte examinamos el habitar humano, en definitiva, debemos prestar atención a las dimensiones cotidianas y corrientes del lenguaje que a éste se refiere, a las acciones implicadas y, sobre todo a las manifestaciones vivenciales. Y todo esto escrutado con un método de naturaleza y vocación hermenéuticas.

En suma, el marco epistemológico general aquí adoptado para la Teoría del Habitar es el propio de una hermenéutica que aspira a comprender su objeto específico, abordado como una ciencia de lo humano. El método principal se aplica al examen riguroso de las expresiones lingüísticas propias del habitar, las conductas humanas de situación y acontecimiento en los lugares y de las vivencias experimentadas allí y en ese entonces. El sentido general del presente tratado es agotar las potencialidades de esta perspectiva, para someterla al examen crítico del estudioso.

### 2.1.2 Perspectivas sobre el habitar

*El habitar es la manera como los mortales son en la tierra.*
(Heidegger, 1954)

Toda perspectiva que podemos asumir hoy, en nuestra cultura y en nuestro estadio de la cuestión, tiene un origen documentado y éste es la célebre conferencia "Construir, habitar, pensar", realizada por Martin Heidegger en Darmstadt, en 1951. Allí, en plena reconstrucción alemana de la posguerra, el filósofo interpela a los arquitectos y a su accionar.

Esta interpelación es precisamente el primer destaque de su perspectiva. Ante las necesidades acuciantes de la reconstrucción posbélica y movilizados todos los recursos técnicos y profesionales disponibles, se plantea una crucial cuestión: Se pueden efectivamente producir alojamientos confortables y económicos, pero *"¿albergan ya en sí la garantía de que acontezca un habitar?"* (Heidegger, 1954).

De esta manera, el autor confronta el construir técnico con el habitar existencial y con la necesaria reflexión sobre la cuestión. Esto recorta el habitar del fondo de obviedad en que se encontraba entonces (y donde reside aún hoy). Frente a la creencia corriente en la profesión arquitectónica acerca del hecho que habitamos *porque* hemos construido, en realidad resulta que *construimos porque habitamos*. El habitar, para esta concepción filosófica y arquitectónica, es entonces un proyecto que implica para el construir una causa primera y final a la vez.

El punto particularmente interesante de la perspectiva heideggeriana lo constituye la preocupación por interpretar correctamente el sentido de la locución 'habitar' y eso porque *"El hombre se comporta como si fuera él el forjador y el dueño del lenguaje, cuando en realidad es el lenguaje el que es y ha sido siempre el señor del hombre"* (Heidegger, 1954). Así:

> Pero si escuchamos lo que el lenguaje dice en la palabra construir, oiremos tres cosas:
> 1. Construir es propiamente habitar.
> 2. El habitar es la manera en que los mortales son en la tierra.
> 3. El construir como habitar se despliega en el construir que cuida —es decir: que cuida el crecimiento— y en le construir que levanta edificios. (Heidegger, 1954).

Quizá no haya otra definición más concisa y rigurosa del habitar que las palabras de Heidegger: *El habitar es la manera en que los mortales son en la tierra.* Esto significa que los seres humanos, signados por su autoconocimiento de su condición de mortales, son seres-en-situación. Y una situación fundamental, que es la condición terrestre, se caracteriza, precisa e inequívocamente por una manera de estar o ser-ahí en la tierra: como habitante.

Por fin, otro importante aporte, —en un artículo por lo demás seminal en cualquier aspecto que se tome— lo constituye una capital observación sobre la relación ontológica entre lugar y espacio: *"Los espacios reciben su esencia desde lugares y no desde 'el' espacio"* (Heidegger, 1954). Esto conduce a advertir que, antes que considerar el espacio, tal como hemos aprendido a hacer los arquitectos en nuestra formación, debemos prestar atención cognoscitiva y reflexiva a los *lugares* concretos.

Esta breve pero sustanciosa conferencia abre efectivamente un conjunto de cuestiones que demostrarán su fertilidad en los ulteriores desarrollos, a saber:

1. La cuestión del habitar es presentada en toda su trascendencia existencial.
2. Es singularmente importante la precisión sobre el adecuado orden de los términos: *no habitamos porque hemos construido, sino que construimos en tanto habitamos*. El habitar humano es causa primera y final de la construcción arquitectónica.
3. Heidegger señala un camino de indagación epistemológica: Hay que interrogar al lenguaje por el sentido del habitar.
4. Al definir que *el habitar es la manera en que los mortales son en la tierra*, nuestro autor vincula de modo íntimo la existencia humana con el habitar, localizado éste precisamente en donde se constituya un aquí.

Los hallazgos del filósofo tardaron lo suyo en hacer carne en la reflexión teórico-arquitectónica. Recién hacia 1975 Christian Norberg-Schulz publica su *Existencia, espacio y arquitectura* (Norberg-Schulz, 1975) en donde se abreva decididamente en la filosofía de Heidegger articulándola con la teoría arquitectónica. Por su parte, Josep Muntañola (1973, 2011) realiza importantes aportes centrados principalmente en el concepto de lugar y en la precisión fundamental que la arquitectura produce específicamente lugares, más que meros edificios. Desde una perspectiva que podría tenerse como estructuralista, similares intereses se muestran en la obra de Christopher Alexander (1977, 1979).

El conjunto de estas perspectivas tiene el innegable mérito de articular la reflexión teórica arquitectónica con el habitar como preocupación central. Se vinculan así la existencia humana con unos fines explícitos de la arquitectura. Son visiones que, en definitiva, obligan a redefinir con cuidado la propia concepción de la arquitectura y situar la categoría del lugar como centro reflexivo.

En lo que hace a nuestro Río de la Plata, resulta ejemplar el magisterio del arquitecto argentino Roberto Doberti, quien ha dedicado no poco esfuerzo docente y académico a desarrollar, en la región latinoamericana, la Teoría del Habitar. Dicha teoría resulta de una perspectiva original dado que aúna la mirada arquitectónica con un interés ineludiblemente antropológico. Es significativa tanto la proyección académica de la materia en la Universidad de Buenos Aires, tanto como la propiciación de varios congresos de la especialidad en la región iberoamericana.

Existen dos muy importantes aportes de su perspectiva sobre el habitar. El primero proviene de su crítica de la subsunción del habitar en la residencia o el alojamiento, producto de la Carta de Atenas (Doberti, 2011: 16). En ellos se articulaba el conjunto de las actividades humanas en Trabajar, Recrearse, Circular y Habitar. Doberti observa que también en nuestros lugares de trabajo, ocio y circulación se habita. Basta comprobar cómo esta concepción reductiva impacta en las realizaciones arquitectónicas y urbanísticas a lo largo y ancho del mundo, producto de la difusión del Movimiento Moderno y su ideología.

El segundo punto singularmente importante en la perspectiva de Doberti es la comprobación de la relativa invisibilidad que adquiere el habitar, cuando se asume que *habitamos todos y habitamos siempre, que no dejamos nunca de habitar.* Tan sumergidos nos movemos en nuestro habitar, que se nos oculta precisamente su existencia. Las reflexiones de nuestro autor al respecto nos conducen a considerar el conocimiento del habitar propio de una ciencia humana, en donde no es posible la articulación cognoscitiva y la distancia objetivante propia de la relación clásica sujeto-objeto.

Por su parte, la ciencia antropológica muestra un interés por cierto incipiente aún por la adecuada conceptualización del lugar. Es preciso poner mucha atención al término, ya que el concepto antropológico riguroso de lugar puede ser de modo efectivo el puente que alíe fructíferamente a la antropología con la arquitectura. Son ejemplares, a este título, los aportes de Augé, 1992 y de Lawrence, 1992.

*El lugar común al etnólogo y a aquellos de los que habla es un lugar, precisamente: el que ocupan los nativos que en él viven, trabajan, lo defienden, marcan sus puntos fuertes, cuidan las fronteras pero señalan también la huella de las potencias infernales o celestes, la de los antepasados o de los espíritus que pueblan y animan la geografía íntima, como si el pequeño trozo de humanidad que les dirige en este lugar ofrendas y sacrificios fuera también la quintaesencia de la humanidad, como si no hubiera humanidad digna de ese nombre más que en el lugar mismo del culto que se les consagra.* (Augé, 1992:49)

Es especialmente significativa esta caracterización del lugar como sitio concreto en donde confluyen referencialmente tanto el observador etnólogo, así como el habitante observado. También es fructífero cotejar esta semblanza con aquella que sobre el habitar desarrolla en su oportunidad el ya citado texto de Heidegger, en más de un esclarecedor detalle. De paso, aparece una caracterización significativa propia del lugar en su trato con los habitantes, más allá de la constitución puramente física del sitio.

En el presente estadio del conocimiento de la cuestión, la perspectiva adoptada en esta oportunidad es resultado no sólo de la implementación de los hallazgos previos, sino que debe ser consignada con el debido rigor. En efecto, toda investigación en este campo implica establecerse en un punto de vista clara y lealmente dilucidado, con el fin de contribuir al examen crítico que merece y alienta. En este sentido, este punto de vista es decididamente arquitectónico, dirigido no obstante con una proyección necesariamente antropológica. Se impone entonces deslindar claramente los confines en donde radican las definiciones fundamentales, las principales hipótesis teóricas y, en definitiva, cómo se construye, componente a componente, el necesario marco epistemológico. Desde este pequeño, pero bien definido territorio será posible desarrollar la materia tratada en sus fundamentos teóricos, en sus aspectos ético-políticos y apuntar a perfilar una teoría de la producción del habitar.

### 2.1.3 Hermenéutica del habitar

> *La Fenomenología es la teoría que narra la explicitación de aquello que al comienzo sólo puede estar dado implícitamente.* (Sloterdijk, 2004: 63)

Toda teoría debe comprometerse con una explicitación clara y contundente sobre su objeto de estudio.

En verdad, sólo podemos acercarnos al ser del habitar, mediante un discurso que lo tenga como referente. Esto implica que debemos recorrer recurrentemente un triángulo que va del término significante al significado que puede contornearse con un examen crítico de tipo semántico y también con el referente que suponemos observable y describible. Aquí llamaremos *recorrido hermenéutico* a tal figura triangular.

> *Toda comprensión óntica u ontológica se expresa, ante todo y desde siempre, en el lenguaje. Por lo tanto, no es en vano buscar del lado de la semántica un eje de referencia para todo el conjunto del campo hermenéutico* (Ricœur, 1969:16)

Se ha dicho que este recorrido hermenéutico es recurrente, ya que no se conforma con el establecimiento de un significado literal —lo que se consigue apenas con un calificado y concluyente consenso léxico—, sino en las significaciones más profundas que permiten discutir y discurrir sobre el sentido de la expresión y de allí, perfeccionar la precisión en la observación y descripción del referente.

*La interpretación es el trabajo del pensamiento que consiste en descifrar el sentido oculto en el sentido aparente, en desplegar los niveles de significación implicados en la significación literal.* (Ricœur, 1969: 17)

De esta forma, a un primer momento que interroga al lenguaje le complementa un momento inmediatamente consecuente de observación y descripción del referente para volver a revisar la pertinencia y el sentido que ligan al término significante con el referente. La elaboración del sentido es recíproca del examen semántico del término examinado. Así, los términos del discurso se vuelven profundos y cargados de sentido, disponibles para un discurso riguroso acerca de su naturaleza.

El diccionario de la Real Academia es muy escueto en torno al significado del término *habitar*. Allí se afirma que habitar es *vivir, morar*. En cierto sentido podría bastarnos con un par de términos sinónimos. Pero un sinónimo es un vocablo con un mismo o muy parecido significado. Esto nos lleva a pensar que, si creemos que hay un principio de economía en la lengua, cada palabra tiene un significado muy preciso y que la sinonimia es una semejanza relativamente superficial.

Según nos informa la etimología, habitar proviene del latín *habitare* y que esta forma es el frecuentativo de *habeo* 'tener'. Esto parece decir que uno puede tener incidentalmente algo, pero habita cuando frecuenta en su haber. Así, uno puede vestirse de una forma circunstancial, pero viste un hábito cuando acostumbra hacerlo de una cierta forma. Tenemos, por otra parte, un hábito cuando repetimos una y otra vez un determinado comportamiento. Nuestra vida transita rítmicamente por acontecimientos desusados yuxtapuestos a otros corrientes, cotidianos, en una palabra, eventos habituales.

Puede pensarse que a los términos habitar, vivir y morar es más o menos equivalente acompañarlos con locuciones como *ahí, aquí*, esto es, adverbios de lugar: *habito aquí, vives allí, él mora en aquel lugar*. Ahora bien, esta asociación común entre el verbo y el adverbio de lugar es tanto el elemento común, así como precisamente el criterio para señalar sus respectivos diferentes sentidos.

La pregunta que hay que hacer a estas locuciones, ya que las acompaña un adverbio de lugar, es *¿Dónde?* Y responderemos en forma diferente según los términos respectivos. Donde un ser vivo vive es un *ambiente*, donde mora un sujeto es en una *morada*, mientras que uno habita siempre y propiamente un *lugar*. A la vida de la entidad viviente le viene muy reducida la dimensión del lugar o la morada: la vida sólo tiene sentido y desarrollo efectivo en el ambiente que la vuelve posible. Por su parte, morar es un caso particular del habitar, específicamente una morada. Ya sabemos que no sólo habitamos moradas sino también calles, plazas, puentes, esto es, lugares.

De esta forma, podemos concluir que con un sencillo expediente semántico podemos sospechar que el *Diccionario* nos es insuficiente para dar cuenta del significado específico de la palabra habitar. Esto justifica indagar en significados ocultos bajo el uso corriente del vocablo y a continuación observar y describir en el mejor modo posible qué cosa parece ser el habitar una vez que uno intenta comprender la cuestión.

Por lo pronto, podemos ordenar respectivamente las extensiones semánticas de los términos. En primer lugar, *vivir*, como una generalización que tiene por referente una entidad viva de cualquier naturaleza y un dónde propio en el ambiente. Luego, un habitar, propio de la constitución existencial de lo humano que se sitúa concretamente en lugares. Por fin, el morar, como una especificación del habitar que se demora frecuentemente en moradas.

De este modo, la proposición *Alguien vive allí* corresponde a una especificación humana (alguien) necesaria para especificar el lugar (allí), mientras que designar como vivir su acción es un expediente generalizador equivalente al más preciso y específico habitar. Por otra parte, si se usa el término vivir en su acepción específica, entonces el sentido de la proposición cambia, ya que allí no designa una localización discreta y articulada, sino una ubicación particular en donde las variables ambientales, algunas relativamente próximas y otras muy remotas, concurren para hacer posible el fenómeno vital en ciertas condiciones.

De esto se desprende que se vuelve necesario tanto definir con mucho rigor el significado del término habitar en el seno de un discurso que lo trata como materia propia y específica, así como señalar con mucho cuidado los matices que es necesario tener en cuenta en términos semánticamente próximos. Así, la definición del término y la indagación de las relaciones establecidas entre la significación y el referente es materia propia de los fundamentos teóricos, tal como se desarrollará en su momento.

Pero con la definición del término central de la teoría no se alcanza todavía a caracterizar el marco epistemológico de la Teoría. Es preciso señalar cómo se construye la "mirada" epistemológica o el "asedio" cognoscitivo a una materia vuelta objeto. Doberti y Giordano han esclarecido que la Teoría del Habitar no debe considerarse una *descripción de costumbres* (Doberti, y Giordano, 2000). Por otra parte, cabe señalar que no se trata de una pura descripción arquitectónica de las cosas habitadas. Se trata, aquí, de observar, describir e interpretar la relación entablada entre habitantes y lugares.

Precisamente en la tensa y sutil relación que articula habitantes y sitios habitados es que la Teoría del Habitar no constituirá aquí una etnografía de los diferentes modos de habitar ni una descripción arquitectónica de los lugares, por más que ambos aspectos ofrezcan indudable interés vinculante. El objeto epistemológico de esta teoría, tal como se la intenta desarrollar aquí es la comprensión de la arquitectura de los lugares *mientras son habitados*.

Por fin, otro aspecto medular en la epistemología del habitar lo constituye el método de investigación. La caracterización genérica de hermenéutico no basta para anticipar debida y prolijamente el método efectivamente abordado. Sin embargo, el esfuerzo por clarificar el sentido de las expresiones fundamentales se justifica, en principio, por la construcción deliberada y explícita de un contexto discursivo adecuado. Toda vez que se trata de indagar en las relaciones entabladas entre los habitantes y sus lugares, es forzoso reconocer que no se trata de puros y simples hechos de los que pueda darse una explicación pretendidamente objetiva, sino que se trata de signos y textos de los que es preciso dar con una interpretación que los comprenda.

Los fenómenos de la habitación no son puros hechos porque están mediados por representaciones, deseos, proyectos, expectativas que dotan a la habitación de unos precisos sentidos, tanto para el habitante estudiado como para el estudioso de la cuestión. De lo que se trata aquí es indagar precisamente en estos sentidos y vivencias humanas, para mejor honrarlas en la práctica profesional de la arquitectura. Por ello, el método ensayado aquí complementa la observación, la descripción sistemática y la interpretación como fases mutuamente complementarias.

### 2.1.4 El marco epistemológico adoptado

A modo de resumen, puede delinearse el marco epistemológico de la siguiente forma.

En lo que toca al carácter general, la Teoría se origina y se desarrolla como un capítulo específico de las ciencias humanas. Esta caracterización conduce a determinar como objetivo epistemológico la comprensión del fenómeno humano de la habitación, en los términos en que ésta se puede observar, describir e interpretar.

Por su parte, la perspectiva general adoptada sobre la materia es de naturaleza arquitectónica, motivada por la necesidad de comprender en profundidad el habitar humano, toda vez que se asume que éste es la causa primordial de la arquitectura y, a su vez, el destino y finalidad de un ejercicio socialmente orientado de la profesión arquitectónica. Esta perspectiva hace caudal de los antecedentes disponibles en la actualidad, con especial atención a los aportes de la reflexión arquitectónica, y que no desdeña, por cierto, los aportes de la antropología social.

La comprensión del habitar es el fundamento primero que sustenta el desarrollo consecuente. Así, se deberá reconsiderar el significado y referencia propios del concepto de arquitectura, necesariamente reformulado a la luz de la comprensión de su relación con el habitar humano. También se indagará hermenéuticamente en la categoría del lugar, su arquitectura, morfología y la síntesis de las formas y modos del habitar. Con esto se delinearán las líneas principales de los fundamentos teóricos necesarios y previos al abordaje de los aspectos ético-políticos y productivos implicados.

El objeto epistemológico de la Teoría del Habitar, tal como es desarrollada aquí, es la relación entablada entre los habitantes y sus lugares. El método, por su parte, es dominantemente hermenéutico, conjuntando los procedimientos de observación, descripción sistematizada y comprensión de la arquitectura de los lugares *mientras* son habitados.

Se puede formular una tríada fundamental de hipótesis sobre el habitar que vertebrarán la Teoría:

1. El habitar humano es una *conducta* pasible de observación, descripción e interpretación rigurosas y métodicas
2. El habitar humano constituye un conjunto de *prácticas sociales* pasibles de examen y estudio tanto descriptivo como hermenéutico.

3. Por último, el habitar es un conjunto de *modos sociales de producción* que puede ser materia de análisis riguroso.

La convergencia de las hipótesis teóricas sobre el habitar apunta a desarrollar la teoría en tres planos principales de interés. Estas perspectivas deben desplegarse cada una en su especificidad, a la vez que es esperable que su confrontación y mutua referencia ofrezca aspectos singularmente interesantes de estudio

.

## 2.2 CATEGORÍAS FUNDAMENTALES

### 2.2.1 Habitar

> *La interpretación sería imposible si las manifestaciones de la vida fueran totalmente extrañas. Sería innecesaria si no hubiera en ellas algo extraño. Se halla, por lo tanto, entre estos dos extremos opuestos. Se hace necesaria allí donde hay algo extraño que puede apropiarse el arte de la comprensión* (Dilthey)

En un apartado anterior hemos esbozado apenas la acuciante necesidad de indagar en el sentido del término habitar, buscando los significados profundos de éste. Ya se ha visto que la palabra y el concepto de *vivir* son mucho más extensos en su amplitud semántica que el término habitar, del que deberá encontrarse significados y sentidos más específicos.

Algo similar sucede con la palabra *estar*. Respecto a este término, el *Diccionario de la Real Academia* enuncia: *Dicho de una persona o de una cosa: Existir, hallarse en este o aquel lugar, situación, condición o modo actual de ser*. Hay que admitir que estar, al predicarse tanto de una persona o de una cosa, hace mención a fenómenos diversos al habitar: Podemos afirmar que un teléfono está en el escritorio, pero indudablemente no diríamos que el mismo habita el lugar. El habitar se predica de quienes existen; en palabras de Heidegger, de quienes *somos aquí*, los mortales, los seres vivientes que sabemos que vamos a morir. Así entonces, los mortales *tienen lugar*, en el doble sentido de poblar un sitio y acontecer.

De esta manera, el término *existir*, en su acepción ontológico-antropológica, se avecina bastante a nuestro significado buscado, pues constituye al menos una precondición necesaria al habitar. El *Diccionario* indica que existir, en una tercera acepción es *haber, estar, hallarse*. Debe entenderse aquí que se predica la existencia humana, por lo que es un haber, estar o hallarse de un ser humano. Por su parte, en el *Diccionario de filosofía* de Nicola Abbagnano se consigna: *"existir es ser de un modo delimitado y definido, real o de hecho y un modo de ser propio del hombre"* (Abbagnano, 1961:485)

Sin embargo, cabe realizar la pregunta crucial para este análisis semántico: *¿Dónde existen los mortales?* No existen siempre en lugares, pero sí lo hacen en *mundos*. Porque existen, los mortales habitan constituyendo lugares en la tierra, aunque también constituyen otras circunstancias de diferente naturaleza. También forjan mundos no estrictamente terrenales en el pensamiento, el discurso o en el deseo.

Hay tres expresiones con significados mucho más próximas al significado de habitar. Estas son: *establecerse, hallarse* y *poblar*. *Establecerse* es avecindarse o fijar la residencia en alguna parte. *Hallarse*, por su parte, es estar presente o persistir en cierto estado. En fin, *poblar* es ocupar las gentes un sitio para que habite o trabaje en él. Todo parece indicar que en la intersección lógica de estos significados reside el significado propio de habitar. Nótese que el Diccionario no los presenta como expresiones sinónimas entre sí, ni con respecto al término habitar.

Todo conduce a pensar que habitar es, en definitiva, avecindarse las gentes haciendo presencia y población en algún lugar. En el territorio semántico del término y en la idea de habitar se hace mención implícita, pero necesaria, a unos sujetos, en relación o vínculo con algo que les pertenece y que producen: el lugar en donde es posible ocupar y poblar con una presencia efectiva.

Hasta ahora, hemos analizado semánticamente ciertos vocablos de significado afín al habitar, en los que estos significados desbordan en extensión semántica el significado propio del término de referencia. Corresponde ahora examinar el modo en que se especifica el habitar mediante actividades humanas particulares.

Los habitantes *sientan sus reales, se emplazan, se avecinan*. Ocupan dominando un lugar físico y unos lugares sociales primordiales, tenidos por propios de un modo radical, fundamental. Transforman un lugar inculto en un paisaje de la tierra abriendo su plaza en un lugar. También y concurrentemente, configuran zonas de proximidad y alejamiento espacial y social.

Otras especificaciones frecuentes del habitar lo constituyen el *morar* y el *ocupar*. Ya se ha reparado que morar es un caso particular —por cierto, importante— del habitar: el habitar moradas no es el único habitar del hombre: se habitan también sinnúmero de lugares que no constituyen moradas. Por su parte el ocupar es una especificación de un aquí y ahora que se verifica siempre en cada acto particular de habitación realizado efectivamente y en acto. Pero también es cierto que habitamos los ámbitos que tenemos como habituales más allá de ocuparlos efectivamente en ciertas circunstancias.

Cabe considerar como especificaciones particulares del habitar el *residir*, el *aposentarse*, el *domiciliarse* y el *alojarse*. Residir es estar establecido en un lugar, esto es, habitar una residencia, emplazamiento en que se vive con dignidad y decoro. Aposentarse es tomar casa, adoptar un lugar. Domiciliarse, por su parte es constituir un domicilio, esto es, un lugar en que legalmente se considera establecido alguien para el cumplimiento de sus obligaciones y el ejercicio de sus derechos. Alojarse, en fin, es situarse al abrigo de un lugar destinado al efecto. Todos estos términos hacen referencia a emplazamientos relativamente regulares en su ocupación, en donde los sujetos toman posición particular en el orden físico y social de los lugares.

Es necesario contemplar el habitar como hecho, pero también interpretarlo como signo. Es que el habitar es un hecho vincular, social y cultural, entre sujetos complejamente configurados y lugares no menos complejamente articulados. La teoría del habitar, entonces, no puede ser quizá otra cosa que una tentativa hermenéutica que indague no sólo con la observación de las conductas situadas del hombre, sino que escudriñe en el sentido que éstas adopten para los sujetos involucrados. Así entonces, nos encontramos tanto con una epistemología compleja, tanto con una mirada antropológica no menos compleja, que nos demanda contemplación científica e interpretación humanista. Investigar el habitar es tratar con un aspecto de la condición humana decididamente sutil y complejo a la vez.

Allí donde nos encontremos estaremos habitando en modalidades contingentes. Pero siempre se entablará una compleja relación entre los sitios y los que habitan situaciones y acontecimientos mediados por determinadas representaciones. Estas representaciones, que adoptan ciertas configuraciones generales que se consignarán más adelante, cubren un amplio arco que va de la nimia levedad del lugar que se atraviesa con distracción para llegar, en el otro extremo, a estos lugares grávidos de significado en donde constituimos nuestros lugares en el mundo.

Las representaciones del lugar no se construyen solamente con los datos de la percepción y su organización superior en figuras, sino que también incorporan elementos de la imaginación, la memoria y el ensueño. Es así que las representaciones significativas del lugar suponen para el habitante una proyección compleja de factores que implican la totalidad de su existencia, ese estado *arrojado al mundo*, en el cual cada uno construye, a su modo, la fisonomía de los lugares habitados.

En la actualidad, domina en las representaciones del habitar el impacto de la aceleración aguda de la movilidad de cosas y personas, así como la intensificación de los flujos informativos en las redes. Frente a las representaciones que hoy resultan arcaicas que vinculan el habitar con el arraigo a un solar natal, hoy domina la sensación generalizada de trashumancia constante, en donde cada uno debe construir identidades, memoria y referencia con respecto a lugares cada vez más distanciados entre sí: las casas que sucesivamente sirven de alojamiento en cada fase vital, los lugares de trabajo, de estudio, de esparcimiento... Las tramas de la vida cotidiana desarticulan la continuidad entre los diversos lugares efectivamente habitados. Los vaivenes de la información y la desinformación nos acercan situaciones y acontecimientos remotos y nos distancia de ciertas regiones física y socialmente próximas.

Más allá de la complejidad contemporánea es posible, en cierto marco epistemológico, dar con el sentido del habitar tal como resulta del análisis hermenéutico. De esta forma podemos realizar el siguiente conjunto de proposiciones referidas al significado de *habitar*:

1. Avecindarse las gentes haciendo presencia y población en algún lugar
2. Manifestación fundamental de la condición humana, que puebla con presencias e identidades ciertos lugares determinados de la tierra y resulta de una acción de apropiación específica, a la vez que es fruto de una operación productiva del propio lugar
3. Conducta humana desarrollada en los lugares, observable como hecho e interpretable como signo.

4. Práctica social que aúna unas teorías o representaciones del poblamiento del lugar con la acción social.
5. Una actividad social de producción que crea y recrea lugares.

La primera de las acepciones se desprende de lo que ya ha sido desarrollado en el presente apartado, mientras que, para presentar las restantes es preciso indagar comprensivamente en la constitución de los propios habitantes.

### 2.2.2 Habitantes

> *No hay que decir, pues, que nuestro cuerpo está en el espacio ni, tampoco, que está en el tiempo. Habita el espacio y el tiempo* (Merleau-Ponty, 1945)

A efectos de examinar con rigor el habitar, debemos despojar a este complejo fenómeno de toda particularidad, para examinar la situación y acontecimiento de la habitación bajo su forma más simple y fundamental posible. El lugar podría despojarse de todos y cada uno de los pormenores de su paisaje y el habitante quedaría reducido a su condición humana fundamental. Así, la habitación humana, como hecho, queda reducida a una disposición fundamental de un cuerpo humano dispuesto según un aquí y ahora. El lugar se constituye tanto en la situación espacial como en acontecimiento temporal.

Al cuerpo le corresponden dos importantes capacidades: la facultad de *identificar* la localización en el espacio y en el tiempo y la facultad de *orientar* su propia experiencia vital de la habitación del lugar. El uso de estas facultades hace posible, antes que determinar la configuración particular del lugar, indicar dos instancias fundamentales: aquí y ahora. Con la indicación no se designa ciertamente el lugar, pero se señala su origen el espacio y en el tiempo. *Aquí y ahora*, indicaciones posibles por la existencia del cuerpo, señalan el punto de origen de cualquier lugar y, lo que es tan importante como lo anterior, permiten hablar del lugar, en su condición fundamental.

> *El lugar del cuerpo configura al mismo tiempo un genuino lugar del discurso en el que algo se muestra y encuentra expresión. El "aquí" del discurso resulta tan poco absorbido en el espacio objeto del debate como el ahora del discurso lo es por el también debatido tiempo.* (Waldenfels, 1984: 24)

A efectos de considerar qué es lo que realizan los habitantes cuando habitan efectivamente es necesario caracterizar a éstos como existentes, esto es: seres volcados hacia el ser de las cosas y del mundo, seres lanzados a su actividad y a la producción de sus lugares propios. Somos, entonces, seres corpóreos que portamos en nuestra relación con lo que nos rodea, las facultades necesarias para constituir de hecho un aquí y un ahora. Así, la propia experiencia de ser humanos nos hace portadores de los elementos originadores del lugar que habitamos.

> *La palabra "aquí", aplicada a mi cuerpo, no designa una posición determinada con respecto a otras posiciones o con respecto a unas coordenadas exteriores, sino la instalación de las primeras coordenadas, el anclaje del cuerpo ante sus tareas.* (Merleau-Ponty, 1945: 117)

En el habitar, cada habitante manifiesta su propia condición humana y puebla con presencias y también con identidades los lugares. Esta presencia resulta en una apropiación de estos lugares, a la vez que estos provienen de una producción concreta de los habitantes.

Ninguna conducta que implique la implementación del cuerpo puede llevarse a cabo si no es en el marco de una conducta primordial que implica la presencia habitable. Podría hablarse de una suerte de protoconducta o una precondición fundamental de cualquier comportamiento. Esta precondición se muestra, en su carácter más general, como un comportamiento articulador, señalando aquí y allá fundamentales diferencias o anisotropías en la constitución efectiva del lugar.

Obsérvese cómo el cuerpo distingue las tres dimensiones espaciales, así como la temporal, oponiendo y distinguiendo valores diferenciales:

La dirección de la marcha articula tanto el lado hacia donde mira el rostro (delante), opuesto al lado de la espalda (atrás); así como también se confronta lo pasado frente a lo porvenir. *Adelante* está todo aquello hacia lo que nos lanzamos para conocer, actuar y producir. *Atrás* queda ya lo que es historia, lo alcanzado y lo que carga la memoria. Las trazas y los laberintos de la marcha van hilvanando el dilatado sistema de lugares que vamos habitando. Al superponer espacio y tiempo en el movimiento, la dimensión de la marcha se constituye en el lugar geométrico del proyecto, del plan deliberado, del desplazamiento hacia un horizonte apenas entrevisto.

La dirección arriba/abajo opone las cosas según la experiencia de la bipedestación, la actitud corporal erguida sometida a la acción de la fuerza de gravedad. Arriba, en lo alto, en lo eminente, se proyectan los sueños, radican el espíritu y lo divino, así como el deseo y las alternativas del tiempo. Por oposición, abajo reside todo lo que está a la mano y también los temores sobre el inframundo, así como el destino de toda empresa humana. Arriba reside el poder y abajo lo hace lo supeditado a éste.

La torre se erige, soberbia, desde un abajo cotidiano hacia una arriba que desafía o quiere conversar con los dioses. Arriba y abajo están articulados por el horizonte efectivamente habitado. La elevación sobre el horizonte señala, de modo masculino, la presencia del poder, toda vez que se experimenta simbólicamente la elevación de las masas que vencen a la gravedad. Lo erguido, por otra parte, aparece a título victorioso frente a lo postrado.

El eje de simetría del cuerpo es portador de la tercera dirección en el espacio. Allí se oponen las diferentes habilidades de nuestras extremidades, así como los dilemas éticos y políticos. Esta tercera dimensión se aplica a poner medida a la amplitud disponible en el lugar: la amplitud necesaria a la libre orientación en el sitio.

Mientras que la estrechez se asocia connotativamente con la pobreza material o intelectual, la amplitud, recíprocamente, se entiende en el sentido de la riqueza, generosidad o magnanimidad y también a la apertura espiritual (amplitud de miras). Un amplio dominio del lugar se designa como panorama, esto es, la total disponibilidad del horizonte. La amplitud de un recinto o de una escalera es indicio de libertad del cuerpo con respecto a las restricciones físicas del lugar.

La estructura de direcciones espaciotemporales del cuerpo conforma una *estructura estructurante*. El cuerpo dispone de esta estructura y la proyecta en su acción cognoscitiva, práctica y productiva. *El cuerpo-que-tiene-efectivo lugar es esa estructura.* Esta proyección es *estructurante,* por su parte, ya que el lugar se configura, en sus aspectos fundamentales según el habitante constituye con su presencia el lugar efectivamente habitado. En ocasión de tratar en profundidad la arquitectura y estructura fundamental del lugar observaremos cuántas dimensiones humanas proliferan allí, aparte de las que ya han sido consignadas aquí.

Los habitantes se constituyen efectivamente en los lugares que pueblan como *gente*, en el sentido antiguo del término, esto es, el conjunto de personas que pueblan un lugar. Los habitantes constituyen, de hecho un nosotros, que proyecta identidad y apropiación a los lugares:

*La suma de tú y yo no es dos. Es un entre en el que puede aparecer cualquiera. Cuando esto ocurre, podemos decir que hemos hecho una experiencia del nosotros que no sólo desafía las leyes de la aritmética, sino sobre todo un determinado escenario de relaciones de poder. Hemos dibujado las coordenadas de una dimensión común. Ha aparecido un mundo entre nosotros.* (Garcés, 2006)

Es por ello que aquí se menciona a los habitantes en plural. Puede modelizarse el habitar en torno a la figura teórica de un habitante poseedor de un cuerpo. Pero no pasa de ser un recurso discursivo y teórico ejemplificador, aunque engañoso. El habitar es una práctica social en la que los individuos pueden apartarse y tomar distancia de los congéneres en forma relativa y siempre circunstancial, pero nunca radical o absoluta. Más aún, la soledad del habitante, la conquista plena del ámbito íntimo es una adquisición relativamente reciente de nuestra actual civilización, pero de ninguna forma es el modo dominante de habitar.

*El habitar supone, en principio una práctica social primordial que hace de los sitios físicos territorios, esto es, una cierta y efectiva organización del lugar según las solicitaciones fundamentales de la reproducción económica y política de un grupo social dado. La territorialización del sitio implica la representación simbólica del lugar, la organización de la subsistencia y la conformación de un espacio o campo político cohesivo.* (Cf. Castro et al., 1996).

Uno de los aspectos más destacados de las prácticas sociales del habitar lo constituye la producción efectiva de lugares, a través de la transformación formal y material del entorno. Esta trasformación productiva hace de los sitios físicos formas significativas tales como el pago, el paisaje o el propio territorio. Por su parte, la transformación material implica el conjunto estructurado de las prácticas constructivas destinadas al habitar.

¿Qué hace el cuerpo en los lugares habitados?

Para gran parte del funcionalismo del siglo XX, la respuesta inmediata a la pregunta era: *opera mecanicistamente*, esto es, se sirve de o sirve a algún mecanismo. Cabe matizar esta idea: *el cuerpo opera, sí, pero de forma no necesariamente mecanicista, sino propia de la condición humana.* Esto tiene importantes implicaciones. El cuerpo *mide* el lugar con la marcha de los pasos, con la extensión de los brazos, con la percepción visual, con la reverberación del sonido, con el ritmo de la respiración, incluso con el olfato. El lugar se deja medir por el cuerpo en un conjunto de dimensiones que configuran un todo que desborda a las clásicas dimensiones de espacio y tiempo.

Pero el cuerpo no es una regla, sino un portador usuario de un instrumento delicado, flexible y sofisticado de medida. No se puede equiparar un cuerpo a una figura puramente extensional. La imagen del Modulor es apenas una emergencia visible y abstracta de una realidad mucho más compleja y sutil. En el fondo, como en tantas otras cosas, Le Corbusier acierta y yerra a la vez.

Cuando comprobamos que el cuerpo mide el lugar, entendemos que el cuerpo es un portador usuario de un delicado instrumento de medida que no puede ser reducido a un simple instrumento de medida de la extensión, tal como una regla. Y esto es porque en el seno del cuerpo se produce una operación complementaria y recíproca a la medición multidimensional del lugar. Esta operación es una compleja *valoración* que se sintetiza en un juicio de confort relativo. Cuando el cuerpo valora no opera mecanicistamente: no responde igual a similares condiciones ambientales del mismo modo en todas las circunstancias, sino que, de un modo propio, modula las respuestas con las circunstancias.

También tenemos que reconocer que, con su estructura *ordena* el lugar. Conquistada la bipedestación y liberadas las manos del compromiso locomotor, el cuerpo humano se desarrolla según una estructura que, a la vez que mide de modo complejo, también impone su morfología profunda al sitio ocupado. De este modo, el lugar habitado prolifera de cosas a la mano que se disponen jerárquicamente según el ordenamiento que resulta de la habitación.

Cielo, horizonte y tierra cobran orden y sentido. Las cosas que pueblan esta estructura fundamental se disponen en consonancia con las proyecciones inmanentes del cuerpo. La expresión de Protágoras que afirma, *El hombre es la medida de todas las cosas, de las que son en cuanto que son, de las que no son en cuanto que no son*, denota con claridad, pero de modo apenas emergente, una verdad profunda apenas erosionada por el abuso de la citación apresurada y rutinaria.

Si se considera que el cuerpo mide, valora y ordena el lugar de un modo inmanente, se puede advertir que, desde un punto de vista existencial y trascendente, el cuerpo *proyecta y diseña* el lugar. Por lo general atribuimos a los estratos superiores de la conciencia las estas tareas de proyecto y diseño. Pero al hacerlo, incurrimos de hecho en una escisión entre la conciencia y el cuerpo que no es sostenible. No es sostenible porque no puede ignorarse la tarea propia del cuerpo informado para proyectar desde sí hacia el lugar un designio constitutivo y fundamental. Y no hay proyecto ni diseño posibles sin este designio y esta proyección sobre el espacio y el tiempo, según las dimensiones impuestas precisamente por el cuerpo antes que la conciencia. Así, la tradicional y repetida figura vitruviana es apenas un emergente figurativo de una idea mucho más profunda. No hay proyecto y diseño "propios de la conciencia" sin las apoyaturas del cuerpo vivo.

> *Ahora ya sabemos que el alma es el cuerpo y el cuerpo el alma. Nos dicen que son diferentes porque quieren persuadirnos de que podemos quedarnos con nuestras almas si los dejamos esclavizar nuestros cuerpos.* (George Bernard Shaw)

El cuerpo es quien confiere significado y sentido al sitio y a las cosas que lo pueblan. En este sentido, el cuerpo es la verdadera causa material de la existencia efectiva del lugar. Sin la presencia humana, lo único que persiste es un mero sitio físico, sin ningún atributo significativo particular. Mediante las operaciones no mecanicistas del cuerpo, el lugar cobra medida, valor, disposición y designio constitutivo que se cumple en su efectiva realización.

*Vivimos en un tiempo y habitamos en la memoria.* (José Saramago)

La frase es clarividente: articula en la debida forma la vida con el habitar. Uno debe rendirse a la evidencia: mientras que el latir de la vida atraviesa el tiempo, habitamos precisamente en aquello en lo que nos queda de su devenir. Por ello, es preciso medir con mucho cuidado la dimensión temporal del habitar: la vida pende allí y la apreciación adecuada de su magnitud puede constituir asunto de la mayor importancia para la consecución de los lugares. ¿Albergarán los lugares proyectados y construidos por los arquitectos nuestra mejor cuidada memoria? Y si así no fuera ¿cómo podríamos indicarles el camino correcto para su adecuada consecución?

El lugar habitado por los mortales es una obra en construcción. La consideración tanto del habitar como de los habitantes conduce a reconsiderar la arquitectura como práctica social de producción, como emergente producto del habitar y como propiedad trascendente que tiene la conformación efectiva de los lugares.

### 2.2.3 El lugar: espacio y tiempo

*Un término concreto para definir el ambiente es lugar. Es común decir que actos o eventos tienen lugar; en efecto, es imposible imaginar cualquier acontecimiento sin referirlo al lugar. El lugar es evidentemente una parte integral de la existencia. Pero ¿qué cosa entendemos con la palabra lugar? Obviamente, cualquier cosa menos que una abstracta localización. Entendemos por esto un ensamblado [insieme], hecho de cosas concretas con su sustancia material, forma, textura y color. La composición de estos elementos define un "carácter ambiental", que es la esencia del lugar. En general, el lugar es definido en su carácter o "atmósfera". Por ello, un lugar es un fenómeno "total" cualitativo, que no puede ser reducido a ninguna de sus particulares características, como por ejemplo, sus relaciones espaciales, sin perder de vista su naturaleza concreta* (Norberg-Schulz, 1979: 6s)

En principio, observamos que el Diccionario de la Real Academia tiene como significado de lugar *el espacio ocupado o que puede ser ocupado por un cuerpo cualquiera*. También lo define como sitio o paraje. Se entiende que el término deriva de los latinos *locus* y *localis*, aunque hay quien lo hace derivar del dialectal *lucaris*, que designa un claro en el bosque en donde se puede consagrarlo a alguna divinidad o bien poblarlo. Por su parte, un *locus amœnus* constituye un lugar apartado en un bosque, especialmente seguro y confortable que lo vuelve idílico, esto es, propicio para el intercambio amoroso y el gozo.

Mientras tanto, el concepto de lugar tiene su equivalente griego en τόπος (*topos*), tanto en la acepción de lugar o sitio, puesto, país tanto como pasaje en un texto o escrito, así como ocasión u oportunidad en el tiempo.

Asimismo, en el *Diccionario de Antropología* bajo la dirección de Thomas Barfield, se distingue entre el lugar (poblado o habitado) y el sitio (físico):

*Como representación cultural el lugar incorpora y trasciende el verdadero sitio físico porque está investido de poder a través del discurso: los pueblos usan los sitios verdaderos para representarse a sí mismos, pero ciertas características de los sitios se convierten también en parte de su identidad [...]. El lugar adquiere poder cuando la forma figurativa del hablar de un lugar se vuelve parte de la experiencia del mismo, cuando es inseparable de la forma de vida o cuando se cuestiona su representación.* (Lawrence, 1992)

De este modo, el lugar concreto como referente constituye un sitio habitado en donde la identidad de los habitantes y la de su lugar es producto de esta interacción habitantes/sitio a través de la representación que inviste el lugar. A la identidad hay que agregarle otras dos importantes determinaciones finales cuales son la memoria y la referencia o apropiación.

Aún es necesario analizar el sentido del término lugar en ciertos usos. Cuando decimos: *El congreso tuvo lugar*, no sólo hacemos mención al lugar (dónde) se ha realizado, sino también y simultáneamente, la ocasión (cuándo) en la que ha sucedido. *Tener lugar*, entonces, indica y hace mención a una situación espacial, tanto como a un acontecimiento temporal. Así, puede considerarse el lugar no ya un espacio, sino un campo espacio-temporal.

De este modo, en el contexto de una Teoría del Habitar, por lugar se tendrá que es un campo o estructura espacio-temporal significativo para la habitación humana. La ocupación que se señala en la definición corriente de lugar, es aquí una conquista por parte de una presencia humana de habitación. La ocupación plena y sustantiva del lugar, pues, es la de la relación de habitación entre los seres humanos y sus sitios.

*El lugar puede definirse operativamente como un constructo humano destinado de un modo finalista por el habitar.* Está configurado por un modo concreto de vivir situado en el espacio y en el tiempo, constituyendo por ello una síntesis de *situación* y *acontecimiento*. El lugar posee una estructura propia, una forma revelada significativamente en un contexto y una representación o figura. En atención a estas características, es un hecho observable desde un punto de vista teórico arquitectónico específico, el que hace caudal de un interés disciplinar específico, se somete a un rigor epistémico y metodológico, así como orienta la actividad transformadora como un arte.

Debe señalarse que la referencia propia del término lugar es el ámbito *concreto* de la habitación, mientras que el *espacio habitado* resulta de una abstracción cognoscitiva y operativa. El lugar, asumido de esta manera, no puede considerarse el contenido físico, sino que constituye el mismo habitar desplegado en sus dimensiones espacio-temporales. De esta manera, se concibe el habitar como un fenómeno concreto que estriba tanto en conductas y prácticas, así como producciones observables en su constitución física de campo.

*Por lo que se refiere al concepto de espacio, parece que éste fue precedido por el concepto psicológicamente más simple de lugar. Lugar es, en primer lugar, una porción (pequeña) de la superficie terrestre, identificada con un nombre. La cosa cuyo "lugar" se especifica, es un "objeto material" o un cuerpo. Un análisis simple muestra que "lugar" es también un grupo de objetos materiales. ¿Tiene la palabra "lugar" un significado independiente de éste, o es posible asignarle tal significado? Si se tiene que responder negativamente a esta cuestión, se llega a la idea de que el espacio (o el lugar) es una especie de orden de los objetos materiales y nada más. Si el concepto de espacio se forma y se limita de esta manera, no tiene ningún sentido hablar de espacio vacío. Y, como la formación de los conceptos se ha regido siempre por un anhelo instintivo de economía, se llega bastante naturalmente a rechazar el concepto de espacio vacío.* (Einstein, 1953)

La preocupación por el tratamiento del lugar ha sido presentada por algunos autores que han preludiado el tratamiento teórico-arquitectónico del habitar. Surgen así diversos cuestionamientos a las representaciones de la arquitectura que han resultado dominantes en la teoría y en la práctica.

En Josep Muntañola (1973) se observa un cuestionamiento agudo tanto al modo maquinista de considerar la arquitectura, así como una pura representación de una obra acabada. Nuestro autor pone el acento en la objetivación de la arquitectura en la relación entre el habitante y el lugar.

> *Mi postura rechaza de entrada el estudio de la arquitectura como máquina de vivir o como puro símbolo natural e independiente [...] y acepta la posibilidad de concebir la arquitectura como un proceso permanente de reinterpretación creativa, sensible y racional de nuestro habitar. En esta reinterpretación creativa nada está mágicamente predestinado ni a degenerar ni a regenerarse, sino que todo depende del uso que el hombre haga de sus propias energías, evitando poner el destino de unos hombres en las manos, en la sensibilidad o en la cabeza de otros hombres.* (Muntañola, 1973:14)

Por su parte, Christian Norberg-Schulz presenta la idea que afronta la arquitectura como una expresión del espacio existencial del hombre. Ensancha la noción de producción del lugar hasta su dimensión humana, mucho más allá del puro ejercicio profesional de la arquitectura. De allí proviene la idea que la objetivación de la actividad social de producción de arquitectura no es ya el edificio, sino el propio lugar.

> *En cierto sentido, todo hombre que elige un lugar de su ambiente para establecerse y vivir es un creador de espacio expresivo. Da significado a su ambiente asimilándolo a sus propósitos al mismo tiempo que se acomoda a las condiciones que ofrece* (Norberg-Schulz, 1975: 12).

La constitución plena del lugar origina una primera articulación fundamental en el habitar humano: la oposición *aquí/allá*. El término aquí señala el origen del lugar: el espacio y tiempo compartido por esos que podemos llamar nosotros. Los confines propios de este aquí, de este lugar, no siempre pueden ser determinados con precisión, pero lo cierto es que, en toda aquella región suficientemente distante como para reputarse lejos, aparece allá, lugar ajeno. Lo que importa en este punto es que aparece con prístina claridad una primera y fundamental articulación a partir de la cual, la arquitectura específica del lugar devendrá una proliferación sistemática de articulaciones.

*Aquí* no se origina solo en el espacio. Nuestro habitual divorcio cognoscitivo entre el espacio y el tiempo nos lleva, necesariamente, a recordar que en definitiva aquí es *aquí-y-ahora*. Aquí no sólo señala un origen espacial, sino también una cierta instancia en un discurso, esto es, un punto o instante en un discurrir. Pero no es sobreabundante consignarlo: existimos en la extensión del espacio tanto como en la duración del tiempo. Es necesario, entonces, abandonar radicalmente la pura y abstracta asunción espacial de la arquitectura, si queremos observar la dimensión concreta y existencial de ésta.

La indicación aquí, convenientemente analizada, permite arrojar una luz adicional acerca de la distinción entre la habitación y el existir.

Cuando yo *digo* "aquí" (con lo que constituyo lo que se llama un *speech act* o acto de habla) refiero a una situación espacial (terrestre) propia de mi cuerpo en ese momento o tan próxima como para poder indicarla con un dedo. "Aquí" tiene una precisa indicación espacial y temporal compartida con mis interlocutores, en tanto cohabitamos un lugar en la tierra. Sin embargo, cuando yo *escribo* "aquí" ese término no denota mi lugar y circunstancias en la tierra —en el espacio—, sino que indica apenas un punto en mi discurso. Nadie podrá negar que exista en tanto soy capaz de originar este alegato, pero, en un futuro que apenas puedo imaginar, cuando usted, lector, lea estas líneas, "aquí" no designará ningún punto de la tierra que, por obvias razones, no podemos compartir. Aún en estas condiciones puedo incurrir en "aquí" con sentido comprensible y compartible. *En el discurso, existo*, aunque no en la tierra, de modo estricto.

En resumen, se puede considerar la definición operativa de *lugar*:

1. Un campo —esto es, una estructura espacial y temporal— significativo para la habitación humana.
2. Concepto teórico fundamental para describir las relaciones entre los seres humanos y su ambiente vivido.

De esta manera, es ahora posible abordar el estudio descriptivo de los lugares y sus formas significativas, a través de lo que se caracterizará como arquitectura del lugar.

### 2.2.4 La arquitectura

*Partimos de la tesis que la arquitectura constituye una reproducción tardía de configuraciones espontáneas de espacio en el cuerpo grupal. Aunque el hecho humano se base en un efecto invernadero, los invernaderos primarios antrópicos no poseen, en principio, paredes y tejados físicos, sino, si se pudiera decir así, sólo paredes de distancia y tejados de solidaridad.* (Sloterdijk, 2004: 277s)

*La arquitectura abarca la consideración de todo el ambiente físico que rodea a la vida humana; no podemos sustraernos a ella, puesto que formamos parte de la civilización, porque la arquitectura es el conjunto de las modificaciones y alteraciones introducidas sobre la superficie de la tierra, para las necesidades humanas, exceptuando el puro desierto. Tampoco podemos confiar nuestros intereses arquitectónicos a un pequeño grupo de hombres instruidos, encargarles buscar, descubrir, moldear el ambiente donde habremos de vivir y luego maravillarnos de aprehenderlo como cosa bien hecha; esto concierne en cambio a nosotros mismos, a cada uno de nosotros, que debe vigilar y custodiar el justo ordenamiento del paisaje terrestre, cada uno con su espíritu y sus manos, en la medida que le concierne* (Morris, 1881)

En el marco de la Teoría del Habitar, se vuelve forzoso reconsiderar la definición corriente de la arquitectura, según un análisis crítico de la misma. En principio, tenemos que el Diccionario de la Real Academia considera que la arquitectura es *el arte de proyectar y construir edificios*.

Con esa muy concisa expresión se confunden una actividad social de producción con el ejercicio profesional específico. Esto es, se confunde una actividad social de producción con *aquello que hacen los arquitectos*. Definir la arquitectura como un arte puede ser entendido como una actividad privativa de artistas.

Por otra parte, se restringen indebidamente las *acciones* sociales implicadas a las que resultan privativas del arquitecto, único actor social reconocido en la definición. En realidad, se trata de una actividad social de producción que comprende, además del proyecto y la construcción, otras dos instancias fundamentales. La primera es la *concepción*, que promueve una demanda social específica. Sin esta *demanda*, el ciclo productivo no tiene origen e inicio. La segunda instancia es la *implementación*, esto es, la operación, el uso, el habitar en todas sus dimensiones. Sin esta instancia, la actividad social de producción no tiene destino o fin. Por otra parte, los agentes sociales implicados desbordan el marco estrictamente profesional arquitectónico: intervienen clientes, el Estado, los agentes financieros, las empresas constructoras, las empresas inmobiliarias y los mismos habitantes. Los arquitectos comprenden apenas una parte de este complejo entramado social.

En fin, también se restringe indebidamente el *resultado* de esta acción a la categoría de los edificios, cuando, en una visión más comprensiva, de lo que se trata es de producir *lugares* o sitios habitados. Al cuestionar la limitación del resultado de la labor arquitectónica que supone el término edificio, reemplazándolo por el vocablo lugar, también se señala una sustancial diferencia. El producto arquitectónico, en esta perspectiva, no es ya un artefacto material, sino una estructura vincular efectiva entre un sitio y las personas que lo habitan, que es lo que constituye en definitiva un lugar. Esto resulta una crítica fundamental a la concepción de la arquitectura como producto.

Los arquitectos suelen creer que en su labor tienen el control estratégico de importantes aspectos de lo realizado: *cómo se construye* y *qué se construye*, esto es, el control de la forma y de la materialidad de la cosa construida. Sin embargo, las expresiones de la demanda, las determinantes financieras, las tecnologías y destrezas disponibles, las alternativas económicas y políticas y la satisfacción relativa de los habitantes son mucho más determinantes. En realidad, al arquitecto y en el mejor de los casos, le cabe el papel de explotar del mejor modo posible este conjunto de condicionantes e *interpretarlas* con el fin de conseguir el mejor producto posible.

También debe tenerse en cuenta que la construcción no se restringe a la edificación, sino que incluye tareas que pueden caracterizarse adecuadamente como acondicionamientos. El producto de la actividad constructiva, entonces, sólo puede considerarse, en su integralidad, como una actividad social de producción material de lugares mediante diversos acondicionamientos. Sólo parte del acondicionamiento de los lugares consiste en construir edificios.

Finalmente debe considerarse una acepción del término arquitectura incluida en el *Diccionario de Filosofía* de Nicola Abbagnano: *la arquitectura como propiedad*. Se trata de una propiedad de las estructuras más o menos complejas desarrolladas según finalidades. Hay arquitectura precisamente allí donde unos fines tenidos por secundarios se supeditan a una finalidad superior. Es en la *Ética a Nicómaco*, de Aristóteles (I, I, 1094 a) donde se caracteriza a la *ciencia arquitectónica* como aquella que construye una jerarquía de fines, en donde unos fines secundarios se subordinan a uno o más fines principales.

Por ello, en principio es posible proponer una definición alternativa, apta para los fines de la Teoría del Habitar de arquitectura:

1. Actividad social de producción destinada a concebir, proyectar, construir e implementar lugares, esto es, sitios habitados.
2. El resultado material, intelectual y soñado de esta actividad social de producción.
3. Propiedad que tienen las estructuras o los complejos de índole finalista, en donde a un fin tenido como principal se supeditan otros considerados secundarios.

Las tres acepciones del término arquitectura resultarán funcionales a la caracterización positiva de los lugares, en sus configuraciones fundamentales tanto como en su morfología particular. Por su parte, la caracterización de la arquitectura como propiedad será fundamental para forjar un necesario concepto operativo de la *arquitectura del lugar*.

Las arquitecturas tienen un origen histórico que acaso nunca logremos develar, pero, según se elaboren los relatos (*mythos*) de origen, así podrá edificarse consecuentemente una teoría constitutiva.

Para Vitruvio, todo comienza con el dominio del fuego y del habla: la choza primitiva es el germen de la arquitectura puesta al servicio de la vida de los hombres. Para Peter Sloterdijk, en el comienzo todos son relojes u observatorios astronómicos que miden el tiempo y aconsejan sobre las labores agrícolas.

*El imperativo categórico de la ontología agraria: ¡interésate por la cosecha! sólo puede seguirse mientras exista una tensión razonable entre previsión y cumplimiento.*

*Según eso, la casa de los primeros campesinos sería un reloj habitado.* (Sloterdjk, 2004)

Por otra parte, cabe observar los *crómlech* o círculos de piedra de la prehistoria y reparar que hay un gesto originario, simple y formal, pero indispensable a cualquier empresa arquitectónica. Se trata de *articular* el lugar, separar y conectar a la vez el territorio sagrado o de los muertos del correspondiente a los vivos o profanos. El mérito de los mitos de origen radica en la fertilidad con que se desencadena un desarrollo consecuente. Conviene reparar con atención hacia dónde conducen.

Hay que considerar, en este contexto, un aporte especial a la resignificación de la arquitectura a la luz de la consideración del habitar:

> *Partimos de la tesis que la arquitectura constituye una reproducción tardía de configuraciones espontáneas de espacio en el cuerpo grupal. Aunque el hecho humano se base en un efecto invernadero, los invernaderos primarios antrópicos no poseen, en principio, paredes y tejados físicos, sino, si se pudiera decir así, sólo paredes de distancia y tejados de solidaridad.* (Sloterdijk, 2004: 277s)

Este texto citado es clarividente para revelar que la construcción material es una *consecuencia* de una arquitectura, por una parte, y que, como afirmaba Plotino, luego de la ruina, lo que puede subsistir es, precisamente, *esa* arquitectura.

Ahora bien, no se trata de configuraciones espontáneas, sino de *designios constitutivos*, esto es, estructuras que anidan en el fondo de la conciencia humana. Y allí la idea arquitectónica por excelencia, el designio constitutivo, la estructura fundamental es la articulación. Mediante una articulación, a la vez *se une y separa*. Una pared constituye, ante todo, una articulación que supone una ruptura o distancia en un lugar. Porque espacio-y-tiempo pueden ser discontinuos, pueden reunirse a la vez que escindirse.

*Unir-y-separar* es la estructura nodriza de todo razonamiento arquitectónico y precede y propicia las fatigas de la ulterior construcción.

*Toda vez que la arquitectura o "lo arquitectónico" nombra un hacer regulado con vistas a un fin, que exige sabiduría, un carpintero o un armero que fabricaba cascos podían ser arquitectos, según cuenta Aristóteles en la Física. Este uso sorprendente del término arquitectura revela que para Aristóteles lo arquitectónico se limita a la proyectación y la construcción, sino a la ideación. Lo que el carpintero y el político tienen en común, que les permite ser calificados de arquitectos, no es el tipo de saberes y de obrar, ni la materia sobre la que obran, sino el obrar con vistas a un fin, la existencia de un plan, estuviera pensado o dibujado. El arte, la técnica o el método solo se subordinan a ningún otro proceder. Hacer arquitectura consiste en planificar, es decir operar según reglas con vistas a un resultado consecuencia del obrar, previsto y anunciado por éste. Por tanto, un arquitecto es quien logra establecer el orden, en la materia o en comunidades: ordenar el mundo y los humanos. (Pedro Azara, 2013)*

El *concepto* de arquitectura desborda su *objeto*.

El *objeto* de la arquitectura, en efecto, puede reducirse, en términos muy generales, a un conjunto de masas sabiamente ensambladas bajo la luz, tal como lo formulara en su momento el maestro Le Corbusier. Pero esta definición se constriñe al emergente material del objeto arquitectónico. El *concepto* de arquitectura, por su parte, es mucho más general y profundo aún. Toda arquitectura, más allá de su eventual materialización, es siempre una estructura de fines, en donde ciertas finalidades secundarias se someten al imperio de una principal. La arquitectura no es apenas el arte reservado a los constructores sino de *todos aquellos que identifican, conforman y configuran estructuras de fines*.

## 2.2.5 La arquitectura del lugar

La arquitectura, cuando se habita, constituye *lugares*, más que edificios.

Los lugares habitados, entonces, tienen como propiedad trascendente una arquitectura profunda, la arquitectura propia del lugar, propiedad que hay que descubrir. La contextura de los edificios, por su parte, es apenas un emergente parcial de esta arquitectura. Debemos preparar nuestro entendimiento y nuestro aparato sensible para afrontar cabalmente la arquitectura del lugar.

Hablar de las formas de habitar no es necesariamente describir los modos particulares que adoptan las costumbres o hábitos de quienes habitan. Doberti y Giordano (2000) señalan, con razón, que la Descripción de Costumbres constituye "un valioso antecedente, en términos de aportes y de orientaciones, pero también marcadas insuficiencias". Una Teoría del Habitar, si bien puede reservar tal antecedente, también debe ofrecer una alternativa superadora.

> *La Descripción de Costumbres se manifiesta atendiendo siempre a lo ajeno, descubre las costumbres en lo extraño, lo exótico, lo insólito. En el afán del viajero o el memorioso por mostrar lo inesperado les pasa desapercibido lo cercano; en el límite costumbres serían las de los otros, nuestro acontecer sería tan espontáneo, lógico y adecuado que no merece atención. Contradictoriamente, lo acostumbrado no sería costumbre y sólo lo insólito, no lo que suele suceder, se inscribe como uso. Se ingresa así en un discurso dispuesto a poner en foco solamente lo lejano, en un discurso que ya no puede recuperar precisión de la cercanía, que se obnubila en elogios o diatribas sobre lo otro, que se enajena en la fascinación por lo distante y propicia desinterés por el entorno propio.* (Doberti y Giordano, 2000)

Allí se señala que la descripción, en sí misma, desprovista de la construcción rigurosa y metódica de una mirada es una insuficiencia insalvable para la Descripción de Costumbres. Obsérvese que la constitución de una mirada no sólo informa sobre la vocación teórica de quien acomete la tarea, sino que también sitúa convenientemente su objeto observado. Ya que el habitar es de suyo ricamente complejo, se infiere que existe una posibilidad general de adoptar diversas perspectivas para abordarlo. Y la Teoría del Habitar debe construir una perspectiva disciplinada para disponer tanto al observador, descriptor e intérprete, así como rotar el objeto para que se lo ilumine de manera pertinente.

> La primera condición que requiere toda Teoría del Habitar es reconocer la dificultad de su tarea, metafóricamente podríamos decir que debe reconocer la dificultad de habitar el Habitar. La cercanía del Habitar no puede llamar a engaño: no está a la mano, no basta con abrir los ojos para verlo. Precisamente es su proximidad, su permanencia, su condición necesaria y obligada, lo que convierte al Habitar en algo difícil de aprehender, de reconocer en su legalidad íntima, en su estructuración específica. Podemos conjeturar, sin mucho riesgo y con ejemplos relevantes a favor, que lo más misterioso e ignoto se encuentra tanto en las fronteras de la percepción —por lejano, inmenso o minúsculo— como en la proximidad que nos invade, en la aparente familiaridad que no estimula la sospecha sobre su estructuración real. (Doberti y Giordano, 2000)

De esta manera, es necesario construir una perspectiva y con ella, una mirada. Tal mirada, aquí, es arquitectónica. Sin embargo, debe precisarse diferencialmente ya que el territorio arquitectónico es vasto. No es una mirada dirigida a las cosas construidas en sí, ni mucho menos a la imagen que emerge de la síntesis de la forma en sí. *Es una mirada orientada a la vida humana sorprendida en su situación y acontecimiento cuando constituye lugares.* Así, la existencia humana en los lugares, realidad de naturaleza vincular entre seres humanos y sus sitios, es el cariz que se busca no sólo observar y describir, sino también interpretar en sus significados.

Así, la mirada arquitectónica orientada a las formas y contenidos de la existencia humana en los lugares resulta, en definitiva, una apreciación comprensiva de la arquitectura de los lugares. Por arquitectura del lugar tenemos, en primer lugar, que es una propiedad trascendente, formal y material del lugar efectivamente habitado. Recordaremos aquí que, previamente y en la definición operativa de arquitectura, en la tercera acepción se proponía: *Propiedad que tienen las estructuras o los complejos de índole finalista, en donde a un fin tenido como principal se supeditan otros considerados secundarios.*

El fin de todo lugar, tal como se ha definido antes, es en general ser apto para su habitación. Se observa que los lugares formal y materialmente transformados para su habitación resultan más o menos complejos, pero siempre estructurados en una cierta forma, en donde se puede reconocer el fin principal al que se supeditan otros fines secundarios. De lo que se trata, en la Teoría del Habitar, tal como se la concibe aquí, es dar cuenta de esta propiedad trascendente de los lugares, esto es, su arquitectura propia.

En segundo lugar, tenemos que, ante la mirada que lo examina, el lugar se organiza como una estructura jerarquizada de formas y fines. Revelar esta estructura por medio de la observación, descripción y comprensión es uno de los propósitos de la Teoría del Habitar. También en este aspecto, la conformación integral de tal estructura es, en sí misma, una arquitectura.

Por fin, el destino manifiesto de una arquitectura que atienda efectivamente el habitar, es una síntesis arquitectónica de la forma. Esto quiere decir, concretamente que el resultado final de una empresa arquitectónica destinada a la habitación, es, naturalmente, una arquitectura que no se conforma con su condición de cosa construida, sino que va más allá, hacia la dimensión en que la cosa construida constituye plenamente un lugar.

En síntesis, puede proponerse entonces como definición de la locución arquitectura del lugar:

1. Propiedad trascendente, formal y material, del lugar efectivamente habitado.
2. Estructura jerarquizada de formas y fines, configurada específicamente en un lugar concreto.
3. Resultante efectivo de la síntesis de la forma del habitar en una circunstancia concreta.

El tratamiento sistemático de la arquitectura del lugar nos llevará a desarrollar, consecuentemente, una morfología del habitar, por una parte y una teleología del habitar, por otra. Por su parte, la síntesis de la forma tratará de qué manera formas y fines se conciertan en la arquitectura del lugar.

### 2.2.6 Morfología del habitar

Una vez configurado el objeto complejo de atención teórica como la arquitectura del lugar, se considera oportuno desarrollar una sección especial dedicada al estudio sistemático de las *formas* del habitar los lugares. Se entiende por formas del habitar todas y cada una de las manifestaciones efectivas que adopta la relación de los seres humanos con sus sitios habitados. Se trata, por tanto, no de una morfología de cosas, sino una morfología de relaciones, de escenarios poblados por sus actores.

A los efectos de elaborar una morfología del habitar, es necesario convenir el significado de los términos *forma, figura, conformación* y *configuración*.

La caracterización aristotélica parte de oponer la forma a la materia de un objeto. En palabras de José Ferrarte Mora: *"La materia es aquello con lo cual se hace algo; la forma es aquello que determina la materia para ser algo, esto es, aquello por lo cual es lo que es"* (Ferrater Mora, 1994). Aquí consideraremos como forma aquello que de un objeto, acción o actividad cualquiera se revela o manifiesta en su ser. La forma, entonces, es una propiedad principal de las entidades toda vez que éstas constituyen *fenómenos*.

Por su parte, lo que afecta a la conciencia de modo efectivo lo constituyen rasgos más o menos sistemáticos y más o menos abstraídos de la forma: estas son las *figuras*. Típicamente podemos examinar y reconocer con los sentidos y el entendimiento un ladrillo; tanto la percepción de la forma (aquello que observamos y describimos en un determinado marco de interés y acuidad perceptiva), como su comprensión geométrica (su configuración paralelepipédica) son figuras, esto es, conjuntos estructurados de rasgos que resultan de una cierta e inevitable abstracción que tiene la forma concreta como referente.

Si se atiende a los procesos cognitivos implicados por el asedio a las acciones o actividades del habitar, se tienen dos tipos de relación figura-forma: las *conformaciones* y las *configuraciones*. Por conformación se entiende aquí el proceso cognitivo que avanza sobre la comprensión del fenómeno estudiado y que tiende al desvelamiento cognoscitivo de su forma. Por configuración, por su parte, se entiende aquí por el resultado efectivo que tiene el conocimiento a través de la observación del fenómeno. En el primer caso, de la crítica comprensiva de las apariencias superficiales del fenómeno se va desde la figura a la forma. En el segundo caso, fruto de la acuidad perceptiva, se construye una figura disciplinada y describible de la forma.

Puede esbozarse entonces del siguiente modo la caracterización operativa de la morfología del habitar:

1. Teoría de las formas del habitar, en el marco de la teoría general del habitar.
2. Disciplina concebida para describir la configuración efectiva de la arquitectura del lugar, y para avanzar comprensivamente en la conformación disciplinar de los modos del habitar.

3. Conjunto sistematizado de rasgos propios de todo lugar examinado en el marco de la teoría del habitar.

La comprensión de la morfología del lugar comienza por intentar describir de un modo sistemático la estructura fundamental del lugar, toda vez que a un lugar concreto se le despoja de cualquier articulación particular, de todo acondicionamiento o amparo. Todo lugar, entonces, adopta en principio una estructura que liga al habitante con la tierra, el cielo y el horizonte.

Tal estructura es fundamental, ya que no es concebible un lugar privado de alguno de estos elementos y, por otro lado, conforma la estructura más simple posible, en términos relativos. Con esta estructura simple puede señalarse, no obstante, la articulación fundamental aquí/allá. Esta articulación fundamental señala, con su presencia, la más simple y fundamental arquitectura del lugar.

Cuando examinamos la estructura fundamental del lugar encontramos que éste se manifiesta articulado en dos amplias regiones: el *cielo* y la *tierra*. El cielo se despliega arriba y es la región de todo aquello que no podemos alcanzar, el origen de todo aquello que se nos impone como estado del tiempo: la luz, el viento, las precipitaciones, el tono general que ampara el lugar. Por su parte, la tierra es aquello que pisamos, el sustento primordial de nuestra existencia, lo que, si bien está a la mano, debemos conquistar, defender y cultivar, el fondo principal de las figuras de los territorios en que habitamos.

Precisamente allí en donde se tocan y diferencian las regiones fundamentales, entre tierra y cielo se despliega el horizonte que los articula y tiene lugar el habitante. Habitamos, en lo fundamental, horizontes. El horizonte es el elemento ordenador de todo paisaje: señala los confines del lugar en la tierra, a la vez que cierra la bóveda del cielo propio del lugar. Todas y cada una de las articulaciones que dan forma particular y que conforman la arquitectura del lugar se disponen en referencia a la figura del horizonte.

Por otra parte, el habitante dispone de la facultad de señalar por sí la articulación recíproca a la del horizonte: es capaz de oponer siempre un aquí propio a un allá lejano y ajeno. Toda la actividad arquitectónica proliferará en figuras construidas mediante articulaciones y amparos que señalen en cada ocasión los confines de los aquí habitados.

De este modo, se define, en los siguientes términos, la *estructura fundamental del lugar*:

1. Estructura con que se puede describir, en los términos más generales, un lugar concreto.
2. Estructura que liga, en el lugar, al habitante con la tierra, el cielo y el horizonte que conforman, en sus relaciones mutuas, el carácter genérico de lugar.
3. Estructura referente de designación indexical aquí/allá.
4. Estructura genérica que adopta en cada caso una determinada y particular arquitectura del lugar.

A través entonces de las diversas interposiciones articuladoras, la acción transformadora humana confiere una peculiar fisonomía a cada lugar habitado. El estudio morfológico indaga en los modos particulares en que la estructura fundamental del lugar es adecuada y ajustada a cada caso particular. Para ello, se propone comprender cómo el habitar humano confiere forma distintiva a esta estructura fundamental. Así, es posible esbozar, de modo no taxativo, una suerte de protocolo descriptivo de la morfología de los lugares y de las articulaciones que los delimitan.

1. Las principales adecuaciones o ajustes que muestra la estructura fundamental del lugar.
2. Los pormenores que adoptan las configuraciones fundamentales del lugar.

3. Las interacciones entre la morfología de cada ámbito y la estructura corporal y la actitud o postura del sujeto
4. La diferente proyección social del lugar (público, privado, íntimo) y las referencias a la condición particular del habitante (género, edad, capacidades)
5. La índole de las conductas desarrolladas en el lugar.

Si con el protocolo de observación y descripción nos dirigimos a la conformación de los lugares, mediante el esfuerzo comprensivo, en un movimiento cognoscitivo recíproco y complementario, podemos analizar las principales configuraciones que resultan de la vivencia de los lugares. Existen de hecho dos configuraciones generales: una, derivada de la espacialización de la vivencia, que tiene a los lugares como esferas; otro, resultado de la abstracción del tiempo y el movimiento, que considera a los lugares como laberintos.

*Jean-Pierre Vernant muestra bien, en su libro* Mythe et pensée chez les Grecs, *cómo, en la pareja Hestia/Hermes, la primera simboliza el hogar circular situado en el centro de la casa, el espacio cerrado del grupo replegado sobre sí mismo, y de alguna manera la relación consigo misma, mientras que Hermes, dios del umbral y de la puerta, pero también de las encrucijadas y de las entradas a las ciudades, representa el movimiento y la relación con los demás.* (Augé, 1992: 63)

Si consideramos el espacio de un lugar, toda vez que señalamos el centro de éste en un aquí, la configuración general es la de una *esfera* que articula el lugar propio con respecto a un allá relativo. La configuración de los lugares como esferas es muy a menudo dominante en el pensamiento corriente y también es objeto de un tratamiento teórico y reflexivo, ejemplar en el caso de Peter Sloterdijk:

> Que la vida es una cuestión de forma es la tesis que conectamos con la vieja y venerable expresión de filósofos y geómetras: esferas. Tesis que sugiere que vivir, formar esferas y pensar son expresiones diferentes para lo mismo. (Sloterdijk, 1998: 22)

De esta configuración esferoidal derivará la crucial articulación interior/exterior, correlativa con propio/ajeno. De la tenue membrana esférica, por su lado, derivarán las arquitecturas de los bordes, de los ámbitos, de los recintos, de las habitaciones. De la naturaleza sutil de la membrana provendrán las materializaciones de suelos, muros y cubiertas, así como las figuras arquitectónicas de las articulaciones de Uno y Otro lados.

Si en cambio prestamos peculiar atención al tiempo, los lugares se configuran de modo general como laberintos, esto es, caminos intrincados pautados recurrentemente por cruces, hitos y nodos. La vivencia fundamental no parece responder a la cuestión *¿Dónde estamos?* sino *¿A dónde hemos llegado?* El laberinto es la configuración del lugar del tránsito físico tanto como el del fluir de la conciencia.

La configuración laberíntica derivará en las sendas, los corredores, los umbrales, los cruces, los hitos, los nodos. Las arquitecturas laberínticas darán origen a los tránsitos, a las progresiones, los intercambios y la comunicación intersubjetiva. Por obra de éstos proliferarán los vanos en los cerramientos, se abrirán y cerrarán puertas y ventanas, amparos amodales singularmente expresivos de la vida en su curso propio.

Así las cosas, tenemos por *configuración genérica del habitar*:

1. Forma genérica que adopta en principio todo lugar, que determina en el sujeto una percepción y comprensión fundamental de su habitar.
2. En el primer modo, el lugar es portador de una configuración de *esfera*, esto es: la mención deíctica *aquí* señala un centro de esfera que tiene por diámetro una extensión va-

gamente definida, pero relativamente clara, delimitada por la indicación complementaria de un allá relativo.
3. En el segundo modo, el lugar puede considerarse un hito señalado en una o más sendas, que adoptan la figura de un *laberinto*.

Así las cosas, la morfología del habitar tiene un desafío mayúsculo en redefinir, redescribir y comprender las formas de la existencia humana en los lugares. Tal morfología operará andando los caminos tanto de la conformación comprensiva —yendo de las figuras del lenguaje descriptivo corriente hacia la forma de habitación de cada lugar—, así como en el análisis crítico de las configuraciones fundamentales —derivando de las figuras primitivas de la percepción sensible, hacia las formas aprehendidas por la comprensión—.

Pero, hay que consignarlo, la morfología no cumplirá su destino esclarecedor por sí misma y dentro de su exclusivo marco. A la morfología del habitar se la complementará necesariamente por una teleología del habitar, esto es, un estudio de fines y finalidades que portan las formas del habitar.

### 2.2.7 Teleología del habitar

> *En el juego de la imaginación del arquitecto está la posibilidad de que, al menos, se puedan proyectar, si no construir y habitar, lugares dignos de los grupos sociales de hoy. Porque estamos suponiendo que el cerebro del arquitecto no es únicamente un amasijo de material electroquímico sino la sede capaz de imaginar "culturas", con edificios y ciudades que estimulan unos intercambios sociales más que otros desde unos espaciotiempos concretos.* (Muntañola, 2011)

Para Vitruvio, en su consideración clásica de la *utilitas* se trata, en cierta forma, de ahuecar la construcción para liberar la posibilidad del uso. Dicho de otra forma, primero se construye y luego se realiza la acción del uso, que la prudencia del constructor ha entrevisto.

> *La utilidad se conseguirá con la oportuna situación de las partes, de modo que no haya impedimento en el uso...* (Vitruvio, I.3)

En el presente, por su parte, la utilidad se deja concebir de una manera positiva: dimensiones, proporciones y composiciones se elucubran en derredor de las coreografías del cuerpo. Esta segunda alternativa pone la atención, primero, en el cuerpo, sus movimientos, sus gestos y las condiciones que permiten mejor desarrollarse; y sólo luego se construye alrededor. De esta manera, las arquitecturas de las moradas del cuerpo son las tensiones equilibradas en estructuras que *informan* —confieren forma— a la materia construida.

La arquitectura, entendida como actividad social de producción, destina formas construidas para, entre otras implementaciones posibles, habitarlas. Así, para cierta arquitectura, el habitar constituye el fin, la implementación fundamental, y el sustrato de sentido propio. Para esta arquitectura es imperioso indagar en las determinaciones del fin perseguido, a efectos de conferir sentido tanto a la actividad arquitectónica como a sus resultados.

José Ferrater Mora, al desarrollar el significado del término *forma*, ha señalado que "a nuestro entender este significado se comprende mejor cuando tomamos, por lo pronto, el término 'forma' como un término relativo —relativo al término 'materia'—." (Ferrater Mora, 1994). En el fondo, parece que el término forma no se comprende cabalmente si no es el tratamiento conjunto de las articulaciones conceptuales tales como forma/materia o forma/contenido. En el caso de las formas del habitar es imperioso reparar que las formas guardan una relación íntima y recíproca con su implementación. De este modo, es preciso examinar con debida atención la díada *forma/fin*.

Lo que justifica este análisis es que, tanto en la Teoría del Habitar como en la Teoría de la Arquitectura, las formas subsisten en su vinculación íntima con el fin a las que están destinadas. Una morfología de las formas puras y autosuficientes es una morfología de formas extrañas a la constitución efectiva de las formas del habitar. Estas formas están orientadas a propósitos o finalidades que le otorgan su sentido profundo y último.

El fin es, pues, lo que termina algo y a la vez aquello a que se dirige un proceso hasta quedar 'acabado' o 'terminado'.

*Precisemos: 'fin' puede significar 'terminación', 'límite' o 'acabamiento' de una cosa o de un proceso. Puede entenderse a) en sentido primariamente o exclusivamente temporal, como el momento final; b) en sentido primariamente o exclusivamente espacial, como el límite; c) en la definición —de-finitio— o determinación —de-terminatio—; d) en sentido de 'intención', o 'cumplimiento de intención', como propósito, objetivo, blanco, finalidad.* (Ferrater Mora, 1994: 1356)

En principio, podemos entender que la forma es lo manifiesto a priori de un fenómeno, mientras que el fin es inferible, inteligible o verificable a posteriori. Siguiendo esta línea de razonamiento, en el tiempo tanto como en la conciencia, el fin 'sigue' o 'sucede' a la forma. En lo que toca al habitar, el modo de habitar un lugar se manifiesta en una forma que se cumple o verifica eficazmente en el fin efectivamente alcanzado. Así, la forma de habitar constituiría la causa eficiente del habitar, mientras el fin sería, recíprocamente, la causa final, conclusiva. Forma/fin, entonces, constituiría el par de los momentos en que puede pensarse un modo de habitar.

Mientras tanto, si reflexionamos en términos puramente espaciales, forma y fin se confunden, ya que tanto la forma como el fin constituyen cada uno un límite. Así, podemos advertir que en un cierto plano de consideración, forma y fin constituyen aspectos recíprocos de una misma entidad. Este razonamiento nos advierte sobre la complementariedad de los sentidos de forma y fin, pero no nos ayuda en la tarea analítica, sino que, precisamente, la confunde.

Si por otro lado consideramos la díada forma/fin bajo el paradigma de la definición, podemos establecer que la forma es el significante del signo que porta un modo de habitar, mientras que el fin es su significado, en un contexto discursivo dado. Esta asunción parece singularmente interesante para orientar el estudio teleológico como un análisis semántico en donde correlacionarían formas significantes de habitar con fines a título de significados.

Por último, si asumimos contundentemente que el habitante conforma una entidad intencional, grávida de propósitos, entonces la forma es el medio necesario para la consecución de los fines proyectados. Bajo la asunción de la conducta intencional la forma será un medio adoptado que verificará a su manera el designio final. En este marco de reflexión, el fin se desdobla en un momento inicial, en donde un fin es causa eficiente de una búsqueda de forma que sólo en un momento postrero llega a verificarse en su eficacia.

Del habitar como fin genérico y principal deriva una *estructura funcional del habitar,* definida del siguiente modo:

1. Estructura fundamental que dispone y ordena las implementaciones del habitar.
2. Conjunto estructurado de las funciones fundamentales del habitar.
3. Conjunto estructurado de rasgos que complementan y particularizan la estructura genérica de un lugar, conformando una arquitectura del lugar única y particular, situada en un contexto y ambiente dados.

Pueden reconocerse, en el seno de la estructura funcional del habitar, al menos tres fines muy principales y genéricos: la *identidad*, la *memoria* y la *referencia* o *apropiación*.
La identidad es la finalidad de la habitación más reconocida en la literatura sobre el tema. Como fin, la identidad muestra dos aspectos concurrentes. Por una parte, las personas forjan su autoconocimiento, su perfilado de rasgos propios de un individuo o de una colectividad mediante su proyección en el lugar que les resulta característico por habitual u originario, tanto frente a sí mismos como frente a extraños. Parte no menor de nuestras fisonomías autoasumidas lo constituyen nuestros vínculos con los lugares que habitamos. Por otra parte, cada lugar tiene su propia y particular manifestación, que concurre con la identidad de sus habitantes.

*No debe confundirse la identidad con el arraigo. Nuestra identificación con los lugares ya no es una identificación con nuestro solar natal, ya que nuestra contemporánea condición trashumante nos hace reconstruir, una y otra vez nuestra identificación con los diversos lugares que habitamos. Por otra parte, la identidad propia de cada lugar no es una característica privativa de cada sitio en sí, sino una articulación con diversos contextos en todas las escalas geográficas.* (Cfr. Massey, 2003)

La memoria constituye un fin también fundamental en la estructura finalista del habitar. Por memoria se tiene, en primer lugar, la facultad de retener y recordar lo pasado. El discurrir del habitar conforma un proceso de aprendizaje y formación de la personalidad, en donde las huellas en la memoria guardan un papel singularmente importante. En este contexto, entonces, la memoria es una función que adopta el habitar de los lugares que fija en la conciencia los rasgos, configuraciones, componentes y estructuras que permiten retener y recordar lo vivido a sus habitantes.

La identidad y la memoria interactúan a su modo en la conducta habitable. El habitar resulta un proceso autoconstructivo en donde se reconocen progresivamente tanto las fisonomías y constituciones del habitante como del lugar habitado, así como su mutua interacción. Identidad y memoria operan aliadas para abrir paso a otra importante finalidad fundamental que es la apropiación.

En efecto, la habituación, comprendida como proceso de aprendizaje de habitantes y lugares, vuelve propios los lugares. No se trata aquí de una mera apropiación jurídica de bienes, sino de la plena y perdurable identificación, memoria y referencia a los lugares habitados. De un modo formal por apropiación tenemos, entonces, la acción y efecto de hacer propio un lugar por algún habitante. También, fruto del ajuste mutuo de lugares y conductas, la apropiación es la acción y el efecto de adjudicar a un lugar el carácter de conveniente para desarrollar allí ciertas actividades.

> *La apropiación del espacio por parte del habitante forma parte del proceso que hace que la sociedad convierta los espacios en lugares. Nicole Haumont dice: "Habitar es ser alojado y poder apropiarse del espacio según ciertos modelos culturales", ya que es a partir de los modelos culturales que se generan las prácticas y las representaciones sociales.* (Sala i Llopart, 2000)

El fin de la apropiación es singularmente importante para la consideración ulterior del derecho tanto a la vivienda como a la ciudad. En efecto, las prácticas sociales de apropiación tienen en la ciudad un papel crítico en el desenvolvimiento efectivo del derecho a habitarla. En virtud de ello es preciso indagar los modos concretos en que los habitantes acceden y cumplen con sus finalidades de identidad, memoria y apropiación.

En el habitar efectivo, entonces, se persigue una estructura finalista que tiene fines fundamentales, los que adoptan una forma peculiar en cada caso. Esta forma peculiar se consigue, en lo que toca a la arquitectura del lugar, mediante ciertos instrumentos. En primer lugar, los lugares se transforman efectivamente por medio de una síntesis de la forma, esto es, por el delineado material de una efectiva y particular arquitectura del lugar. A su vez, esta síntesis de la forma emplea como instrumentos genéricos las articulaciones y los amparos.

En resumen, la teleología del habitar pretende indagar de modo sistemático en las estructuras finalistas que éste adopta. Se trata de asediar el sentido último de la proliferación de formas de habitar. Complementaria a la morfología, la teleología permite acceder a la comprensión integral y sistemática de la síntesis de la forma de los lugares.

### 2.2.8 Síntesis de la forma

*El objetivo final del diseño es la forma.* (Alexander, 1966)

Hemos visto que, en el seno de la Teoría del Habitar, las formas son las manifestaciones de fines. Las formas del habitar, entonces, constituyen la síntesis que realiza el habitar en las más diversas circunstancias. La existencia situada en los lugares adquiere diversas formas que sintetizan sus diferentes aspectos y son portadores de diversos sentidos finales.

Llamaremos aquí síntesis de la forma al diseño efectivo que adoptan los modos de habitar, según sus diversas circunstancias. Observar, describir y comprender la síntesis de la forma que se verifica en cada instancia del habitar, es tarea señalada en la Teoría del Habitar, toda vez que se reconoce que los modos de habitar se elaboran, en la vida social, a través de un proceso histórico de proposición y ajuste. En este sentido, los modos de habitar que se pueden apreciar en la actualidad son apenas un momento en el devenir histórico, pero constituyen el fondo de sentido de nuestro vivir aquí y ahora. El arquitecto, si quiere operar consecuentemente con la vida humana, debe conocer e interpretar profundamente estos modos de habitar.

Antes se ha definido todo lugar pasible de ser habitado como un campo, esto es, una estructura física espaciotemporal vinculada indisolublemente a una representación subjetiva. Todo campo del habitar se caracteriza principalmente como heterogéneo, discontinuo y anisotrópico. La representación vivencial de los lugares también se caracteriza de tal manera: se habitan diversos lugares en diferentes modos, los lugares tienen distintas propiedades en consonancia con los diversos modos efectivos de habitarlos y todos los lugares se disponen en un todo articulado, esto es, cada lugar particular tiene confines que, a la vez, lo unen y separan de los contiguos.

Debe prestarse entonces particular atención a las *articulaciones*, esto es, a aquellos elementos o condiciones que oponen y vinculan dos lados o regiones de un lugar. Para un orador ante un auditorio, su exposición ante este último hace que el lugar efectivamente habitado comprenda las dimensiones espaciales de la sala que los contiene y la dimensión temporal que comprende la presencia pública del hablante. Pero el expositor puede cuchichear con una persona próxima, volviendo su aquí efectivamente habitado en un lugar apartado de la sala.

En el primer caso, el suelo, los muros y la cubierta de la sala articulan un ámbito que diferencia el lugar de la conferencia del resto del mundo. En el segundo caso, es el control del volumen de voz que asegura que el aquí habitado no trascienda el pequeño lugar de los interlocutores. La conducta de los habitantes administra la característica heterogeneidad del campo del lugar, ya sea disponiendo elementos arquitectónicos, ya modulando adecuadamente ciertos flujos de energía. En ambos casos se ha hecho uso de articulaciones para diferenciar aquí y allá.

En consecuencia, podemos definir este componente principal de la arquitectura del lugar, que es la *articulación*:

1. Cualquier elemento o condición que oponga y a la vez vincule dos lados o regiones en un lugar.
2. Región espacio temporal en donde se diferencian significativamente dos o más ámbitos habitados.

En definitiva, cada lugar señalado como un aquí relativo a una circunstancia habitable concreta resulta confinado por articulaciones. Estas articulaciones pueden constituir amparos o pueden señalarse regiones en donde el fenómeno de habitación se debilite a una magnitud física que tienda a cero. En este último caso, las articulaciones son resultado de la modulación de la conducta habitable, mientras que la disposición de amparos supone una articulación propiamente arquitectónica del lugar.

Tenemos aquí por *amparo* una forma accesible a la percepción, tanto cuando constituye una entidad material con figura propia, así como cuando constituye una pura figura, fruto de relaciones pregnantes entre los elementos que la configuran. En ambos casos, un amparo constituye una articulación de naturaleza arquitectónica.

Una cubierta o techo constituye una entidad material con figura propia, con lo que constituye un amparo modal que, aparte de constituir una articulación entre el lugar cubierto y el cielo, conforma un filtro ambiental, que diferencia las condiciones físicas de uno y otro lados. Mientras tanto, un vano de una puerta constituye un amparo amodal (en términos gestálticos): la figura del vano, en sí, la constituyen las relaciones pregnantes mutuas de su umbral, dintel y jambas, sin que constituya el hueco en sí un filtro ambiental, aunque, no obstante. articule uno y otro lado del vano.

Así, podrá definirse de la siguiente manera un *amparo*:

1. Forma significativa de articulación que configura lugares diversos

2. Elemento arquitectónico reconocible por la percepción que define la figura y contextura de un lugar

La disposición sistemática de amparos modales y amodales parece ser la materia propia de la arquitectura del habitar. Las estructuras conformadas por las relaciones mutuas entre los amparos son las estructuras propias de la arquitectura del lugar, dando forma a ámbitos, recintos y umbrales, patrones del habitar, así como paradigmas y tipos habitables.

Mientras que definimos por lugar aquel campo del habitar que puede adoptar cualquier forma, debemos caracterizar específicamente aquellos lugares definibles precisa y particularmente con una forma. Todo lugar comprendido dentro de un conjunto de límites o amparos constituye un ámbito. El conjunto estructurado de tales límites constituye la forma significativa de un lugar.

Todos los ámbitos son lugares, pero no todos los lugares conforman ámbitos. Existen situaciones en donde la indicación de un aquí no cuenta con una clara delimitación perceptiva de sus límites. Por otra parte, es necesario oponer sistemáticamente los ámbitos como estancias a los lugares umbrales.

En síntesis, se puede definir la naturaleza de un *ámbito* de la siguiente manera:

1. Lugar comprendido dentro del conjunto de sus límites o amparos.
2. Forma significativa envolvente del lugar.
3. Estancia, por oposición a los lugares umbrales.

Mientras los amparos modales, estructurados en figuraciones modales cerradas suponen un modo de configuración fundamental de esfera, los umbrales son los elementos constitutivos de las configuraciones laberínticas. Casa umbral tiene la doble propiedad de constituir un límite o amparo y, a la vez, un pasaje que vincula entre sí dos lugares distintos. Esta doble propiedad es singularmente notable y hace que puertas, ventanas y otros vanos adquieran un singular valor semiótico: suele decirse que, mientras que los muros son "mudos", las puertas y ventanas "hablan".

El pasaje por un umbral implica un cierto cambio de estado, de actitud o de actividad en el habitante, mientras que la estancia en éste supone un especial estado, actitud o actividad expectante, cargada de connotaciones. Trasponer una puerta de entrada de una casa supone un cambio en la etiqueta, en la actitud corporal (más envarada en el ámbito público, más relajada en el doméstico) y, naturalmente la índole de las actividades desarrolladas cambia más o menos radicalmente una vez realizado el tránsito. Por su lado, la detención en una puerta principal supone una actitud expectante ante las escenas desplegadas de uno y otro lado; el habitante puede asociarlas a su modo en su estancia, tanto como puede disociarlas, cerrando tras sí la puerta.

En la arquitectura moderna, la disponibilidad de amplios umbrales ha conducido a algunos arquitectos a incurrir en la metáfora de la "fluidez espacial". En realidad, se trata del hecho en que, a través de los umbrales circulan fluidamente materias, energías e informaciones, que hacen que el habitante de un interior participe física y afectivamente de ciertos rasgos significativos de su entorno. A través de este mecanismo, los confines efectivos de la esfera del aquí se dilatan, más allá de la configuración amodal de los umbrales, si estos son relativamente amplios.

De este modo puede entenderse por *umbral*:

1. Amparo amodal que vincula liminarmente entre sí dos ámbitos diferentes.
2. Lugar intersticial que permite participar en la habitación de ambos ámbitos vinculados por éste en forma simultánea y compleja.

3. Lugares cuya finalidad principal es atravesarlos, articulando dos o más ámbitos a través de su interposición.

En la arquitectura de los lugares habitados proliferan las configuraciones que cierran los ámbitos mediante la asociación modal de las articulaciones que lo delimitan. En efecto, el paradigma dominante en las configuraciones de habitación lo constituyen los recintos. Cada habitación constituye, de manera más o menos definida, un recinto que cierra la figura de sus articulaciones, oponiendo interiores a exteriores.

Así, podemos caracterizar en general las habitaciones bajo la denominación de *recintos*:

1. Configuración genérica de un ámbito cerrado por la asociación modal de las articulaciones que lo delimitan.
2. Figura genérica de una habitación de cualquier tipo.

Debe prestarse peculiar atención a los rituales que constituyen los lugares.

Los arquitectos nos hemos detenido particularmente en las articulaciones diferenciadoras, gestos primordiales de toda edificación. Pero hay también tenues y laxos acondicionamientos que vuelven un sitio inculto un lugar habitado apenas se ha constituido un mínimo ajuste de sus condiciones para posarse sobre él, para detenerse acaso sólo un instante, para revelar —en el antiguo sentido fotográfico de la expresión— el origen de un lugar. También existe una tercera modalidad: el sentar sus reales un juego con sus reglas, organizarse una secuencia de rituales, oficiar una ceremonia.

Así que, por lo menos, hay tres modalidades, no necesariamente excluyentes para constituir lugares, tarea tanto del habitar como de la arquitectura.

*Cuando examinamos hasta el fondo, en la medida de lo posible, el contenido de nuestras acciones, puede ocurrírsenos la idea de que todo el hacer del hombre no es más que un jugar.* (Johan Huizinga, 1954)

Tenemos que agradecer a los ingleses la afición a los deportes, pero, sobre todo, debemos reconocer mucho a todos los que juegan y con ello, enseñan. Hay en el juego la institución de un tiempo diferente al rutinario. Hay un instante crucial en donde las reglas cambian de aspecto. Es tiempo de jugar, privilegio que a nadie debería negársele.

*... Es más clara la limitación espacial del juego. Todo juego se desenvuelve dentro de su campo, que, material o tan sólo idealmente, de modo expreso o tácito, está marcado de antemano. Así como por la forma no existe diferencia alguna entre un juego y una acción sagrada, es decir, que ésta se desarrolla en las mismas formas que aquel, tampoco el lugar sagrado se puede diferenciar formalmente del campo de juego. El estadio, la mesa de juego, el círculo mágico, el templo, la escena, la pantalla, el estrado judicial, son todos ellos, por la forma y la función, campos o lugares de juego; es decir, terreno consagrado, dominio santo, cercado, separado, en los que rigen determinadas reglas. Son mundos temporarios dentro del mundo habitual, que sirven para la ejecución de una acción que se consuma en sí misma.* (Johan Huizinga, 1954)

Mucho antes que a nuestros antiguos antepasados de les ocurriera levantar muros o cubiertas, ya había arquitectos y arquitecturas del lugar: cuando se establecían reglas alternativas y se señalaba el lugar en donde se llevaba a cabo ese cambio. En términos estrictos, lo que se constituye y señala es una articulación en el lugar habitado: dentro del recinto marcado, unas reglas, fuera, otras. Con el tiempo, este gesto primordial quedó reducido al trazado metódico de críticas líneas de cal.

El quid de la arquitectura se inaugura así, con la seria levedad de un juego.

Por otra parte, aquí se presta también cierta atención a los modos efímeros de acondicionamiento habitable. Es que, yuxtapuesto al modo arquitectónico tradicional, que compone y construye lugares vivideros, hay un conjunto de gestos del cuerpo que prosiguen la tarea, que culminan la labor, que consiguen dar término a la articulación entre las personas y los lugares.

Se postula, entonces, un modo arquitectónico duro, estructural y estratégico que se materializa en construcciones, por una parte. Por otra y en forma correspondiente, un modo no menos arquitectónico, pero sutil, laxo y táctico que ordena gestos del cuerpo, reglas de conducta, etiquetas, disposiciones decorosas, operaciones, rituales y ceremonias. Ambos dispositivos y producciones configuran situaciones de forma y contexto en donde la vida humana cobra un especial y específico significado.

En resumen, la síntesis de la forma opera conformando, mediante diferentes rituales, una forma particular a cada situación y ocasión habitables. Las arquitecturas del lugar organizan, de este modo fundamental, los patrones de habitación, los paradigmas y tipos habitables.

## 2.3 EL ÁMBITO DOMÉSTICO

### 2.3.1 Oikos

*A través de todos los recuerdos de rodas las casas que nos han albergado, y allende todas las casas que soñamos habitar, ¿puede desprenderse una esencia íntima y concreta que sea una justifi-*

*cación del valor singular de todas nuestras imágenes de intimidad protegida? He aquí el problema central. Para resolverlo no basta considerar la casa como un "objeto" sobre el que podríamos hacer reaccionar juicios y ensoñaciones. Para un fenomenólogo, para un psicoanalista, para un psicólogo (enumerando estos tres puntos de vista por orden de precisión decreciente, no se trata de describir unas casas, señalando los aspectos pintorescos y analizando lo que constituye su comodidad. Al contrario, es preciso rebasar los problemas de la descripción —sea ésta objetiva o subjetiva, es decir, que narre hechos o impresiones— para llegar a las virtudes primeras, a aquellas donde se revela una adhesión, en cierto modo innata, a la función primera de habitar.* (Bachelard: 1957)

La casa constituye la construcción humana por excelencia con destino a la habitación, entendida ésta como una estructura compleja y completa que corresponde a la implementación humana en la totalidad de sus manifestaciones, tal como se la concibe aún en la actualidad. La casa se origina en las chozas primitivas de cazadores, desarrolladas como elementales refugios o abrigos, construidos generalmente con maderas y pieles.

Es común confundir —y reducir— el habitar con la residencia en la casa.

Es tan intenso y tan profundo el orden de vivencias y aprendizajes en el ámbito doméstico, que es comprensible que se crea que la casa es un lugar originario para todo el habitar. Sin embargo, debe considerarse que, allá en el fondo de ésta, radica, viviente, un lugar verdaderamente originario. Es el *útero materno*, es la cavidad en donde crecemos morosamente y de la que somos expulsados para siempre en nuestro inaugural alumbramiento. Exiliados, nos buscamos la vida: nada será como entonces.

Por su parte, la casa constituye una estructura compleja y completa que constituye el lugar por excelencia de la reproducción social. Allí se construyen detenidamente, se desarrollan a lo largo de las instancias formativas de la vida y se consolidan como legado a la endoculturación, los hábitos alimenticios, las etiquetas de la vida corriente, las coreografías de las actividades más recurrentes y, en suma, toda la dimensión entrañable de la vida social referida a un núcleo que conforma efectivamente un hogar.

Debe diferenciarse la *casa*, fenómeno habitable no sólo físico material cuanto sociocultural, así como superestructura simbólica, histórica y onírica, opuesta a la *vivienda*, objeto relativamente moderno fruto de la implementación mercantil de un bien de uso en un bien de cambio o mercancía. En el sentido que buscamos implementar aquí, el vocablo casa no designa un tipo edificatorio, sino todo el ámbito de lo doméstico por excelencia.

Por otra parte, también cabe distinguir la noción de morada del concepto de casa. Allí donde uno se *demora* habitualmente, es donde tiene su morada.

La *morada* no se define como una simple cosa, sino que se entiende como una más o menos prolongada y reiterada vinculación entre un sujeto y un sitio, conformando un lugar. No se trata tampoco y simplemente de una porción determinada de espacio, sino que es, fundamentalmente, un tiempo que se prolonga configurando un lugar, una estructura espaciotemporal. Esa estructura espaciotemporal tiene un foco peculiarmente intenso de sentido en una región del campo y una gradación compleja de valores en función a los desplazamientos relativos a ese foco. Disponer de una morada, por lo tanto, es muy diferente de poseer una vivienda o una casa, es desplegarse morosamente en un sistema jerarquizado de lugares.

Una casa constituye un ámbito definido en las tres acepciones del término: es un lugar comprendido dentro del conjunto de sus límites o amparos, es una forma significativa envolvente de su estructura física y humana y es un conjunto variable de estancias provistos también lugares umbrales.

Como configuración genérica de un lugar, una casa constituye una estructura compleja a la vez que completa, ya que encierra en sí el habitar radicado de un hogar, entendido por tal un componente nuclear de la vida social que sienta sus reales y se avecina en un lugar y contexto concretos. La casa constituye una esfera definida tan claramente como se extienda el habitar del hogar en términos de residencia, domicilio y alojamiento duradero. Así mismo constituye en su complejidad interna un laberinto en donde anida un germen concreto y particular de la vida social desarrollándose tanto en el espacio como en el tiempo.

En lo que toca a su escala y complejidad de ocupación, la casa comprende toda una extensa panoplia de muestras, desde una modesta sala indiferenciada y estrecha de una infravivienda a un extenso y complejamente articulado palacio. No se trata esto sólo de una estratificación socioeconómica simple sino un complejo de realidades físicas y socioeconómicas diversas en estilo y proyección. Existen, de hecho, estilos de vida que promueven estructuras físicas diversas, con distinto valor contextual y que se encuentran en tensión activa con la estructura arquitectónica de los lugares concretos.

En el interior de la estructura de la casa se desarrollan de variados modos todas las esferas de diferentes proyecciones sociales del lugar: ámbitos relativamente públicos, privados e íntimos. Es precisamente allí en donde se particularizan de modo ejemplar los dispositivos arquitectónicos que articulan estos ámbitos, según su carácter. En la casa se organizan los emplazamientos particulares de las personas según género, edad o capacidades, arreglados en forma variada, aunque recurrente según status y roles.

Todas las actividades sociales tienen en la casa una expresión ritual: alojamiento, cocina, comida, interacción social, trabajo, estudio, descanso, sueño... En el ámbito hogareño se implementan a su modo y escala todas las actividades humanas y en él tienen lugar unos rituales precisos en forma de hábitos ejemplares para su implementación en el ámbito público. El repaso de tales rituales es materia especialmente importante para la Teoría del Habitar, dado que tanto su diversidad como exhaustividad son, a su modo, paradigmas de las conductas públicas.

Las formas de uso o implementación de la casa se caracterizan, en general, por su recurrencia, frecuencia y consolidación en el tiempo. Los sujetos implementan con singular intensidad los lugares que hacen propios en el uso y tienden a automatizar los rituales de operación, así como proyectan, a su modo, la finalidad propia de cada ámbito. Apropiarse de unos lugares es una actividad compleja que supone una continua experiencia y ajuste de los gestos corporales hasta conseguir una aceptable y confortable consonancia con las posibilidades brindadas por cada ámbito habitado. Este apropiarse implica una efectiva identificación que hace de los lugares de la casa unos patrones de uso de lugares análogos, más allá de sus confines.

En la casa cobra una peculiar conformación según diversos estilos de vida que se manifiesta en el uso y destino de las habitaciones y la distribución y arreglo de equipamientos y útiles. En este contexto es en donde proliferan los ajustes más minuciosos y particulares entre la arquitectura, las cosas y las personas. Así como se disponen las cosas en el espacio, también y muy significativamente las diversas actividades en la casa se suceden rítmicamente en el tiempo. El habitar de los lugares cambia de carácter según el discurrir periódico de la vida. Este componente temporal es un aspecto tan importante como el componente espacial del habitar.

Los modos y formas en que las casas se conciben y construyen constituyen materia propia —aunque no exclusiva— de una necesaria historia social del habitar. La historia social de la casa, en cierto modo, constituiría un eje mayor a partir del cual irradiarían los modos y formas de habitar los ámbitos que no constituyen moradas en sentido estricto.

*Desde la casa, el hombre se asoma al mundo. La casa es el origen de cada viaje: de todos los viajes. La casa es, pues, ese invento humano al que uno vuelve, como un Ulises a su Ítaca, como un toxicómano reincidente. O como un sonámbulo. Esto se debe a que en la estructura mítica de la casa se encierra el mito de volver a ella. Hasta el punto que se podría definir la casa como aquello a lo que volvemos bajo la implícita promesa de la protección.*
*Sin la casa no hay ni viaje ni viajero posible.* (Santiago de Molina, 2015)

La casa es un punto trascendente en el laberinto que habitamos. Todas las sendas parten de allí y hacia ese lugar vuelven, reinciden, recaen. La casa, entonces, tanto abunda en estancias como prolifera en sendas. Este hecho hace abandonar la idea persistente que la casa se conforma meramente con el recinto de sus muros exteriores y su cubierta. Es también un cruce de caminos.

Por otra parte, como nuestro autor afirma con perspicacia ejemplar, en la estructura mítica de la casa se encierra la conducta de volver a ella. Una casa es una querencia, un hábito, un regreso antes de constituirse físicamente. A la tradicional idea de casa como esfera debe agregarse la idea de laberinto.

Casi a diario volvemos a nuestra casa y, por lo general, se trata de un pequeño momento gratificante. Tal gratificación está, por cierto, menoscabada por la cotidianidad. Se repite tantas veces que sólo cuando nos distanciamos por algún tiempo más o menos prolongado recuperamos algo de las emociones genuinas del regreso. Empezamos a volver cuando abandonamos el compromiso público: abandonamos nuestro trabajo, terminamos de hacer nuestras gestiones o compras, nos volvemos hacia el ámbito privado antes con la atención que con nuestros pasos. Empezamos, entonces, con un cierto cambio de ritmo, con unas ciertas reorientaciones, con las derivas de las sendas de la vuelta.

En el camino, la sucesión de regiones se vuelve cada vez más propia y frecuentada: comenzamos por acceder al barrio, a las cercanías, a los escenarios que no por nada denominamos familiares. Umbral tras umbral, cruce tras cruce, vamos progresando en apropiación y referencia. Nos empezamos a sentir *en casa* mucho antes de estar ante su puerta.

Hay muchas maneras de caracterizar una casa. Pero definirla como *el lugar donde uno es esperado*, debido a Antonio Gala, es dar con una expresión singularmente ajustada. Es que una casa no es un simple recinto, no es una cosa apenas contorneada por sus muros divisorios, no es una puerta que se nos abre de buena gana, es una estructura de lugares habitados en donde se nos aguarda. Y entonces una casa es el lugar de la emoción propia de aquellos que son esperados.

El *deseo* de la casa podría ir perdiendo los pormenores de adorno superfluo y anecdótico y mostrarse mondo, desnudo en su condición esencial. Y se revelaría en dos aspectos fundamentales. Por una parte, como una esfera que ampara la intimidad protegida. Por otra, como el lugar del laberinto allí donde vuelven todas las sendas. Así, el deseo de la casa quedaría reducido a una almendra tan esencial, tan pequeña, tan asible como para considerarlo en su verdadero valor existencial. Tenemos una intimidad que proteger. Tenemos que tener un lugar al que volver uno y otro día. Si se piensa bien, no se trata de *cosas*, sino de *relaciones* entre uno mismo y las cosas de vivir. La *intimidad protegida* es la que se vive efectivamente, la vuelta es la que se lleva a cabo; no basta con la disponibilidad de tiempo y espacio.

Hay que repetirlo aquí, 'casa' no designa un tipo edificatorio, sino todo el ámbito de lo doméstico por excelencia

*La domesticidad tiene que ver con la familia, la intimidad y una consagración al hogar, así como una sensación de que la casa incorpora esos sentimientos, y no sólo les da refugio* (Rybczynski, 1989)

Es de sospechar que nuestra idea de la domesticidad le deba mucho a la domesticidad burguesa forjada históricamente en la modernidad y que nos alcanza aún, languideciente. En los albores de la modernidad, la domesticidad desarrollada efectivamente en los hogares burgueses ha constituido una retaguardia estratégica y de reserva de la vida pública.

Así, la familia burguesa se construye a sí misma como unidad económica privada enfrentada social y económicamente al mercado. La casa se cierra sobre este ámbito reservado y hurtado a la vida pública. Los individuos se producen y reproducen al amparo de la privacidad. Es el hogar el centro simbólico de la unidad social doméstica. La arquitectura burguesa es la expresión profunda y consagrada de esta realidad. En la actualidad, ni la familia, ni la casa, ni los individuos, ni la domesticidad, ni la arquitectura son lo que eran, aunque persista apenas el fantasma del oikos burgués poblando enseñoreado sobre nuestras conciencias.

Hay que reparar que nuestras actuales moradas contienen aún algún eco de los significados griegos clásicos contenidos en la palabra *oikos*: casa, patrimonio y también familia. *Oikos* es un recuerdo largamente sedimentado en el antro profundo de nuestras conciencias, así como en lo hondo de nuestras casas.

Los edificios en donde vivimos han cambiado sustancialmente en todos sus aspectos: físicos materiales y formales, simbólicos, sociales y económicos. Sin embargo, allí dentro, muy adentro y oculto tras capas de apariencia, persiste algo de una antigua idea de la casa como edificio que se habita. La almendra del recuerdo esquivo de la morada, del reducto, del lugar del que parten todos los caminos, del centro de coordenadas de tiempo y espacio. *Oikos* es un fantasma tranquilo que reside aún en nuestra residencia.

Desde que hemos ingresado en la etapa civilizatoria tardocapitalista, el contenido efectivo de la actual idea de patrimonio ha sufrido toda clase de transformaciones. Basta comparar nuestra relación con los bienes propios de nuestros abuelos con la correspondiente de nuestros hijos. Sin embargo, en el corazón de nuestras más profundas nociones económicas, ahí está el resabio de la idea de casa como patrimonio. Oikos es un fantasma evanescente en nuestro capital material y simbólico.

¿Qué decir, por su parte, de la familia? Los más diversos arreglos microsociales se amparan ahora bajo esta denominación titubeante. Pero en todo caso, en el círculo más estrecho de los afectos y los vínculos más regulares y cotidianos, algo de la antigua idea de casa como linaje aún perdura, apenas titilante. Oikos también es un fantasma vacilante en el orden regular y cotidiano.

Así, en cada lugar habitado con vocación de residencia, aún anida un fantasma tranquilo, evanescente y vacilante que preferimos conservar bajo el título de oikos.

### 2.3.2 Ámbitos domésticos

#### 2.3.2.1 La cocina y el cocinar

> *La antropología contempla la alimentación humana como un fenómeno sociocultural: todos los animales se alimentan, pero sólo el ser humano cocina, y ese saber es fruto de una experiencia en la relación con la naturaleza que le puede suministrar substancias para sobrevivir, consumidas en crudo o modificadas según diferentes procedimientos de cocción. Los hábitos alimentarios pueden ser materia antropológica o de la historia de la alimentación, así como los procedimientos de cocción y conservación.* (Manuel Vázquez Montalbán, 2008)

El origen de este ámbito lo constituye el lugar del fuego aplicado a la transformación de diversos recursos alimentarios en comida. Ha constituido un lugar de reunión, sobre todo cuando el hogar era fuente de calefacción, y, en cierto sentido, un lugar sagrado y centro originario de la habitación humana. En general asocia un punto de cocción, un lugar de almacenamiento de insumos y enseres, así como un lugar de preparación y lavado. En ciertos casos incluye el lugar para el propio consumo cotidiano de la comida. En función de la división social del trabajo, en ciertas épocas ha constituido una dependencia de servicio, alojada bajo la *pianta nobile* (como en el caso de las villas palladianas) o bien en un habitáculo trasero o desagregado del edificio principal. Con el advenimiento de la vida moderna, la cocina se ha integrado al menos al ámbito del comedor, dotándose de un diseño especialmente esmerado.

La cocina doméstica es un lugar de trabajo por excelencia: las diversas morfologías se desarrollan en torno a las múltiples tareas que conlleva la preparación de alimentos.

Este ámbito, en la actualidad, debe mucho de su conformación al prestigioso paradigma de la cocina de Frankfurt (*Frankfurter küche*), desarrollada por diseñadores y arquitectos alemanes hacia los años '20 del siglo XX. Constituye una habitación de reducidas dimensiones relativas, situada de modo tal que se asegure el servicio de provisión de agua potable, sistema de desagüe de aguas servidas, así como amplia iluminación natural y artificial, aceptable ventilación y adecuada disponibilidad de energía eléctrica. Dispone de equipamientos de cocción, lavado, mostradores de preparación y gabinetes de almacenamiento de insumos y enseres.

La actitud corporal dominante es la erguida activa, en donde las tareas se desarrollan en un más o menos amplio plano de trabajo, situado a una altura adecuada a la postura. En general, las cocinas contemporáneas suelen diseñarse en la mayoría de casos con dimensiones mínimas que dificultan el desempeño simultáneo de más de una persona.

En el contexto doméstico, constituye un ámbito privado frente a extraños, mientras el equipamiento y las facilidades sirven a cualquier miembro de la familia, con exclusión de los niños muy pequeños. Para personas con movilidad disminuida es preciso adaptar el equipamiento. Tradicionalmente era un espacio reservado al ama de casa o los sirvientes domésticos, aunque en la actualidad las actividades de producción de la comida también son asumidas por otros miembros de la familia.

Los rituales desarrollados constituyen una verdadera tecnología doméstica. La cocina de Frankfurt fue desarrollada en torno a la optimización funcional del esfuerzo, organizada en torno al usuario trabajador y disponiendo en su alrededor los puntos de preparación, cocción y almacenamiento en todas las direcciones del espacio que pueda alcanzar con relativa facilidad el cuerpo.

Es quizá el ámbito doméstico mejor estudiado y en donde la tecnología disponible prolifera con más intensidad. Esto contrasta con dos tendencias contemporáneas: la primera, es la minimización del lugar disponible y la segunda, la disponibilidad de comida preparada fuera del hogar, que sólo necesita ser mínimamente acondicionada para su consumo. Estas dos tendencias hacen que operen, en general, dos tipos de ofertas de ámbitos: por un lado, complejos y sofisticados lugares acondicionados con método y esmero, y por otro, mínimos mostradores provistos de elementales prestaciones para un lugar ya secundario en la estructura de la casa.

El cocinar quizá sea una de las primigenias sobreelaboraciones de la conducta humana. No basta ya con recolectar o carroñear. Ahora, por obra del poder transformador del fuego, es posible distinguir radicalmente entre lo crudo y lo cocido. Esta articulación es naturalmente precedida por la regla que opone lo que se come de las sustancias tabúes gastronómicas. También es cierto que se abre una brecha entre la pura nutrición y la cultura del ritual complejo de la cocina. Cocinar parece ser una de las formas más primitivas de trabajo y de ahí la emergencia, quizá inaugural, del propio concepto de valor.

Se sobresimplifica la cuestión del cocinar al reducir a tareas mecánicas el complejo de manipulaciones, transformaciones y condiciones impuestas en la interacción con el ambiente. Cocinar es mucho más que guardar, preparar, cocer y lavar. Es una ceremonia y unos rituales que suponen garantizar el sustento de la reproducción social en múltiples aspectos de naturaleza cultural.

Quien cocina tiene mucho que comunicar, aparte de producir alimentos. Quien cocina no puede soslayar sus compromisos con el cuidado de su prole. Quien cocina no sólo ejecuta su trabajo, sino que produce y reproduce un modo de vivir. Por ello no debe constreñirse necesariamente en un reducto ínfimo, sino que debe ocupar un lugar acorde con todos los compromisos que los personajes portan.

2.3.2.2 EL COMEDOR Y EL COMER, MÁS ALLÁ DE LA PURA NECESIDAD BIOLÓGICA

El lugar de comer constituye un núcleo fundamental —y originario desde el punto de vista evolutivo— para la sociabilidad humana.

En su origen, este ámbito aparece inmediatamente conexo al lugar de preparación de los alimentos. Constituye un importante centro no sólo del consumo de la comida sino también de una importante instancia de socialización, toda vez que, en general, constituye una actividad que convoca al grupo familiar o comunitario. En general, cuenta con un equipamiento apto no sólo para alojar los comensales cotidianos, sino que destina algunas plazas para invitados. El comedor constituye un centro de sociabilidad del que irradian, con el tiempo, las prescripciones principales de la etiqueta.

La actitud corporal dominante es la sedente activa, en lo que respecta a los agentes servidos y se complementa con una o más actitudes erguidas que realizan el servicio. En lo que respecta al equipamiento, la mesa constituye un centro que distribuye señales de status precisas hacia las cabeceras. No obstante, en la Roma antigua, en el *triclinium*, los viandantes yacían en lechos, apoyados sobre un codo y se disponían de manera adecuada al servicio de los esclavos.

Puede constituir ya un simple desayunador anexo a la cocina, ya una estancia especialmente holgada, dotada en general de una organización relativamente introvertida, aunque cuente con vanos hacia el exterior. En lo que respecta a su proyección social, constituye en general un ámbito privado con proyecciones hacia lo público, ya que la comida con invitados constituye una importante oportunidad de interacción social.

El uso del comedor da lugar a una serie de rituales fuertemente definidos en lo que toca a las dietas (qué se come y cuándo), el modo de consumirlas (uso de utensilios y enseres, orden de viandas, bebida), las peculiaridades del servicio, además de los rituales dictados por la propia interacción social (distinción de status, posición relativa, orden en la conversación).

En general y en nuestra cultura, la mesa constituye un centro compositivo en torno al cual se distribuyen las sillas, el contorno circulatorio y el resto de los equipamientos. Los enseres y utensilios suelen guardarse en alacenas ad hoc y su arreglo y composición constituyen un signo claro de ritual doméstico que comprende tanto la comida cotidiana como la cena extremadamente formal. El comedor puede aparecer asociado a la cocina, configurando un espacio único y nuclear de la vida hogareña o ya asociarse a la sala, con lo que se lo equipa y mantiene con mayor esmero. Este lugar específico suele casi desaparecer cuando el área disponible escasea, como en el caso de los apartamentos monoambiente.

Las diversas secuencias de operaciones en el espacio y en el tiempo definen con nitidez el carácter de una actividad realizada en un contexto dado y en unas circunstancias microsociales con fisonomía propia. Buena parte de la proyección social del hogar y del cuidado de la etiqueta son denotados y connotados por la estructura resuelta del comedor. En forma recíproca, el modo en que la gente come, entendido como actividad diferenciada es un síntoma revelador de la constitución efectiva de la vida en la casa.

Puede sospecharse que, en el comer, como fenómeno social y cultural, lo interesante es lo que pasa entre bocado y bocado, lo que sucede antes o después de la ingesta, lo que, originado remotamente en una necesidad biológica, lo contornea diferenciado. En efecto, antes del comer está el menú. Éste no responde tanto a consideraciones de conveniencia nutricional cuanto a determinaciones complejas de *lo bueno para comer*, distinguido de todo aquello que es o tabú o invisible como alimento.

Entre bocado y bocado está la conversación, el intercambio significativo y la socialización: quienes comen juntos comparten mucho más que las viandas y la mesa. Somos humanos porque parloteamos, aprendemos y enseñamos mientras constreñimos nuestros gestos con la imposición de la etiqueta. La sobremesa puede ponernos filosóficos y el sopor de los alcoholes puede soltarnos la lengua en la imprudente confidencia. Quienes han compartido comida y bebida renuevan alianzas y complicidades; a veces cierran negocios.

Celebramos nuestra condición de humanos contorneando sin tocar apenas el núcleo necesario de la subsistencia: comer es el exceso más allá del hambre puramente animal.

En torno a una mesa servida se convoca a congruentes formas de asumir e interpretar la vida. La mesa del comedor es el territorio crítico de la etiqueta, esto es, el marco normativo de las conductas que rige a las personas. Se es gente en la medida en que los comportamientos se ajustan a un preciso patrón. Se trata del control preciso de cada gesto con el fin de permitir la más matizada comunicación.

También la mesa es un territorio puro. No es sólo un tema de higiene, sino de compostura, de consagración especial del ámbito de comunión. Hestia, deidad de lo doméstico por excelencia, no sólo se ocupaba del fuego sagrado sino también de la pulcritud. Así mismo la mesa constituye un ámbito practicable. La sobreelaborada conducta se debe a la necesaria operación microsocial que hace de cada intercambio una negociación de significados y la posibilidad de tejer complejas alianzas y complicidades.

*Está todo listo en el comedor,* y el mero hecho de comer, si bien insoslayable, es lo de menos.

2.3.2.3 LAS ALCOBAS, LAS CÁMARAS Y LOS ÁMBITOS DE LA INTIMIDAD: EL SUEÑO Y SUS ALREDEDORES

> *Bajo las condiciones vigentes, un lugar es: [...] un garante de la noche subjetiva.* (Sloterdijk, 2004:383)

Ha sido un largo proceso histórico que llevó de la arquitectura de la cámara o la alcoba a la del moderno dormitorio. El lugar del sueño sigue teniendo un cariz particular, pero hay que meditar en qué palabras usamos, qué significado tienen y con qué referentes locativos tratamos.

Un lugar habitado tiene la hondura del sueño. Queremos dormir allí donde reine la más absoluta serenidad, alejados de todo temor. Por eso, solemos recluirnos en lugares recónditos, a salvo de las intromisiones, de las acechanzas y de las perturbaciones. Solemos confiarnos en la calma de la noche, tras de las fatigas del día y de las alegrías del amor. Nos mece la confianza cuanto la navegación onírica sobre Otros Territorios. Inermes y frágiles en nuestra condición y estado, el lugar de nuestro dormir es el lugar más seguro que podamos obtener. Es por ello el signo de nuestra solvencia. Una y otra vez incurriremos en el sueño, de donde las circunstancias y ocasiones del dormir constituyan un factor estructural de nuestra habituación.

Allí donde nos encontremos nos acompaña una tenue habitación.

Se trata de una burbuja sutil y es lo más propio que podemos poseer. Es una elástica burbuja pericorporal que nos articula con el mundo. La hemos construido a lo largo de la vida y la defendemos con el recurso de la privacidad. Por ello se endurece en la vida pública y se afina con la estancia en soledad. Solemos llamarla *ámbito íntimo*. A los ámbitos que amparan estos ámbitos íntimos dedicaremos atención y tratamiento.

Una *alcoba*, a los efectos de este estudio es una habitación destinada al descanso, al retiro y a la interacción sexual. Constituye un aposento equipado para el desarrollo cómodo y reservado de estas funciones.

El lugar de la alcoba, desde el origen más remoto parece ser un ámbito especialmente protegido. El término árabe del que proviene la voz 'alcoba' designa una bóveda o cúpula, esto es, en todo caso, un lugar abrigado en su forma más elemental que se emparenta con las madrigueras animales. La función principal que se alude en la voz dormitorio aparece como un eufemismo, ya que la alcoba también es un recinto íntimo apto para el retiro y la interacción sexual. En el sentido más preciso del término que se busca aquí, una alcoba es la habitación o la estancia que, por excelencia, aloja a una pareja humana como tal.

La actitud corporal dominante es la yacente relajada: el lecho constituye un centro funcional y compositivo para el conjunto de rituales conexos (cambio de vestimenta, arreglo personal, almacenamiento de útiles al efecto). En general y en la actualidad, la cama doble constituye un centro compositivo alrededor del cual se organiza los tránsitos y actividades conexas. En este sentido, el espacio de la alcoba se ha reducido a un mero dormitorio conyugal con un espacio y equipamiento aptos para el depósito de ropa blanca y vestimentas.

Constituye un lugar íntimo reservado para la pareja principal del hogar y suele situarse en la región privada de la casa. Su puerta cierra un ámbito íntimo vedado en general a los demás. Los rituales del descanso exigen una adecuada insonorización, un lecho confortable, y una temperatura regulada con precisión. Similares condiciones se exigen para la interacción sexual. En la alcoba tienen lugar, además los más radicales cambios de vestuario: en las casas ricamente articuladas suele contarse con un vestidor como ámbito conexo, aunque diferenciado. En un principio, la alcoba constituía un edículo térmico que preservaba del frío del resto de los ámbitos; con la difusión e intensificación del control artificial del clima, la alcoba deviene en habitación dormitorio, aunque con especiales características.

Por razones higiénicas, es ineludible contar con ventilación, aunque con control de luminosidad, intrusiones de polvo y preservación de la intimidad.

En cuanto a la ocupación en el tiempo, la función de descanso suele desarrollarse por la noche, aunque la no menos importante función del retiro íntimo puede llevarse a cabo tanto como se desee. Por la mañana suele constituir un lugar abierto a la luz y a la ventilación, escenario de las labores de mantenimiento higiénico.

En general, se sitúa la alcoba en la porción más recóndita, tranquila, segura y reservada de la casa, en un emplazamiento que cuente con ventilación natural al exterior. En casas de dos o más plantas, es frecuente que se sitúe en la primera planta alta. Era acostumbrado que su situación en la fachada fuera relativamente enfatizada. En algunos casos cuenta con el anexo de balcones o terrazas privadas, que extienden el ámbito íntimo más allá de la fachada.

Por su parte, una *cámara* es una habitación destinada al descanso, al retiro y a al desarrollo y formación de un sujeto.

Toda cámara representa una instancia especial de primera articulación de una casa: frente a la sala de proyección pública, la cámara se destina al ámbito privado.

Cuando se especializa funcionalmente la principal articulación interna de la casa, (la articulación público/privado) la cámara se acondiciona para su uso privado. Toda vez que se encuentre un ámbito reservado para el retiro de un sujeto, tenemos la ocurrencia de una cámara. El concepto propio de cámara no se restringe al descanso —con lo que la cámara se reduce a un simple dormitorio—, sino que se destina principalmente al retiro del sujeto constituyendo un ámbito apropiado para su desarrollo y formación.

Como ámbito de retiro privado, entonces, la cámara no sólo alberga la función del descanso, sino que incluye el trabajo, el juego o el estudio en sus dimensiones domésticas. En los palacios del siglo XVIII, es frecuente asignar cámaras diferenciadas a los integrantes de la pareja principal (chambre du roi, chambre de la reine). En las viviendas contemporáneas, los dormitorios de los hijos albergan con muy poca holgura las funciones que de todas maneras se llevan a cabo.

En función a la extensión y el equipamiento disponible es posible adoptar todas las actitudes corporales, aunque en la actualidad tiende a hacerse dominante la yacente, implementada por niños y adolescentes no sólo para descansar, sino también para ver televisión, conectarse a Internet y, aún, estudiar. Suele ser una demanda adolescente relativamente frecuente contar con algún equipamiento que permita una actitud relajadamente sedente, como complemento confortable al pequeño escritorio o mesa acompañado por una o más sillas.

En cuanto a su diferente proyección social de la cámara, esta es en principio un ámbito íntimo, poblado principalmente ya por sujetos jóvenes (niños, adolescentes, adultos solteros) o ya por adultos mayores solos. Los sujetos con capacidades diferentes adecuan especialmente este ámbito a sus necesidades particulares. Los sujetos de diferentes géneros suelen acondicionar de manera diferencial sus respectivas cámaras. En una cámara se llevan a cabo todos los rituales implicados por el ámbito íntimo: el sueño, el retiro, la composición del personaje mediante arreglos corporales y vestimentarios, el estudio, así como ciertos trabajos y aficiones que demandan reserva.

Los rituales del descanso exigen, como en el caso de la alcoba una adecuada insonorización, un lecho confortable, y una temperatura regulada con precisión. El retiro exige una localización relativamente apartada de los ámbitos de interacción social de la casa y un acceso directo a través de corredores, pasillos o rellanos. En consonancia con los rituales, las formas de uso se desarrollan con más o menos holgura y confort, según la extensión y la disponibilidad de equipamiento, así como el estilo de vida desarrollado efectivamente por el sujeto, en el proceso vital en que va adquiriendo más autonomía. Los dormitorios contemporáneos que asumen el papel de cámaras resultan tan estrechos que la ubicación de la cama es crítica y la disponibilidad de espacio para otras actividades es residual.

2.3.2.4 El baño: los rituales de lo limpio y del abandono de lo sucio

La denominada sala de baño es un ámbito de inserción tardía en el interior de la casa. Concurren varios procesos históricos en esta irrupción.

Por una parte, se ha desarrollado una ardua ingeniería que toma el agua del ambiente, la vuelve potable, la distribuye en la ciudad, se inmiscuye en las entrañas de la casa y es devuelta al ambiente como solución altamente contaminada. Un ciclo antrópico domesticador del agua ha sido costosamente desarrollado, no sin pérdidas. Por otra parte, el antiguo rito purificador de la ablución y la inmersión ha cedido lugar a la yuxtaposición de usos cotidianos que sólo tienen en común el uso intensivo de agua limpia: lavados, enjuagues y eliminaciones. A lo excepcional de la purificación episódica le sucede la banalización cotidiana. Así, profanamos el agua depurada con todo tipo de sevicias, arrojando lejos asquerosidades malolientes y malsanas.

También concurre una renovada preocupación por la intimidad, el aseo y el arreglo personal. En lo hondo de la sala de baño aguarda siempre un espejo implacable. Las antiguas maravillas del agua límpida y surgente se sustituyen ahora por la infamante domesticación de ésta en ocultas cañerías: ahora los falsos ídolos del fariseísmo contemporáneo son los aparatos de grifería y los sanitarios. El agua, por su parte, suele vengarse de esta injusticia en forma de humedad por pérdidas.

Antaño, el baño era dominantemente festivo, colectivo y reparador. Para llegar a la actual condición de requisito cotidiano, higiénico e íntimo, ha corrido mucha agua, por cierto. Lo importante es cómo ha devenido el significado del baño y del cuidado personal. Más allá de la pura disponibilidad técnica de ámbitos domésticos e instalaciones, es crucial cómo han devenido los valores en juego.

¿Cómo devendrán los baños del futuro ante las ahora incipientes inquietudes ambientales con referencia al agua, la energía y los modos sustentables de habitar?

Las actuales salas de baño suelen ser recintos relativamente reducidos, ajustados a un uso individual, en donde se asocian todas unas operaciones de arreglo del cuerpo que tienen en común el uso de agua limpia y la eliminación de efluentes contaminados. La preocupación principal es el mantenimiento inmaculado, lo que implica el revestimiento de paramentos con productos tersos e impermeables y la disposición de aparatos de superficies pulidas.

Las salas de baño constituyen el escenario del despliegue del ámbito íntimo que roza con sensibilidad las superficies interiores. La actual preocupación por su esmerado arreglo no está lejos del correspondiente compromiso con el arreglo personal. Así como resulta cómplice e implacable a la vez el espejo, así se comporta también la balanza, controlador de los ominosos excesos. Las salas de baño domésticas son acaso recintos sagrados de un nuevo culto al cuerpo, que prolifera en rituales con no poco de magia.

### 2.3.2.5 La sala y las interacciones microsociales domésticas

Una sala es, por lo general, una habitación principal de una casa destinada a actividades de interacción microsocial.

Cuando se observa una casa reducida a una única estancia, como en el caso de una infravivienda, su caracterización como cámara o como sala es siempre dudosa. Pero apenas existe al menos una articulación principal, es dable observar en un caso, una constitución más íntima o privada en un ámbito relativamente reservado y en el otro, más directamente vinculado al espacio público, un lugar designable como sala. En una casa de conformación regular suele aparecer un ámbito apropiado para la interacción social de propios con extraños.

Una sala constituye una esfera que alberga tanto a propios como invitados: supone una invaginación de la fachada que provee de un interior controlado y destinado a la construcción de una faz pública a los habitantes de la casa. En las casas adecuadamente articuladas no sólo constituye una estancia, sino que también configura un pasaje al ámbito privado. En su carácter de pasaje microsocial, la sala configura una instancia laberíntica del habitar doméstico.

Por otra parte, en los lugares de carácter no doméstico, una sala aparece como un lugar relativamente amplio disponible, en general, para la interacción social entre propios y extraños (Sala de reuniones, sala de museo, salón de actos escolar, etc.). En general, en este ámbito, la actitud corporal dominante es la sedente relajada, toda vez que se cuenta con equipamiento para ello.

En las residencias opulentas, la o las salas suelen ser amplias y ricamente equipadas, de modo adecuado a las formas domésticas de sociabilidad. Suelen diferenciarse según su relativa exposición pública; así se dan salas de uso cotidiano y privado del hogar o ya salas reservadas con esmero al recibimiento de invitados. Pueden aparecer antecedidas por lugares umbrales como las antesalas, espacios de transición preparatorios a la revelación de las salas principales.

Parte de lo que el edificio muestra hacia el espacio público se le replica en el pliegue del salón burgués. Orden, pulcritud, acumulación de bienes, tales los signos principales del equipamiento y el atrezo. Proveniente su patrón arquitectónico del salón aristocrático, este salón conserva su carácter de lugar social por excelencia. Ser, estar, representar, son los contenidos de la semiótica arquitectónica del lugar.

Las variantes se deben, en lo fundamental, a una cierta racionalización de los usos del espacio y el tiempo, en donde la extensa y formal articulación de los palacios aristocráticos cede a las constricciones de la lógica burguesa, constreñida en una residencia más sumariamente arreglada. Pero hay detalles significativos: mientras que un salón aristocrático se equipa con mobiliario "noble" y "auténtico", en el salón burgués domina aquello que ha emergido en el mercado en términos de buena inversión, duradera.

En los apartamentos medianos actuales, es poco frecuente que se tenga otra alternativa que un sector de un lugar más amplio que incluye también a un comedor formal. Es frecuente, en estos casos, que el equipamiento resulte demasiado grande como para dejar de ofrecer adecuada holgura a la circulación. Es frecuente que la estancia se prolongue en el exterior con algún balcón o terraza.

Es claro que una sala, en la mayoría de los casos, tiene una proyección pública; aún en los casos de las salas de uso diario del hogar, se reservan para el uso ampliamente compartido por varias personas. En la residencia aristocrática se realizaba una articulación de salas por género, asignando una al jefe del hogar (despacho) y otra a su cónyuge, diversamente equipadas y situadas opuestas a la antesala principal, así como simétricas al eje de la entrada de la residencia.

Con mucho, en la sala principal se observan en general los rituales más envarados y más socialmente aceptados: los integrantes del hogar muestran su condición de personas a través de la interacción social con los invitados en un ámbito que Erving Goffman ha caracterizado como escenario o fachada.

Las formas de uso de la sala han sufrido el impacto de la introducción de la TV en el hogar: si en una casa hay al menos un televisor, éste se ubica en la sala y el ordenamiento de equipamientos y personas se ve condicionado por su contemplación. El tradicional sofá burgués del siglo XIX adopta ahora diseños aptos para una actitud corporal más relajada e informal. Mientras que la sala decimonónica se puede considerar un repliegue de la fachada pública hacia el interior, en la actualidad domina una engañosa informalidad, que abarca la composición de los equipamientos en el lugar.

No obstante, es frecuente que se genere por lo menos un centro funcional y compositivo, en torno del cual se distribuya el equipamiento en forma de más o menos amplios sillones complementados por mesas auxiliares bajas y aparatos de iluminación localizada.

2.3.2.6 El deambular por pasillos y corredores

*Del pasillo, triunfante modo de comunicación de la modernidad funcionalista, podemos decir que tiene su origen no en la voluntad de unir estancias con una circulación compartida, sino de separarlas para facilitar la privacidad y discriminar la circulación. El pasillo, de hecho, tiene su origen en el esfuerzo para evitar la interferencia entre los señores de una casa y su servicio. Una paradoja ésta, la de separar en lugar de comunicar, que aún hoy sigue siendo una poderosa fuente de posibilidades.* (Santiago de Molina, 2016)

Un corredor es un lugar umbral cuyo principal cometido es permitir el tránsito entre diferentes lugares o habitaciones. Los corredores son un caso de lugar umbral, tenido frecuentemente como ámbitos secundarios, aunque cumplen un importante papel en la estructura y funcionamiento de todo lugar medianamente articulado.

Los corredores se desarrollaron cuando no resultó aceptable la solución de la circulación atravesando las habitaciones (puertas en *enfilade*). El deseo de la preservación de la intimidad en los recintos privados forzó a conectarlos a través de estos lugares umbrales. Si bien siempre son lugares liberados de obstáculos al tránsito, antiguamente merecían un tratamiento y desarrollo espaciales mucho más generosos que en la actualidad, en donde los corredores domésticos son apenas mínimos pasillos.

Todo corredor supone la composición de un recinto con las condicionantes generales de una senda. Al tratar de minimizar la extensión espacial de una casa, generalmente se reduce todo corredor al itinerario mínimo posible, y en general adoptan un trazado rectilíneo. Al estar desembarazado de todo equipamiento, los corredores solo admiten el tránsito y carecen, por lo común de interés, salvo en el caso de lugares de uso público, como escuelas, hospitales, hoteles u otros, en donde debe asegurarse un trazado y un tratamiento que garantice la adecuada orientación en el lugar.

En general, suele articularse, de modo más o menos formal, un sistema de articulaciones en los corredores, a título de "esclusas", en donde se diferencian las distintas proyecciones sociales (pública, privada, íntima).

## 2.4 UNA FORMA DE HABITAR CIERTAS CASAS

### 2.4.1 Presentación

Es momento de poner a prueba la teoría, tal como ha sido expuesta. Un aspecto importante a verificar es cómo la teoría es capaz de describir un hecho de habitación concreto. Deberá probarse, al menos, que es posible hablar de arquitectura sin incurrir en descripciones tectónicas, ni menos aún proyectuales. Se intentará hablar, en cambio, de la vida humana referida en un marco arquitectónico dado.

Al efecto, se examinará, a la luz de la Teoría del Habitar, los modos de habitar las residencias construidas por la firma Bello y Reborati, en el período comprendido entre los años 1921 y 1936, en la barriada de Pocitos, en Montevideo. Se trata de considerar un acervo importante de casas residencias desarrolladas y destinadas al uso de capas medias de aquella época y en un cierto contexto que se describirá. Dado que tales residencias constituyen casos recurrentes de realizaciones arquitectónicas, podrá estudiarse el caso como el de un tipo de habitación. Esto permitirá concentrarse en los modos típicos de habitar, dejando de lado variantes idiosincrásicas particulares.

¿Por qué seleccionar este caso? Hay varias razones, pero desde ya puede adelantarse algunas. En primer lugar, las residencias de Bello y Reborati constituyen tipos arquitectónicos singularmente exitosos en su aceptación social, por lo menos de su público destinatario, tanto en la época en que fueron construidas e inauguradas, así como en la actualidad. En segundo término, su carácter recurrente, esto es, la repetición exitosa de similares disposiciones, que conforman un tipo localizado específicamente en ciertas condiciones espacio-temporales. En tercer lugar, en fin, porque suponen un ejercicio arquitectónico de singular valor contextual en la región urbana en donde se insertan.

El caso estudiado, planteado sumariamente, es el de residencias unifamiliares desarrolladas en forma recurrente, esto es, que repiten sistemáticamente ciertas disposiciones en planta y alzado. Estas residencias están resueltas en una forma que, aunque cada una de ellas es tratada como un caso particular, conservan entre ellas una similar contextura. Estas residencias se construyen en general a demanda de comitentes solventes de clase media acomodada en el Uruguay de la época. Un aspecto saliente de estas realizaciones es su extensión en número (la empresa produjo en un breve lapso histórico —dos décadas— una cantidad considerable de casas), sobre todo si se considera que se disponía de tecnología constructiva artesanal y de relativa alta calidad.

Estas residencias son portadoras de valores de habitabilidad especialmente significativos. En primer lugar, tienen una fuerte y clara identidad: en la actualidad son casas "con marca". Esta identidad no sólo refiere el artefacto construido, sino que comprende además una identificación peculiar con sus habitantes. En segundo término, han perdurado tanto en su contextura física como en su valor simbólico: son casas apreciadas y, en general, bien conservadas. Esta perduración es fruto de un valor efectivo de memoria. En definitiva, es constatable que existe una firme apropiación afectiva de estas residencias por parte de sus residentes.

## 2.4.2 Marco histórico

Hacia 1920, la ciudad de Montevideo vive un proceso de expansión territorial. Tal proceso se vio propiciado por el aumento de las exportaciones durante la Primera Guerra Mundial, así como el fenómeno de una masiva inmigración —cerca de 180.000 personas, en su mayoría europeos—. Se constituyó en la ciudad un escenario en donde se verifica un aumento del mercado de consumo y un incremento en la oferta de mano de obra.

En ese Uruguay que se modernizaba, se extienden los nuevos medios de transporte, tales como el tranvía eléctrico y el automotor. En lo que afecta concretamente a la industria de la construcción, se introduce el uso del hormigón armado. Se trata de una economía pujante, que impulsa las actividades industriales y comerciales y que ambienta la irrupción de una clase media, protagonista histórica de una "nueva mentalidad". En ese contexto histórico, Montevideo se extiende en varias direcciones.

Precisamente en una amplia bahía próxima a Montevideo y hacia 1886, surge el balneario de los Pocitos, ante el novedoso interés tanto de montevideanos como de bonaerenses por los baños de mar y las estancias veraniegas.

> *El florecimiento de Pocitos obedeció a causas diversas que se conjugaron felizmente para determinar su brillante porvenir. Una, fundamental, fue la implantación del tranvía de caballitos; otra, la decisión de muchas familias del centro para constituir un balneario casi privado, ya que Ramírez era demasiado frecuentado; la tercera fue la creación de numerosos barrios constelados en su derredor, que se unieron naturalmente a él...* (Barrios Pintos, 1971)

Hacia 1920, Pocitos es un balneario pujante, en donde familias acomodadas construyen grandes residencias de veraneo, siguiendo los paradigmas edificatorios de los chalets normandos, las villas italianas y los cottages ingleses. El acceso desde el centro de la ciudad se vio facilitada por el desarrollo del tranvía eléctrico y el automóvil particular. El desarrollo urbano fue producto de la iniciativa de promotores inmobiliarios, asistidos por ingenieros agrimensores.

En este proceso expansivo de Montevideo, es importante la incidencia del llamado Urbanismo de Agrimensores, por ser éstos los únicos técnicos actuantes. El proceso se inicia con la decisión del propietario de lotear su predio para posteriormente realizar la venta de los solares. El Agrimensor en cada caso, actúa exclusivamente dentro de los límites de propiedad del predio a lotear.

*El amanzanamiento, debía seguir lineamientos generales dados por la traza vial existente o prevista y su relación con los amanzanamientos ya realizados, quedando el proyecto de fraccionamiento sujeto a la aprobación del gobierno departamental. De ahí la singularidad de la traza y el parcelamiento.* (Boronat y Risso, 1996: 14)

Hacia 1920, una vez que en el balneario se han asentado familias pudientes en predios generosos y allí han construido grandes residencias, comienza el proceso de colmatación de la localidad. Se ofrecen en remate predios mucho más pequeños —solían ser rectángulos alargados de entre 10 y 20 metros de frente—. Esta oferta está orientada a clientes de sectores medios emergentes.

Estos sectores medios encontraron con una oferta adecuada de parte del mercado de suelo urbano. A esto debería seguir (y efectivamente siguió) una oferta arquitectónica adaptada a esta clientela y a su situación socioeconómica. Aquí operan diversos actores, dentro de los cuales se encuentra la empresa Bello y Reborati.

*Alberto Reborati, avanzado estudiante de arquitectura, comenzó a proyectar y dirigir sus primeras viviendas hacia 1914. En esa época los gobiernos departamentales no exigían la responsabilidad de un técnico universitario para realizar obras de arquitectura, bastaba ser constructor idóneo y estar habilitado para presentar los planos correspondientes.*
*Se asocia posteriormente con el constructor Ramón Bello, realizando juntos numerosas obras. Paulatinamente se va acrecentando la demanda de trabajo; la sociedad de hecho va adquiriendo*

*su perfil, con una modalidad propia para actuar en el mercado inmobiliario. El 22 de julio de 1921 se concreta formalmente como empresa constructora con el nombre Bello & Reborati. Este es el inicio de una labor empresarial que se ha ido valorizando, al tomarse conciencia de la magnitud de su trabajo en cantidad, calidad constructiva y fundamentalmente por su aporte como obra generadora de ciudad.*

[...]

*La empresa creció a ritmo acelerado, alcanzando su período de mayor auge entre los años 1927-1931.* (Boronat y Risso, 1996: 8s)

La firma realizó obras proyectadas por reputados arquitectos, pero lo que nos interesa aquí es cómo operan como empresa que ofrece un peculiar producto a sus clientes de clase media. Ofrecía a sus clientes disposiciones típicas (planos tipo) que se adaptaban peculiarmente a los lotes estrechos de frente que adquirían estos clientes. Los tratamientos superficiales de fachada y terminaciones interiores se ajustaban mediante una negociación con el comitente. A la propuesta proyectual le seguía un eficaz proceso constructivo en el que en plazos razonables resultaba la entrega al uso de una residencia con una muy aceptable calidad artesana.

### 2.4.3 Una práctica de arquitectura contextual

En principio, las ofertas típicas de la firma adoptan dos modalidades principales, en función al terreno disponible. En el primer caso, si el cliente dispone para sí de un predio de 8 o 12 metros de frente, puede optar por una propuesta que se ilustra en plantas de la siguiente manera:

TRATADO DE TEORÍA DEL HABITAR

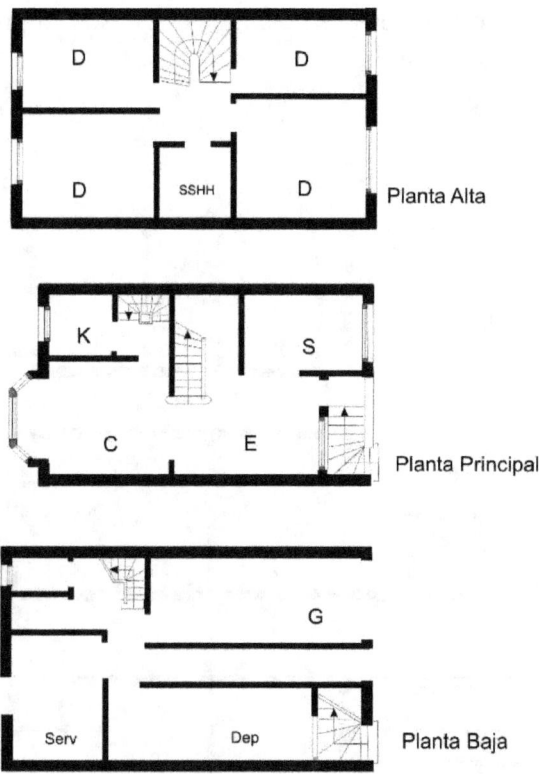

Figura n° 1. Una unidad en un padrón

Pero puede haber una segunda opción. Dos familias podrían adquirir conjuntamente un predio de 10 a 12 metros, en éste construir dos unidades independientes y luego fraccionar la propiedad. En aquella época, no había limitantes mínimas al ancho de frente de los predios. En estos casos, la propuesta era, en plantas, como sigue:

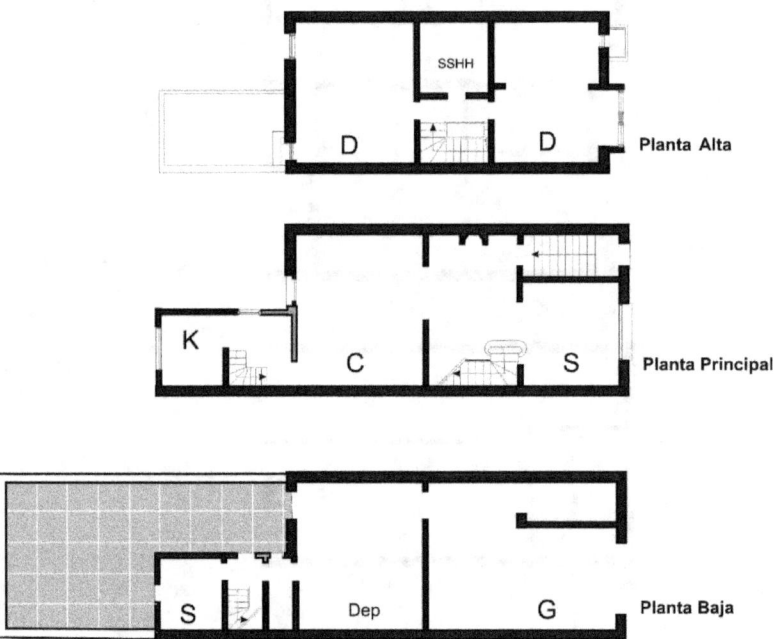

Figura n° 2. Una unidad que comparte con otra similar un padrón de 10 a 12 metros de frente.

Dadas las condiciones del predio, las casas se adosan a las medianeras y su fachada se alinea generalmente con el frente. Según fuera la profundidad del terreno, queda librado al fondo un patio más o menos desahogado.

Las residencias se desarrollan en tres plantas a partir del nivel natural del terreno. En la inferior se abre el garaje y el acceso a la planta principal, en el primer piso. Este último nivel constituye lo que en las villas italianas se denominaba *piano nobile*. Allí se encuentran la sala, el comedor y, tras éste, la cocina, así el espacio umbral que lleva a la tercera y última planta. En ésta se encuentran los "dormitorios" (la alcoba y las cámaras), acompañados por la sala de baño.

Dado lo estrecho del frente, no es viable resolver el acceso principal en el eje de simetría bilateral de la fachada, tal como era costumbre en el tipo denominado "casa standard" o en el tipo colonial. En realidad, la composición de los espacios es dual y alternada en cada planta: si en planta baja se abre el garaje a la izquierda y la escalera a la derecha, en la primera planta la segunda escalera se sitúa a la izquierda. Esto determina ciertos problemas en la composición de los vanos en la fachada, ya que no es posible alinear verticalmente las ventanas de todas las plantas, tal como se acostumbraba entonces.

Por su parte, las fachadas se desarrollan según un único plano alineado con el frente del predio. No tienen, por lo general, grandes salientes, tales como terrazas o balcones. Su composición resulta algo compleja, al no poder alinear los ejes de las aberturas en vertical, con lo que cada nivel de la fachada tiene una disposición propia de llenos y vanos. En general estas fachadas tienen variadas terminaciones superficiales y carecen de un "estilo" histórico definido. Antes bien, las fachadas contienen gestos o citas parciales de elementos propios de arquitecturas regionales europeas (generalmente, italianas o españolas). Boronat y Risso (1996) llegan a afirmar que:

> *Interpretamos que el sustento de la convalidación social que tuvieron y tienen las viviendas "Bello & Reborati", radican además de lo antes expresado, en la creación de un lenguaje. En este lenguaje se debió reconocer raíces culturales con las que emigrantes e hijos de éstos, por recuerdos, viajes, fotos, cuentos e imaginación se sentían identificados, con la validez que la misma nostalgia hace a su propia identidad. Por esta misma razón, no se requería de precisiones ni "reproducciones fieles", no se trataba de reproducir con erudición sino de "atar" a un sector de población a algo tan legítimo como lo es su propio pasado en la búsqueda de su identidad.*
>
> (Boronat y Risso, 1996)

De esta expresión arquitectónica puede decirse aquí que constituye, de hecho, un *idiolecto*, esto es, una apropiación lingüística por parte tanto de los proyectistas como por su clientela. Las fachadas, elementos fundamentales para la expresión individualizadora que se demandaba entonces, resultan del enunciado de unos "actos de habla" intercambiados entre proyectistas y comitentes que constituyen, en sus pormenores y en su arreglo general, expresiones de una identidad propia de ciertas personas, de su cultura y de su circunstancia histórica particular.

Las fachadas enuncian, con toda claridad, que se trata de viviendas unifamiliares, destinadas a familias de clase media solvente, en general de origen europeo, aunque afincadas en nuestro medio en un marco de una muy civilizada convivencia. Expresan las expectativas cumplidas de personas pertenecientes a un estrato social y cultural emergente, que busca condiciones adecuadas, dignas y decorosas para habitar no ya un balneario cercano a la ciudad de Montevideo, sino una región urbana de la misma. Habitan entonces Montevideo desde el barrio de Pocitos.

El aspecto más interesante de estas realizaciones radica en su inserción en el contexto. En virtud de la gran cantidad de casas realizadas, que en algunos casos conforman fachadas urbanas de conjunto, se puede hablar incluso cómo estas realizaciones conforman su propio contexto. Si se estudia cada fachada por separado, puede sentirse alguna incomodidad ante la falta de simetría bilateral cuando, por otra parte, no llegan a constituir verdaderas fachadas libres. Sin embargo, cuando se alinean en sucesión, estos frentes ofrecen un juego rítmico singularmente interesante: el conjunto resulta en una agradable y bien avenida vecindad.

Si bien resultan de disposiciones típicas y repetidas, cada casa tiene su peculiar fisonomía que, por un lado, personaliza cada ocurrencia y, por otro, armoniza con las residencias vecinas, tanto si estas provienen de la firma Bello y Reborati, como si no. No se trata, entonces, de una mera producción estandarizada y banalizada por la pura repetición, sino la muestra consecuente de variaciones sobre un mismo tema.

Figura n° 3. Aspecto de las construcciones de la firma sobre la calle Santiago Vázquez

La propuesta de la firma Bello y Reborati constituyó un éxito comercial en su momento. Sus productos son reconocidos aún hoy tanto por su calidad física constructiva así como por su pervivencia simbólica. En efecto, la empresa consiguió producir no sólo las residencias, sino que desarrolló por su cuenta importante número de emprendimientos productores de insumos (productos cerámicos, carpintería de obra, mosaicos y baldosas, herrería y otros). Más allá de la atención en la conservación de las residencias, se nota todavía hoy la alta calidad constructiva, tanto en los componentes así como en la resolución de conjunto.

Pero lo más significativo es la pervivencia simbólica: son residencias apreciadas, generalmente bien conservadas y, consiguen aún hoy precios diferenciales frente a construcciones de la misma época. Han constituido propuestas y realizaciones adecuadas, toda vez que concurren al menos cuatro condiciones: primero, una adecuación proyectual a las circunstancias socioeconómicas; segundo, una adecuación de paradigmas arquitectónicos ofreciendo soluciones accesibles, dignas y decorosas para su público; tercero, una propuesta inmobiliaria adecuada al segmento de mercado atendido; cuarto, una más que aceptable calidad constructiva, que asegura la extendida vida útil de las construcciones.

### 2.4.4 Las formas de vivir estas casas

Comencemos suponiendo que hemos sido invitados por la familia que habita una de estas casas. Al principio, nos enfrentaremos a un empinado y estrecho acceso a través de la escalera. Podemos suponer que la sociabilidad corriente de esta familia no es muy abundante en invitados, a juzgar por la relativa incomodidad de la escalera de acceso. En algunos casos, se nos abrirá la puerta principal, accederemos a un diminuto palier y emprenderemos la ascensión hasta la planta principal, a través de una confinada escalera interior. En otros casos, al estar la escalera abierta hacia el exterior, nosotros ascenderemos hasta dar con la puerta de acceso: en este caso, el ámbito de la escalera no nos resultará tan agobiante.

Llegados a la planta principal, recuperaremos el resuello en un relativamente amplio lugar umbral. Este lugar oficia de antesala, tanto para la sala de estar, así como para el comedor. Desde este lugar arranca, además la escalera que lleva a la segunda planta, la que suele diseñarse y construirse con especial esmero. Este lugar umbral tiene una especial significación al constituir el verdadero sitio de recibo: presentación mutua de los propios y los extraños, según el ritual social que los llevará, según el caso, a la sala, en donde seremos agasajados quizá por un té, o bien hacia el comedor, donde acaso nos aguarde un banquete más o menos formal.

Llegados a la sala, podemos apreciar que se trata de una estancia relativamente amplia, si se considera la extensión general de la casa. Aparece equipada como un único ámbito, en donde se dispone de asientos cómodos para una cinco o a lo sumo siete personas simultáneamente. Se configura una suerte de corro de asientos cómodos en torno a una pequeña mesa baja. La ventana ilumina con discreción, destacando el brillo de la porcelana y la platería, proliferando en cálidas penumbras y se abre elevada sobre la perspectiva de la calle. En algún caso, es incluso posible que el mismo mobiliario fuera ofrecido por la firma constructora, que contaba con una ebanistería.

Accediendo al comedor, encontraremos que éste es relativamente amplio, equipado muy probablemente por una mesa dispuesta para seis u ocho comensales. La disponibilidad de energía eléctrica hace posible la iluminación generosa desde el cielorraso mediante una luminaria colgante. Una gran alacena, elemento frecuente en estos comedores, exhibe tanto como guarda la vajilla y otros enseres. En este lugar es en donde se observa una etiqueta más formal en todos y cada uno de los gestos. Es frecuente que la ventana, que da al patio posterior, tenga vidrios texturados a efectos de dejar pasar la luz, pero no la visión del patio posterior, por lo que esta estancia resulta algo oscura.

Si fuésemos suficientemente indiscretos para ascender por la escalera que lleva a la planta íntima de la casa, podríamos comprobar que los "dormitorios" son relativamente amplios o desahogados. Por su parte, la alcoba principal, volcada hacia la fachada principal, suele tener una ventana dotada de un tratamiento arquitectónico diferenciado, a efectos de subrayar su jerarquía. Tiene dimensiones que permiten disponer el lecho matrimonial, un amplio guardarropas y aún organizar un pequeño estar íntimo, situado cerca de la ventana. Las cámaras, por su lado, son suficientemente amplias para merecer tal denominación, en vez del devaluado y actual término dormitorio.

Podría suceder que algún invitado tuviese que ir al baño. Aparentemente, no tendría otra opción que subir hasta la segunda planta elevada, ya que la residencia no cuenta con lo que ahora se denomina baño social, que en realidad no brinda otra cosa que un retrete y un lavatorio para uso de los invitados. Así que tendríamos un pretexto para husmear en la región reservada y comprobar allí que se dispone de un baño completo, relativamente amplio y equipado al efecto con un retrete, un bidet, un lavatorio y una bañera.

Por otra parte, la cocina se desarrolla en un ámbito próximo al comedor, pero claramente articulado con él. Es ámbito del personal de servicio y allí puede asomarse, esporádicamente, la señora de la casa a prepararse alguna infusión o a supervisar las tareas. Esta cocina tiene conexión, a través de una muy estrecha escalera que lleva a la planta baja, con un depósito que puede servir de alacena y con la habitación de la sirvienta. Todo parece indicar que tanto la preparación de la comida como la limpieza de la casa son confiadas a una sola persona residente.

Cada ámbito constituye un centro claramente articulado: sala, comedor, cocina, alcoba, cámaras, baño. Si bien las dimensiones son holgadas, apreciadas desde la actualidad, cada habitación sólo puede contener un centro que lo caracteriza. Así, la disposición del equipamiento es crucial para estructurar el uso de cada lugar. Si bien existe un importante lugar umbral en la primera planta, la circulación está sumamente reducida: no existen largos corredores o galerías, sino apenas rellanos. Los elementos capitales en la circulación lo constituyen las escaleras, que constituyen usos inevitables y frecuentes. Así las cosas, parece que no son residencias peculiarmente adecuadas para personas mayores.

Puede pensarse que son casas extrovertidas, ya que las más importantes habitaciones están volcadas hacia el espacio callejero, a diferencia de la introvertida casa a patio. Sin embargo, las fachadas constituyen un formidable resguardo de la intimidad. Contienen vanos relativamente pequeños que controlan los flujos de información: en una residencia así, es relativamente fácil percibir, desde el interior, el estado de cosas de la calle, mientras que desde ésta se perciben muy pocas manifestaciones del interior.

La fachada a la calle es un muy importante elemento articulador. Por una parte, realiza un dedicado aporte —como un buen vecino— al decoro global de la calle a que se enfrenta. Por otra, es portador de la faz pública de sus habitantes: en las variantes de su arreglo superficial, en el estado de conservación, en el cuidado de las plantas de ornamento y también en el rótulo en relieve que atribuye a la firma la marca de la casa. Pero es decisivo su papel en entornar, tras sólidos muros y más que discretas ventanas, los pormenores particulares de la vida que se desarrolla puertas adentro.

En definitiva, nos encontramos aquí con el forjado de un meticuloso tipo habitable, convenientemente alojado en una estructura arquitectónica recurrente. No se trata ni de la reproducción metódica de ciertos paradigmas más o menos canónicos, pero tampoco de la proliferación simple de casos reiterados. Se trata, en fin, del ejercicio de una arquitectura contextual destinada específicamente al habitar de ciertas gentes situadas con mucha precisión en sus coordenadas espaciales y temporales.

Es una arquitectura contextual, ya que asimila positivamente las condicionantes urbanas, sociales, culturales e históricas, a la vez que se muestra respetuosa de un armónico concierto del lugar urbano resultante. Está manifiestamente destinada al habitar, ya que es resultado de una adaptación de paradigmas en términos apropiados para las peculiares circunstancias de su realización y su liberación al uso. Arquitectura de circunstancias, las residencias de Bello y Reborati conforman la fisonomía propia de unos modos de habitar, los que tienen lugar según formas que resultan, a la vez, adecuadas, dignas y decorosas.

## 2.4.5 Síntesis

Las historiadoras Yolanda Boronat y Marta Risso han acertado en su caracterización del caso Bello y Reborati (Boronat y Risso, 1996). Es que sobre el accionar de la empresa la crítica arquitectónica ha ejercido el más completo silencio. Recién con la perspicacia crítica del profesor arquitecto Mariano Arana es que tiene origen un claro interés académico, al que sigue un esmerado estudio histórico-crítico por parte de Boronat y Risso.

Una de las razones más mezquinas proviene de la ideológica consideración de que arquitectura es lo que realizan los arquitectos. Como el Sr. Reborati no alcanzó su título de arquitecto, lo que éste realiza no es arquitectura, según este tosco razonamiento. Cabe preguntarse por las sinrazones que impiden aplicar esta consideración a los casos de Le Corbusier y

Ludwig Mies van der Rohe, maestros de la arquitectura que no tuvieron titulación profesional específica.

Una segunda razón es que no se trataría de un ejercicio genuino del oficio, sino resultado de una práctica especulativa. Boronat y Risso examinan la cuestión y llegan a la conclusión que la práctica productiva de la firma no tiene el carácter especulativo que se parece acusar.

> 1. *La empresa no construía para vender posteriormente en el mercado inmobiliario, actuaba siempre por encargo, dando precio por el proyecto, tramitación y ejecución de las obras, estableciéndose una relación contractual entre comitente y empresa.*
> 2. *Tampoco actuaba como organismo financiero, el comitente podía, para financiar las obras, recurrir a préstamos hipotecarios, tanto del BHU, como de bancos privados.*
> 3. *En cuanto al precio y calidad constructiva se infiere que, dada la importante actividad inmobiliaria de la época, el comitente debió tener múltiples opciones en el mercado, pero la oferta hecha por esta firma debió ser muy conveniente; por otra parte el estado de conservación que presentan estas viviendas hoy, demuestra que la conveniencia del precio no radicó en la disminución de la calidad constructiva.*
> *Se puede concluir entonces que, ni en la venta, financiación, precio y calidad de las obras, existió un propósito que pudiera ser calificado en su momento de especulativo.* (Boronat y Risso, 1996: 38)

Una tercera razón, más rebuscada, es que las realizaciones de esta firma fueran consideradas ejercicios de pintoresquismo, antes que ejercicios canónicos de estilo, tal como se llevaba entonces. Pasado el tiempo y adviniendo en el seno de la profesión una incipiente preocupación por el carácter nacional de la arquitectura, el caso Bello y Reborati, desde esta perspectiva, pudiera verse como un exotismo. Aquí hay que matizar críticamente, tal como piden Boronat y Risso.

En primer lugar y con la perspectiva histórica que da el tiempo, resultan tan pintorescas las realizaciones de Bello y Reborati como los chalets normandos, las villas italianas o los cottages ingleses que perpetraban los arquitectos titulados. Uno se pregunta qué estaban haciendo allí, en las calles de Pocitos, todas estas curiosas muestras de la arquitectura europea, en las costas del Río de la Plata.

Las diferencias entre unas y otras eran, fundamentalmente, de tamaño y sólo en segundo lugar, un problema de reproducción más o menos fiel de determinados pormenores. Eran "europeas" por la sencilla razón que los comitentes también tenían ese mismo origen y porque los arquitectos uruguayos de entonces estudiaban la Teoría de la Arquitectura en el texto de Julien Guadet... en francés.

Pero quizá esta inconsecuencia de Bello y Reborati a la hora de encajar tal o cual detalle italiano, español, art déco y otros etcéteras, puede resultar un defecto afortunado. En efecto, estos gestos de vaga memoria se resuelven en ocasiones en ambigüedades poéticas y, en definitiva, sólo pueden expresar que son realizaciones en el Montevideo de 1925, destinados a gentes de una cierta y determinada cultura. Sin que les asistiera ninguna teoría o ideología vernácula o regional, los socios de la firma consiguieron dar a Pocitos una fisonomía propia.

Así las cosas, todo parece indicar que, desde la crítica arquitectónica al uso, estas realizaciones de Bello y Reborati no constituyen una arquitectura valiosa.

Es innegable la carencia de valor arquitectónico que se le atribuyó a estas realizaciones, tal como lo expresó el Arq. Arana, el estudio de las mismas fue considerado "irreverente", no sólo por las consideraciones antes mencionadas sino también por el manejo que hicieron de los repertorios formales, que escapaban a toda forma y modo de ser clasificado y evaluado.

*Más allá de las imágenes visuales, que resultan para el público en general muy atractivas, existió un propósito que trasciende ese mero hecho. Este fue el satisfacer las aspiraciones de los comitentes en cuanto a la representatividad de su vivienda.* (Boronat y Risso, 1996: 39)

El problema de toda crítica —y sobre todo de la crítica arquitectónica—, es que en general se percibe con más claridad el dictamen final que la fundamentación del criterio que lo sustenta. Es a la luz de la Teoría del Habitar que parece oportuno analizar la cuestión del valor de estas realizaciones. Como desde esta perspectiva no se juzga la cosa construida en sí, sino y propiamente la relación que esta guarda con quienes la habitan, entonces la Teoría tiene otros fundamentos y criterios axiológicos. Cabe entonces preguntarse por las profundas razones que han alentado ayer tanto como aún hoy el aprecio que los habitantes tienen por estas residencias.

Si bien se ha reflexionado sobre las realizaciones arquitectónicas desde la crítica especializada y para especializados, poco se sabe sobre la apreciación y el sentir que sobre las mismas el usuario tiene.

*La convalidación social que ciertas realizaciones han tenido, aun en contradicción con la crítica especializada, demuestran que poseen valores que trascienden los parámetros convencionales reconocidos como válidos para su evaluación.* (Boronat y Risso, 1996:40)

En realidad se sabe muy poco sobre la apreciación y el sentir del usuario ya que no se los considera unos factores relevantes para juzgar la cosa construida, salvo comprobar de hecho su calidad física perdurable. Pero si se atiende a la relación entre habitantes y cosas construidas, entonces no puede escamotearse ninguna atención al juicio de valor de las personas.

Naturalmente, el aprecio entre el público no es el de unos pretendidos entendidos acerca de una pura estructura física. El juicio de valor de los habitantes proviene de su experiencia vital de la habitación de las residencias.

Entonces, si lo verdaderamente decisivo es la vivencia de las cosas habitadas, ya no se trata sólo de aquello que es materia privativa de un grupo profesional, sino de sujetos plenos constituidos en lugares precisamente determinados. Y los sujetos plenos constituidos en los lugares que habitan construyen su vivencia, en el espacio y en el tiempo, conociendo a fondo su propia experiencia, modulando de un modo preciso su conducta y sintetizando en juicios sintéticos su experiencia estética del habitar.

Munidos con el herramental propio de la Teoría del Habitar, podemos juzgar que las realizaciones de la firma Bello y Reborati son merecedoras del mayor interés en el estudio y en la formulación de juicios de valor. Deberá reconocerse que el juicio social efectivo que valora estas residencias está bien fundado tanto en la conservación física de estas realizaciones tanto como en su pervivencia simbólica. Debe reconocerse que han resultado la genuina manifestación de un habitar social propios de unas circunstancias históricas, culturales, sociales y urbanas, de las que quedan aún valiosos relictos.

## 2.5 OTROS ÁMBITOS HABITADOS

Habitar no debe confundirse con el residir o el alojarse. También se habita el lugar del trabajo, el de estudio, el de cuidado de la salud y aún en una celda del presidio. También se habita la galería, el vestíbulo, el claustro, el patio o la escalera.

Hay algo especialmente mezquino en los lugares en donde sólo se invierte en aquello que se traduce en comprobables beneficios económicos. Este es casi el común denominador de la mayoría de los *lugares de trabajo*. Así como el capitalista del siglo XIX despojó al artesano del orgullo por su propio trabajo, sustituyendo una labor esforzada y valiosa en una cruda explotación, así también la magia equívoca del taller tradicional mutó en la fábrica moderna, en donde las máquinas dictan su ley.

Ha pasado ya mucho tiempo y se han sucedido generaciones de trabajadores aquejados de enfermedades profesionales, cuando no muertos en accidentes. Recién en la actualidad se empieza a tener en cuenta las variables ambientales básicas para asegurar un mínimo de salubridad en los lugares de trabajo. Conviene recordar que parte no menor de nuestra condición humana la verificamos en aquello que producimos para ganarnos el sustento. Por ello, los lugares de trabajo deben ser adecuados, dignos y decorosos, propios nuestra condición de seres humanos, ejemplares de la especie *homo faber*.

A causa de su difusión, un lugar de trabajo especialmente caracterizado lo constituye la *oficina*. Cuando una organización social se vuelve compleja, entonces surge la necesidad de una administración racional. De ahí proviene el germen de la burocracia. La etimología hace provenir el término del francés bureau, escritorio, pero en verdad, la clave está en un adminículo más contundente y menos elegante: el mostrador. Hay por cierto muchas variantes morfológicas pero lo que es omnipresente en todo mostrador burocrático es la oposición tajante y operativa de Dos Lados. Por una parte, Nosotros, los propios, investidos variablemente de Poder. Por otro, los clientes, ciudadanos, civiles, contribuyentes, pacientes, o aún educandos. Max Weber lo ha señalado con especial sensatez: la racionalidad de la burocracia destruye otras formas no racionales de proceder, pero, a excepción del puro caos, parece no darse con mejor instrumento. Padecemos su racionalidad.

El trabajo en una oficina supone siempre una ocupación sedentaria, que exige concentrarse sobre una superficie de trabajo y que se aplica a gestionar flujos ingentes de información en donde el formalismo ritualista desplaza en importancia a la propia realidad referente. Para un oficinista, un hecho existe si y sólo sí existe un registro formal de tal y éste se vuelve sustancialmente prioritario aún frente a la constitución efectiva del propio hecho.

Así, una oficina se vuelve un modo de sentir y haberse con el mundo, más que un simple marco de trabajo. Así, espacio y tiempo son rellenados con flujos de tareas repetitivas que fácilmente se ven desprovistas de sentido para los sujetos. Así, las oficinas se vuelven paisajes paradójicos en donde el suelo, el horizonte y el cielo dejan de tener entidad efectiva para diluirse en ámbitos de ambientes artificialmente acondicionados en donde el tiempo discurre ajeno.

*El cielo de veras que no es éste de ahora*
*el cielo de cuando me jubile*
*durará todo el día*
*todo el día caerá*
*como lluvia de sol sobre mi calva.*
Mario Benedetti, 1956.

Todo bastante mezquino, pero todo parece indicar que cada vez más personas tendrán unas oficinas como modo de trabajar, de sentir y de vivir.

Puede resultar aleccionador observar el comportamiento de las *aulas de enseñanza*. El aula constituye un lugar habitado especialmente significativo en una institución de enseñanza.

Un aula conforma la expresión arquitectónica de una determinada concepción pedagógica. En efecto, su forma, sus dimensiones, su equipamiento, su implantación y su modo de uso están fuertemente condicionados por la modalidad pedagógica implementada. Configura un recinto cubierto, más o menos amplio, de planta rectangular, con extensos vanos que garantizan su adecuada iluminación y ventilación.

Por lo general, los estudiantes adoptan una actitud corporal sedente activa, sirviéndose de asientos, así como de mesas —o lo que haga sus veces— adecuadas a la escritura. Por su parte el o los docentes suelen estar de pie, en una situación panóptica que les asegura la visión y la audición por parte de los alumnos. Por esa razón, las aulas son algo más profundas que anchas y, en el caso en que su tamaño sea algo grande, suelen disponer su piso en graderío. Las plantas en forma de hemiciclo se reservan para las denominadas aulas magnas de las universidades.

Existe una escala adecuada proporcionada a la cantidad de estudiantes, a su edad, a las modalidades pedagógicas implementadas y a ciertas características acústicas del recinto: un aula atiborrada puede resultar "sorda" o entorpecida por la sobrepoblación, mientras que un salón demasiado grande con una poca asistencia puede resultar en un ambiente demasiado reverberante.

El aula constituye un ámbito público con ciertas particularidades. Es común que el o los docentes persigan una adecuada privacidad para concentrar la atención y el dominio relativos del grupo. Por lo tanto, es necesario minimizar los estímulos visuales y acústicos exteriores que puedan resultar en desconcentración, así como mitigar la fuga de información desde el grupo de clase hacia el exterior. Es por ello que el diseño de las ventanas no sólo debe asegurar iluminación y ventilación adecuadas, sino que deben ser cuidadosamente atendidas las relaciones entre el aula y su entorno circundante.

El ritual educativo se desarrolla a lo largo de un período temporal acotado y es frecuente que el impartido tenga alguna interrupción, en función a las curvas de atención esperadas. Las clases tienden, en general, a reducirse en su extensión temporal y a no restringirse al mero impartido discursivo del docente, sino que se propicia la participación ordenada de todo el grupo. Es frecuente que los formatos comunicativos varíen (clases magistrales, trabajo en pequeños grupos, proyección en pantallas, trabajos prácticos). Un elemento crítico en los diversos formatos pedagógicos lo constituye la distancia (en términos proxémicos) entre el docente y los estudiantes.

Desde el punto de vista funcional, un aula debe guardar un tamaño y proporción conformes, disponer de abundante iluminación natural y artificial, control sobre la irradiación solar directa, adecuado acondicionamiento acústico, superficies de piso y muros fáciles de limpiar. El equipamiento debe ser durable, con superficies fáciles de limpiar y suficientemente liviano para poder configurar diversos escenarios.

Suele asociarse el estudio y el trabajo intelectual con la soledad y el apartamiento de la vida social. Lo cierto es que el estudio exige concentración, esto es, disponer una suerte de membrana que reserve una pequeña abertura destinada al flujo intenso de la información. Por más que parezca una escena de la taciturnidad, el estudioso se enfrasca en una intensa intercambio mano a mano con sus fuentes: voces que emergen de textos que provienen de los lugares más alejados del mundo. Y es todo este mundo el que cabe en una muy pequeña habitación.

Una *biblioteca* supone una versión especializada de un museo de libros y documentos. Del mismo modo que el museo, una biblioteca constituye un lugar dedicado al cultivo de la memoria. En el caso que nos ocupa aquí, se trata tanto de ámbitos públicos de acceso franco, destinados a la lectura y estudio, así como ámbitos privados en donde se atesora un acervo bibliográfico particular. En general consta de una más o menos extensa área que dispone el conjunto ordenado de la bibliografía, articulado con un lugar adecuado para la lectura y el estudio. Las bibliotecas públicas suelen reservar lugares especializados para la conservación y reproducción del material.

Existen dos modalidades principales de relación entre el acervo bibliográfico y los usuarios: por una parte, el acceso franco y fluido de los usuarios a los anaqueles (como en el caso de las bibliotecas universitarias) y por otra, el acceso restringido o articulado mediante funcionarios que se encargan de buscar el material y brindárselo a los usuarios. En una biblioteca pública, las salas de lectura son especialmente holgadas para permitir el uso cómodo de los lectores, previniéndose acondicionamientos proclives al mantenimiento de la concentración: iluminación generalmente cenital, medidas de control acústico, etc. Si bien la sala de lectura es un espacio público, cada lector individual consigue envolverse en una burbuja íntima en donde interactúa con el texto leído en intensa comunión. En las salas de lectura de las bibliotecas de centros educativos suelen conformarse pequeños grupos de estudio, que consiguen, no sin dificultades, concentrar su atención en los materiales examinados. Es común que se dispongan diversas zonas en función a la edad de los lectores —es común que se agrupe en lugar especial al público infantil— o ya en función a su calificación académica —zonas de acceso restringido a investigadores, por ejemplo—.

En estos tiempos de comunicación en formato electrónico cabe preguntarse por el sentido —que podría suponerse superviviente—, de la clásica biblioteca. Desde tiempos inmemorables y haciendo caudal de una conducta muy básica, los seres humanos hemos dedicado tiempo y esfuerzo a la acumulación de textos. Después de todo, una de las funciones de la escritura es la perduración y esta no tiene sentido más que en su prolija disposición en los lugares dedicados a la memoria.

Pero para muchos una biblioteca adquiere con el tiempo un valor superior a la mera acumulación: constituyen, en un sentido vicario, pero no despreciable un itinerario de vida intelectual. ¿Qué libros leímos en nuestra juventud y no volveremos a recaer en ellos? ¿Qué libros han confrontado largas y frecuentes consultas? ¿Cuáles son los títulos presentes y cuáles los omitidos? Un paso más es posible dar en la construcción posible de sentidos para la biblioteca: si hay quien dice que uno es lo que come, yo preferiría optar por la fórmula uno es lo que ha leído y conserva en sus anaqueles.

Resulta interesante proseguir con el examen de la *sala hospitalaria*.

Si en un hospital, en tanto institución compleja, el programa supone una localización precisa y ordenada de todo un sistema cuya finalidad es el cuidado de la salud, en la sala hospitalaria es el lugar en donde el paciente se constituye particularmente como habitante. La enfermedad postra y el poder médico hace de las personas, pacientes. El psicólogo argentino Gabriel Rolón ha acuñado una expresión sugestiva: *padecientes*. Gente que padece y es paciente, esto es, sujetos doblemente dominados por el sufrimiento y la atención. En nuestros hospitales y sanatorios no es infrecuente que el cuerpo se vea invadido por diversos dispositivos de control y tratamiento que refuerzan el carácter inerme del padeciente.

Las salas hospitalarias son equiparadas, en cuanto a su diseño, articulación y escala, a una hotelería articulada con respecto al resto de la organización institucional dedicada al cuidado de la salud. Desde estas salas se organizan los desplazamientos y las diversas operaciones médicas. En ellas se desarrolla específicamente la actividad de alojamiento y asistencia directa al paciente. En general, se considera que el alojamiento es más confortable en la medida en que una sala hospitalaria alberga a uno o dos pacientes. En su origen, las salas hospitalarias agrupaban un gran número de ellos, apenas separados a veces entre sí por cortinas.

Es dominante que el paciente yazga en una cama especialmente concebida para ajustar su conformación a diversas maniobras que demanda el cuidado. Esta condición de la actitud corporal es determinante para la composición, escala y equipamiento. Siendo el descanso una actividad primordial, las condiciones de la adecuada disposición son equiparables a las de una cámara. No obstante, las solicitaciones derivadas del mismo cuidado conspiran contra el adecuado descanso, en lo que toca al confort acústico y a la frecuente intromisión de personal paramédico.

Gran parte del confort disponible radica en la holgura disponible para alojar tanto al paciente como a sus acompañantes, así como permite un cómodo y eficiente servicio de asistencia. Es preceptiva la disposición de un baño completo. En una sala hospitalaria es especialmente conflictiva la diversidad de proyecciones sociales: al ser una institución, el hospital en sí tiene la constitución pública, de acceso controlado, mientras que la condición de paciente exige un mínimo ámbito íntimo.

Los rituales están fuertemente determinados por las condiciones de severa supeditación que tiene el paciente con respecto a la institución y a su personal. Los horarios y la cantidad y calidad de la comida, los rituales de higienización y eliminación, los diversos modos de interacción social dependen de unas directivas precisas que operan sobre el sujeto paciente, en una forma autoritaria similar a la presente en escuelas y hasta en las cárceles. En particular en los hospitales psiquiátricos parece dominar claramente la función de confinamiento, antes que la propia habitación.

Hasta los más mínimos detalles en un hospital, en lo que respecta al funcionamiento de sus ámbitos, es objeto de una implementación razonada puesta en función de la planificación general de los procedimientos. De esta manera, para el paciente hay pocas oportunidades para el uso personalizado de éste ámbito. La distribución de equipamientos y útiles está fuertemente determinada por la concepción del tratamiento médico, considerado en sus aspectos sistémicos. El lecho del paciente, que sitúa su plano principal de uso mucho más alto que una cama corriente, constituye un centro compositivo y funcional. Por su parte, las secuencias de operaciones tanto en el espacio como en el tiempo son organizadas de modo integral por la institución.

Por otra parte, puede ser ilustrativo comparar esta situación contrastada con un examen del habitar de una *habitación hotelera*.

La habitación donde se alojan los pasajeros supone un ámbito especialmente importante y definidor de una organización hotelera. Siendo el alojamiento temporario el principal cometido de un hotel, sus habitaciones constituyen sendos centros de organización cuyas principales funciones son el descanso y la reserva de la intimidad de los pasajeros. La categoría y carácter de la institución hotelera se denota principalmente en la calidad y naturaleza de los servicios brindados en las habitaciones.

Estas habitaciones están organizadas en torno al lecho, cuyas dimensiones y confort son críticos para la percepción subjetiva de la calidad del lugar, junto a la adecuada insonorización y la adecuada regulación de la temperatura y la ventilación. Según la categoría del hotel, la habitación será más o menos holgada, desde una simple habitación con baño privado hasta una suite que articula en su interior una habitación doble con baño privado y con la disponibilidad de una sala de estar propia.

Más allá de la relativa holgura dada por su categoría es requisito insoslayable la limpieza tanto objetiva como subjetiva. Las instalaciones hoteleras no sólo deben estar efectivamente limpias, sino también ofrecer un aspecto perceptible de su condición. Gran parte de la labor hotelera consiste en garantizar el orden y limpieza de todas las instalaciones, a través de una planificación metódica de las tareas, realizadas en una forma discreta en su desarrollo y manifiesta en sus resultados.

En general, los hoteles buscan ofrecer una habitación en consonancia con las expectativas de su público objetivo y que ofrezca algunos aspectos que superen algunas de estas confianzas. En general, resultan impersonales, dado que la disposición general de los equipamientos y utensilios se sistematiza a efectos de su eficiente mantenimiento. Si bien cada habitación hotelera es mantenida por todo un equipo de servicio, la proyección social dominante es la privada de sus pasajeros.

En general, los pasajeros adoptan rituales similares a los acostumbrados en sus domicilios, aunque la conciencia de habitar un lugar extraño también forma parte de la implementación de una habitación hotelera. Cada hotel se implanta en un lugar propio que ofrece sus peculiares características, las que son especialmente apreciadas por los pasajeros. La disponibilidad de vistas interesantes desde las habitaciones es un aspecto importante del valor de la estancia. También lo es la relación amplia entre el ambiente propio del hotel en su relación con el ambiente circundante.

Desde el punto de vista funcional, una habitación hotelera simple o básica asimila su operación a una alcoba o cámara. Por lo general cuentan con un baño anexo. Sin embargo, existen particularidades en lo que toca a su disposición y mantenimiento que suelen ser mucho más sistemáticos y racionalizados que en el ámbito doméstico. Cuando se trata de una suite suele tener dos ámbitos diferenciados: uno de ellos destinado al descanso y otro equipado como una sala de estar. El servicio hotelero se ocupa integralmente del mantenimiento y de la higiene de la habitación. La categoría y el costo relativo de los servicios del hotel se encuentran precisamente estratificados, siendo común tanto la calificación general del establecimiento como la diferenciación de tipos de habitación en un mismo hotel.

En general, la disposición de equipamientos y útiles se planifica de modo de tender a ofrecer un conjunto ligeramente mejor que las disposiciones a las que los pasajeros-objetivo acostumbran. El asegurar cómodas y holgadas camas es un punto tenido por crítico. Quizá el punto siguiente en orden de importancia relativa es la de asegurar con eficiencia una limpieza ostensible, realizada en tiempos y costos óptimos.

Todo indica que existe una afinidad profunda entre el término griego *filoxenia* (literalmente, afinidad con el extranjero o extraño) y el latín *hospitare* que significa 'recibir como invitado'. Hospitalidad deriva en hospital, en hospicio y también en hostal. En los términos se encuentra una virtud que consiste en brindar bebida, alimento y alojamiento a extraños congéneres, a estos Otros que necesitan de unas formas básicas del afecto humano. *Trata al visitante así como te gustaría ser tratado en lugares extraños*, tal el principio fundante de una actitud que deviene, con la historia, en una profesión. Nada más halagador para un hospitalario es que su hospedado se sienta como en casa. Y, sin embargo. hay en el pasajero una forma de la melancolía, que tan bien retrata Edward Hopper. Ciertamente, nos resulta ahora factible vencer largas distancias, disponemos de aceptables comodidades materiales, pero no es fácil siempre olvidar todo lo que nos ha dado lugar propio allá lejos y hace tiempo. Tenemos a veces habitaciones cómodas, bien equipadas y muy impersonales. Pero la melancolía del viajero no se mitiga con el confort material del sitio físico: sólo se aplaca en algo con la calidad humana del hospitalario.

Un interesante contrapunto puede realizarse con el examen del caso de la *celda carcelaria*.

Una celda constituye un lugar para habitar en las condiciones más austeras concebibles. En una celda, el habitar queda reducido al mero alojamiento, sea un puro confinamiento como en el caso de cárcel, o sea especialmente reducido a lo elemental, como en los casos de colegios y conventos. En una celda adquieren una especial contundencia la cerrazón de los muros en detrimento de la apertura de ventanas, reducidas a una mínima función de ventilación natural. La ausencia de la visión del cielo es algo que impacta subjetivamente en los encarcelados.

Con mucho, la estrechez relativa es la nota distintiva y principal de una celda, a lo que se suma un equipamiento elemental, que suele reducirse a un lecho y a un retrete. Los habitantes de una celda frecuentemente buscan dejar en el lugar señas particulares de identidad para combatir psicológicamente la aflicción por el confinamiento. Una celda, lugar reservado para uno o varios individuos por períodos más o menos dilatados, supone una radical institucionalización del ámbito privado. Esto implica una radical indefensión del sujeto frente al poder institucional. En toda cárcel existe el constante y agudo conflicto entre el dominio institucional integral de la supervivencia del recluido y la reacción subjetiva que busca —y generalmente consigue— abrir clandestinos espacios íntimos, sustraídos a la vigilancia omnipresente.

Hasta aquí se han tratado estancias, cabe estudiar los casos de los lugares librados al tránsito, tales como las galerías o las escaleras.

Las *galerías* constituyen interesantes ámbitos umbrales, así como ambulatorios como finalidad principal. Una galería supone un pasaje ampliamente abierto por lo menos en uno de sus costados o en la cubierta. Se desarrollan en principio como lugares umbrales, de claro desarrollo a lo largo de un itinerario, aunque en ocasiones constituyen ámbitos ambulatorios, como en el caso de ciertos museos. Las galerías promueven el desplazamiento calmo, con una atención especial hacia el costado abierto, como en el caso de un claustro, en donde el patio constituye un centro de atención principal. En el caso de que se constituya una galería cubierta mediante una amplia cristalería, la iluminación disponible permite que se desarrollen muestras de diversos objetos en los costados.

Se desarrollan con más holgura que los corredores, así como con mayor elaboración formal, lo que permite que su implementación sea más rica que un mero lugar umbral. Por lo general, las galerías son ámbitos de proyección social pública, aunque también las hay reservadas a un uso más privado.

La arquitectura rinde honores a la marcha y a la profundidad perspectiva con la elaboración de galerías. Puestos a andar hacia el foco, los elementos de la galería se disponen en amparo del desplazamiento distendido y noble. El tratamiento de las salientes verticales y horizontales, la cadencia de vanos, el despiezo del pavimento se confabulan para proponer un ritmo a la marcha. Por su parte, el juego de las proporciones propicia tanto el itinerario como el tiempo ajustado del desplazamiento.

La galería propone hacer de una actividad fundamental del sujeto una ceremonia, tan noble como sencilla. La riqueza del equipamiento y ornato de una galería está en función a la cadencia de detenciones que suscita. Así se comprende que habitar, en cierto sentido, es asunto de marchar y detenerse.

La *escalera*, toda vez que recibe un tratamiento arquitectónico mínimamente elaborado, constituye un ámbito especialmente significativo. Una escalera constituye un ámbito umbral que articula dos ámbitos situados a diferente altura, de modo tal que los conecta de manera más o menos enfática y a la vez los separa por sus diversas características. Supone un ámbito de características de laberinto, toda vez que puede desarrollarse tanto según una directriz lineal recta o bien puede hacerlo con cambios de dirección, con lo que el plano superior se aloja de un modo discreto. Influyen en su carácter la traza de su desarrollo, las proporciones de su ancho y desarrollo en relación a la altura que salva, el tratamiento constructivo de sus elementos y el carácter propio de articulación entre ámbitos de diversa naturaleza.

Las escaleras constituyen importantes elementos de identidad de los lugares habitados, particularmente en la memoria cotidiana del desplazamiento y las apropiaciones y referencias del acto de ascender o descender. Si bien constituyen dispositivos concebidos para el desplazamiento, es frecuente que niños y sobre todo adolescentes lo adopten como estancias, según su general preferencia por los ámbitos umbrales. Las escaleras tienen, según su situación y tratamiento arquitectónico, las más variadas formas de proyección social (tanto franquean el acceso a extraños, como conducen subrepticiamente los desplazamientos reservados). Por otra parte, suponen barreras discriminadoras para niños pequeños y personas con discapacidad motriz.

En general, el tránsito por una escalera siempre supone un esfuerzo físico, el que se ve modulado según diversos ritos de ascenso o descenso (más solemne en las generosas escalinatas, más trabajosa en las escaleras empinadas o estrechas). Las escaleras suponen un dispositivo de singular interés arquitectónico en función a sus determinaciones geométricas y funcionales. Se busca en general que permitan una marcha regular, con suaves cambios de dirección y, si el número de peldaños es excesivo, se disponen rellanos intermedios. Se cuida especialmente la seguridad en el uso y a su finalidad primaria de enlazar dos niveles distintos, se le agregan ricas connotaciones. El rellano superior se concibe en ocasiones como un cabal remate, mientras que el arranque se cuida en su relación con el lugar en donde se efectúa. El diseño arquitectónico influye decisivamente en la índole ritual de sus implementaciones.

Las escaleras *unen tanto como separan*, esto es, *articulan*. Arriba se aloja lo íntimo, lo noble y aún lo divino; abajo mora lo público, lo plebeyo y lo meramente mortal. Por eso siempre es un espectáculo dramático ver descender una mujer por la escalera (por no decir: subir una en su compañía).

> *Ho sceso, dandoti il braccio,*
> *almeno un milione di scale*
> *E ora che non ci sei è il vuoto*
> *ad ogni gradino.*
> Del brazo tuyo he bajado por lo menos un millón de escaleras y ahora que no estás cada escalón es un vacío.
> Eugenio Montale

Una escalera es mucho más que un dispositivo o recurso material para subir y bajar. Constituye un lugar muy especial en donde coexisten física y simbólicamente la sucesión de peldaños y los pasos de quienes las habitan.

- Una escalera también es el resuello de quien sube, no sin esfuerzo.
- Una escalera también es una mujer bella que baja una escalera para encantarnos para siempre.
- Una escalera también son los rumores de quienes las suben furtivos.

Una escalera es, primero, *una persona que transita una escalera*.

Asimismo, un *vestíbulo* también es una persona que transita por éste.

> Un vestíbulo es un espacio interior, común en edificios públicos y privados. Se diferencia de la entrada propiamente dicha, pues se trata de una zona de tránsito entre los espacios interior y exterior. Una entrada da acceso, pero detiene a quienes no se les concede el honor de llegar hasta el centro de la casa. Tras el filtro que la entrada establece, el vestíbulo ya forma parte del espacio interior pero aún constituye una zona que se recorre. Nadie se queda en el vestíbulo. (Pedro Azara, 2016)

Entrar en un lugar es asunto delicado. No se trata meramente de irrumpir, menos de colarse furtivo, ni de invadir con prepotencia, ni, menos aún, de violentar. Se trata de tomarse las cosas con serenidad y dar tiempo al cuerpo para adoptar la compostura debida. Es ocasión para respirar de otro modo, de percibir con discreción el aroma del ambiente, de prestar oídos a la reverberación de los sonidos, de acomodar la visión a las condiciones del umbral.

Porque de umbrales se trata. Ya hemos traspuesto la frontera del interior, pero no hemos alcanzado aún el interior. El vestíbulo no sólo se ofrece a la marcha, sino a un *adentramiento* de todo el cuerpo que va conquistando, paso a paso, un nuevo territorio. Nadie se queda en el vestíbulo, es cierto, pero también es verdad que algunos prosiguen su marcha y otros retroceden, impugnados. La provisión de un vestíbulo magnífico es un gran honor que el lugar nos hace en la trémula instancia de acceder a su interior.

La consideración de otros ámbitos habitados que no constituyen el hábitat doméstico muestra una sugestiva proliferación de modulaciones de la conducta, unas cuidadosas articulaciones que señalan campos de juego, rituales de acceso, implementación y abandono, emergencias de diversos sentidos, disposiciones acondicionadoras apropiadas. En el presente estadio de las investigaciones domina la afluencia de observaciones.

En el futuro inmediato es previsible que estas observaciones se sometan a protocolos de descripción sistemática y de interpretación profunda y pormenorizada. A estos efectos, aquí se entiende oportuno proponer un recorrido por los elementos constituyentes de la arquitectura de cada lugar, con el cometido de contribuir a la configuración positiva de estos protocolos.

## 2.6 LA ARQUITECTURA DEL LUGAR Y SU ESTRUCTURA FUNDAMENTAL

### 2.6.1 Constituyentes

#### 2.6.1.1 Cielo

> Je crois que si l'on regardait toujours les cieux, on finirait par avoir des ailes.
> GUSTAVE FLAUBERT

Cada lugar sobre la tierra se deja cubrir por su cielo en una forma peculiar. Es un vasto telón que siempre da el tono fundamental de cada paisaje y de cada circunstancia. El paisaje, en consecuencia, le debe su peculiar contexto a la efectiva configuración del cielo, que es una atmósfera, una cubierta y una luminaria.

El cielo es el principal signo de identidad de un lugar. El color del firmamento y de las nubes, el espectáculo de los amaneceres y atardeceres, la relativa turbidez del aire son factores que concurren para hacer que cada lugar del planeta sea único. Porque única es la combinación de elementos que se verifica en cada sitio, en cada circunstancia. Cabe defender los fueros paisajísticos del cielo como si de un bien fundamental se tratase.

Las alturas del cielo constituyen el gran fondo de la escena habitada. Es todo lo que está más allá y sin embargo está presente en el lugar. Es el componente de un emplazamiento que da noticia del tiempo y del tono del ambiente. Por otra parte, es la figura de los confines del lugar: abismales en el firmamento estrellado, opresivos bajo un encapotado tapiz nuboso, fantasmagórico bajo la niebla. Si la tierra es el lugar de los hombres, por fuerza los dioses se alojarán, lejanos y en la altitud. Aquello que nos cae del cielo es todo lo providencial, lo que nos acontece imperiosamente, son derrames de poderes superiores a la voluntad humana.

> *El cielo, dirían los metafísicos, sale a escena como informador de la tierra y le ofrece signos; algo extraño entra en lo propio por la puerta y se hace oír.* (Sloterdijk, 1998: 38)

El cielo, como fondo perceptivo que es, puede quedar en silencio y por ello es que puede portar signos e informar a la tierra. Así, de una fundamental lejanía nos llegan señales que hacemos propias. La recepción de signos del cielo quizá sea una primigenia experiencia de lo lejano-y-cercano, lo pleno-y-lo-vacío, topos-y-chora.

Habitamos la atmósfera, ciertamente, pero dejamos el cielo a los signos de lo proveniente: los dioses, lo que nos cae (*meteoros*), lo que deseamos o lo que vendrá.

## 2.6.1.2 TIERRA

> *Cuando conocí la tierra con la que yo quería trabajar, le puse la mano encima y enseguida me di cuenta por el oído, que me decía que era posible hacer mi obra con ella.* EDUARDO CHILLIDA

La tierra, por su parte, constituye el sustrato del habitar. Es la superficie que, al alcance del cuerpo, se deja marcar con signos de pertenencia, de confín, de memoria. De la tierra hacemos territorios. Por ello, es la superficie en que primordialmente se desarrolla la escritura que es el habitarla. *Tener los pies en la tierra* es radicar emplazado plenamente en lo real.

Por más que podamos acceder incluso a una estación espacial, la tierra de allá nos acompañará siempre como soporte y referencia. La tierra conforma siempre una *figura*. A raíz de ello, los bordes tienen, en general, mucho interés, peculiarmente aquel borde que recorta la orografía contra el cielo.

Habitamos la tierra, pero por lo general sólo la hollamos como una figura: dejamos al suelo (*edafos*) a las plantas y la profundidad de su seno (*tafos*) al inframundo.

Algunos atribuyen a Jenófanes la idea que la tierra es principio y fin de todas las cosas. En cierto sentido muy difundido, la tierra es una madre, un receptáculo fértil de la semilla y un origen de todo lo que vive. Asimismo, es el destino de todo lo que vuelve a ella, de ahí que se inhume a los muertos para devolverlos a su región originaria. Gea, la de amplio pecho, es fecundada por Urano, el cielo estrellado: de allí provienen las entidades primordiales, los linajes divinos y todo el paisaje que habitamos. A este amplio pecho es forzoso acudir, para verificar que nuestra obra será posible y, sobre todo, aceptada.

### 2.6.1.3 Horizonte

> *El límite es el verdadero protagonista del espacio, como el presente, otro límite, es el verdadero protagonista del tiempo.* EDUARDO CHILLIDA, 2004

En verdad, habitamos el límite entre la tierra y el cielo: habitamos un horizonte, habitamos el horizonte cabe cielo y tierra. El horizonte no sólo nos sucede, también le ponemos cuerpo y le conferimos lugar: el nuestro. Precisamente allí donde la tierra adquiere su forma perceptible, recortada del fondo que es el cielo, sucede el horizonte.

El horizonte es el límite entre cielo y tierra, tal como estos aparecen ante nuestra consciencia. Es el límite que comprende la figura del paisaje y es su principal elemento de composición. Es tan límite en su condición como limítrofe es nuestra propia existencia, abismados entre pasado y futuro, entre aquí y allá. Quizá nada caracterice mejor al horizonte que la tríada de términos que le adjudica Eduardo Chillida: *inalcanzable, necesario, inexistente...*

### 2.6.1.4 La estructura del cuerpo

En el cuerpo reside la causa eficiente de los rituales recurrentes del habitar. Todo ritual es la manifestación del habitar que se despliega efectivamente en el lugar. La forma particular de cada ritual procede de las condiciones de posibilidad que brinda el cuerpo en su constitución y funcionamiento

El cuerpo es el dispositivo que ordena, dimensiona e implementa las cosas del vivir en tanto tales. Mediante la operación de la constitución y funcionamiento del cuerpo es que ciertas entidades, consideradas y operadas se vuelven útiles o instrumentos. Habitar implica distribuir las cosas de vivir en torno al cuerpo y haciendo presencia y ocupación en los lugares. El cuerpo es, también, el alumbrador de una peculiar física y geometría de los lugares. A las dimensiones clásicas del espacio y el tiempo, el cuerpo, en primer lugar, reconsidera ciertos gradientes energéticos como dimensiones físicas del lugar, y, en segundo término, propone unas nuevas y sutiles dimensiones que denotan la existencia en los lugares. A causa de todo ello, el estudio arquitectónico del habitar debe indagar a fondo en ciertas constituciones y funciones trascendentes del cuerpo como materia de ineludible tratamiento.

Es mediante las danzas del cuerpo que nos adueñamos legítimamente de los lugares. Son los gestos del cuerpo en el espacio y en el tiempo los que hacen de un sitio físico un lugar efectivamente ocupado. El cuerpo, en su acción, le confiere estructura, orden y orientación al lugar. Con los pasos medimos la extensión de las estancias y la calidad de las escaleras. Según alcancemos las cosas con las manos, quedarán éstas dispuestas en un mundo que verifica efectivamente una existencia humana allí. No hay regla más elemental que la que se impone a la pantomima cotidiana.

Habrá, aquí y allá, ciertos puntos en donde se detendrá la mirada: el lugar geométrico de todos estos puntos es el continente del horizonte general de toda composición. Las voces y los ecos nos indicarán ciertas regiones especiales tenidas como focos de atención. Algunos cuerpos tendrán la virtud de imponer ritmos y cadencias a otros: según esta distribución de papeles se organizará la coreografía colectiva. La sucesión de gestos hará historia y el lugar constituirá una geografía.

2.6.1.5 ARTICULACIONES

Ya con dos piedras algo próximas es posible oponer *Uno y Otro lado*. Pero cuando la proliferación hace una serie y cuando ésta se cierra, sucede algo sobrecogedor.

*Sucede un recinto.* Sucede un círculo de piedras en el suelo. Encerrado por las piedras ha quedado confinado Otro lado, Más Allá. Es comprensible que nuestros antepasados *plenos de estupor y ferocidad* —tal la semblanza de Giambattista Vico, que le gustaba recordar a Umberto Eco—, incurrieran en la Idea que provino de la Obra, que contiene la Otredad para múltiples fines. Es comprensible que la Otredad se destine a lugar de los Divinos, a lugar de los Muertos, a lugar de Ofrendas y Ritos. La humanidad, morosamente, se dedica entonces a adentrarse paso a paso, ese lugar interior que bien puede ser ocupado por la Vida propia.

2.6.1.6 Estancias

Todo lo que hacemos en el lugar en donde habitamos puede reducirse, en lo fundamental a marchar y parar, de modo alternado.

Constituye un tópico pensar en la vida como un tránsito, mientras que, de otro modo, se existe de modo peculiarmente intenso en aquellos lugares en que nos detenemos a pensar. Después de todo, las decisiones más importantes al respecto de la marcha —la orientación, el modo, el motivo— discurren en la demora de los lugares de parada. Que se dispongan aquí y allá lugares para la estancia pensativa será en un no lejano futuro, reivindicaciones sociales tanto más agudas cuanto más frenético se vuelva el pulso de la vida cotidiana.

Habitar una estancia supone hacer centro, esto es, concentrar las actividades en un punto, distribuir desde allí sus efectos, organizarse el cuerpo en el lugar según el designio fundamental de una actividad definida por su referencia *aquí y ahora*. El detener la marcha es darse la oportunidad de deliberar, de urdir, de operar. La demora transforma una simple locación en una promesa u oportunidad de morada. Por ello, *tomarse las cosas con calma* es encontrar las circunstancias de espacio y tiempo para conseguir la apropiación de una estancia.

Habitar una estancia es una experiencia de plenitud. Por ello es que el habitar de los tránsitos aparece, relativamente, rarificado.

2.6.1.7 Tránsitos

En su andar, los caminantes hacen su lugar en las sendas, en los cruces, en los umbrales.

Así, no se habitan sólo las estancias o las residencias, allí donde la marcha se detiene. Habitar en movimiento, habitar mientras se marcha, habitar mediante el desplazamiento, son las dimensiones del habitar del errabundo. Hay algo sublime en la transfiguración wagneriana de Wotan en la figura del Wanderer, el errante que fatiga los caminos en su misión. La teoría del habitar tiene un capítulo importante destinado al tratamiento del habitar en marcha.

Con frecuencia se confunde el habitar con el establecimiento, con una condición de arraigado sedentarismo. Pero también debe considerarse el habitar en los tránsitos. Cuando Antonio Machado dice que *no hay camino, se hace camino al andar,* es que podemos entrever un modo propio de habitar transitando. No se trata de un deambular enlazando de la manera más escueta y olvidada de sí una partida con un arribo —esto es lo que sucede en los no-lugares—, sino que sucede que habitamos el camino en ocasión del tránsito. La circulación atenta, la caminata consciente de sí, el deambular exploratorio son la habitación de los tránsitos.

Quiso la arquitectura renovadora del siglo XX que el deambular se restringiera a la pura función de *circular.* Pero circular es apenas desplazarse de un punto a otro. Si uno considera así la cuestión, todo parece reducirse a minimizar el trayecto y a optimizar la velocidad. Llegado a la meta, el esfuerzo óptimo ha vencido la distancia.

Deambular es otra cosa, mucho más compleja, más rica y más congruente con la vida humana. Deambular es desplazarse, sí, pero no simplemente de un punto a otro del espacio, sino reemplazar los lugares vividos en una sucesión (promenade, en francés) en donde cada instante está dotado de significado, y que es más que simplemente una expectativa por alcanzar una meta. Deambular es acontecer el camino. La arquitectura, para Le Corbusier se deja apreciar y comprender con una sabia *promenade architecturale*.

### 2.6.1.8 Umbrales

En arquitectura, tal como en el amor, se experimentan unos estremecimientos de la piel en los umbrales.

En efecto, quiere la erótica que los umbrales prometan insondables y acogedores interiores. Las pieles se conmueven, con mayor o menor intensidad, según atraviesan los cuerpos la condición liminar de los umbrales.

Se dice que el sentido del tacto se aplica a la percepción de los estímulos que incluyen el contacto y la presión, los de temperatura y los de dolor. También se dice que su órgano sensorial es la piel. Pero esto no agota las percepciones sutiles que esta realiza: el atravesamiento de los umbrales es una de ellas. Claro está, no corresponde comprender a la piel como porción del cuerpo, sino como uno-y-lo-mismo con el cuerpo. En los umbrales es el lugar en donde se experimentan las irrupciones —tanto las propias como las extrañas—, los intercambios recíprocos y las seducciones. No es de extrañar, entonces, que la piel se estremezca allí.

Habitar los lugares umbrales es cosa delicada. Consiste en salir no sólo de un lugar, sino también de una compostura acorde a éste, desmantelar una actitud, abatir unos sentimientos que se abandonan, se dejan atrás, se alojan para siempre en el pasado. Es común que en los lugares umbrales uno ajuste ligeramente su indumentaria, su arreglo personal, su propio semblante. Los lugares umbrales no sólo se transitan por atravesamientos, sino con minúsculas metamorfosis en la apariencia. Por otra parte, estos ámbitos tienen la virtud no sólo de manifestarse en su fugaz manifestación, sino que además preanuncian el lugar que se sitúa adelante, en el futuro: el vestíbulo propone tanto la casa como la calle.

El casi imperceptible rito de paso en el zaguán perdura tenue aun cuando se le ha atravesado. Lo que nos aguarda tras el lugar umbral nos recibe ya debidamente anunciados y compuestos. El desempeño de los lugares umbrales es sutil y sin embargo profundo en su vivencia, su arquitectura debiera servir a sus rituales y no sólo con el manido recurso de la sumaria provisión de un espejo. Allí donde la arquitectura de los lugares distribuye una-habitación-para-cada-cosa, optando por descartar toda hibridación, solapamiento o confusión, proliferan los pasillos, los corredores, vestíbulos y otros lugares umbrales. Si se piensa en esto, la arquitectura de los lugares umbrales conforma una estructura que, más allá de desarrollarse en el espacio, se despliega, dramática y significativamente, en el tiempo.

### 2.6.1.9 Esferas y laberintos

Si consideramos la representación más sencilla posible de nuestras propias situaciones y acontecimientos podemos urdir dos tipos de figuras: por un lado, las esferas y por otro, los laberintos.

Sobre la noción de estancia y el dominio espaciotemporal que implica, uno puede concebir que habita una esfera que tiene por centro su emplazamiento corporal consciente y por radio una cierta extensión: esta envolvente vaga sólo puede representarse, de un modo simple y en principio, como una esfera. A su vez, partiendo de la noción de trayecto y del desplazamiento, considerando la complejidad intrínseca de su traza, podemos también concluir que habitamos efectivamente un laberinto.

Podría pensarse que las representaciones primordiales del habitar adquieren ya la figura de un sistema concéntrico de esferas o bien, la figura de un laberinto. Nuestra existencia consiste en habérnosla con ambas figuras, alternadas o complejamente imbricadas.

Las esferas y los laberintos constituyen un par de configuraciones trascendentes. Las esferas ocurren cuando prestamos principal atención al espacio en los términos más abstractos. Los laberintos son vividos y representados particularmente en el tiempo. Pero no vivimos y ciertamente no habitamos *ya en el espacio, ya en el tiempo*, sino en un campo espaciotemporal de múltiples dimensiones. Por eso los lugares que habitamos efectivamente adoptan estas dos configuraciones.

Es un ejercicio apropiado para quien imagina elaborar o desvelar *estas dos condiciones* en todo lugar que habite.

### 2.6.2 Elementos

#### 2.6.2.1 PUERTAS

¿Qué nos espera tras la puerta?

Abrir una puerta siempre supone una expectativa. Y esa expectativa puede ser resultado de la experiencia pasada, más que una proyección al futuro. Cuando cruzamos una, conservamos una tenue memoria de todas aquellas que hemos transpuesto. Pero, ¿qué sucedió en el Primer Atravesamiento de la Puerta?

Antes de rendirnos a la evidencia de la constitución material efectiva de la puerta ya sabemos que tras ella nos aguarda siempre una novedad. A la puerta la *imaginamos* antes de *operarla*. A efectos de situarse ante una puerta, lo más deseable, en todo caso y si uno se toma estas cosas en serio y concienzudamente, es inspirar con serenidad. En efecto, abrir una puerta, con la expectativa que suscita, nos debe encontrar preparados y con el ánimo templado. Cruzar de un ámbito a otro es una actividad delicada. Con esto, la problemática cuestión de asir y operar el picaporte tiene siempre algo de irremediable.

Abierta la hoja, es preciso detenerse muy brevemente en el umbral. Acontece, nada más ni nada menos que irrumpimos en otro lugar y la operación demanda una cierta trémula emoción. Solo los espíritus muy endurecidos por lo basto de la vida corriente no advierten el estremecimiento que promueve presentarse en el umbral. ¿Será bienvenida nuestra figura? ¿Ante quién apareceremos? Lo más aconsejable es detenerse, casi imperceptiblemente, y evaluar muy rápida y prudentemente la situación. Hay que dominar el sutil arte de aparecer en la puerta.

Tras el pasaje por el umbral, todo es inaugurar. La vida, luego de una breve e inquietante instancia, recomienza y promete lo suyo. No conviene de ningún modo olvidar o soslayar desde dónde es que venimos. Tampoco es de persona prudente equivocarse sobre la condición del lugar al que accedemos.

La vida del mundo se remueve quedamente atravesando las puertas.

### 2.6.2.2 Ventanas

Las ventanas, si confiamos en la etimología de la palabra, están en principio para ventilar.

En realidad, las ventanas, como tales, están en los muros para desempeñar diversos papeles. Iluminar los interiores, vincular a éstos con el exterior, desahogar el lugar, imponer —junto a otras— un cierto ritmo a la fachada, aligerar de ésta última su peso físico y formal, administrar las vistas sobre el entorno inmediato... Parecería que la función de lugar especial para la meditación también le es propia, sólo que aparece tardíamente en la conciencia. ¿Y si fuese ésta finalidad la principal en una ventana? Entonces, el lugar de ésta sería considerado con mucha más atención, si no es que fuera la atención debida.

> *Las ventanas son de género femenino no porque esa fuera precisamente la manera habitual que tenían los hombres de proyectar su deseo, desde fuera, sobre la evanescente aparición de una mujer asomada a su quicio, (como dice Carmen Martín Gaite), sino porque sin ese carácter específicamente femenino no podría resolver la infinita complejidad de ser un mecanismo complejo y bifronte, volcado hacia dos mundos a la vez, de una manera hermosamente unitaria.* (Santiago de Molina, 2016)

A las mujeres les sienta bien la situación en los umbrales, quizá porque su propia existencia tenga mucho de *limen*, de trémula intercesión entre adentro-y-afuera, de comunicación de mundos público-y-privado.

### 2.6.2.3 Cubiertas

Cubrir, proteger, rematar son las funciones principales de la cubierta.

En la actualidad, conforma un elemento arquitectónico con tres aspectos principales: el cielorraso aparente desde el interior, la estructura sustentante y el acabado exterior. Como elemento de la arquitectura del lugar, la cubierta articula el lugar con el cielo. Suele ser un elemento relativamente sofisticado desde el punto de vista tectónico. Desde el punto de vista del paisaje, el panorama urbano se revela, desde una conveniente altura, como la figura urbana resultante: el paisaje urbano tiene en la línea que separa el lugar poblado del cielo como un principal elemento identificador.

En condiciones extremas de necesidad, una 'cubierta' o 'techo', con su riqueza de significados, llega a designar sinecdóticamente el puro refugio.

> *La cubierta es la cabeza de la casa; y, puesto que se halla entre su ocupante y el cielo, es también el sustituto de éste en el pequeño mundo de quien la habita.* (Rykwert, 1987)

La cubierta es la cabeza de la casa. La cubierta es la coronación de la empresa tectónica y como tal está aquejada de todas las emociones. Desde el punto de vista tectónico, la estructura de la cubierta es, con mucho, el elemento más demandante: hay que afrontar la solución del problema con entereza y a la vez prudencia. Entereza para encontrar la solución más eficiente y prudencia en consideración a la durabilidad material y simbólica. Por otra parte, gran parte de la adhesión que suscitará la obra radica en la peculiar configuración de la techumbre. En particular, es decisivamente importante el contorno del skyline, la línea que recorta la obra contra el cielo. También hay que considerar cómo luce interiormente, esto es, cómo constituye un cielo próximo al lugar habitado. Quizá por ello es que los niños aprecian especialmente las cubiertas inclinadas de doble faldón: constituyen el signo ancestral de un cielo protector. ¿Podría decirse que tierno y solícito como el de una madre?

Si bien una original solución constructiva suele promover la sorpresa, es más razonable apostar a la habituación. La buena forma de la cubierta —y de la obra— es aquella que conquista legitimidad a lo largo de la historia. Debe considerarse cómo luce el contorno perceptible de la obra a la distancia y es preciso considerar que buena parte de la alegría cotidiana de volver a casa proviene de la visión alejada. Por ello, una cubierta debe promover esta emoción a través de su configuración que la identifica. En fin, la arquitectura suele apostar, por lo general a una noble serenidad que atraviesa dignamente el paso del tiempo. Y el ciclo de las emociones vuelve a recomenzar.

2.6.2.4 Muros

Los muros constituyen, a la vez, articulaciones del lugar y filtros ambientales. En virtud de ello, son elementos fundamentales para la conformación efectiva de la arquitectura construida del lugar.

Desde el punto de vista evolutivo, cabe considerar el muro como un perfeccionamiento de la cerca: a la delimitación puramente articuladora le sigue una consolidación que la transforma en un filtro ambiental. Este filtro ambiental se vuelve efectivo de varias maneras: articular sotavento de barlovento en el caso de un paravientos, protección y defensa en la ocurrencia de un parapeto, control de la insolación mediante la sombra y otros. En general los muros resultan opacos ante la luz, moderadores térmicos, protectores de las precipitaciones y humedades, así como amortiguadores del sonido. Suelen ser implementados como pieza estructural sustentante de la cubierta, para el resguardo de la intimidad y para la especialización funcional.

Los muros suponen decisivos y contundentes elementos estructuradores del lugar habitado: sus proporciones se identifican a menudo con las propias del espacio confinado por ellos. Más allá de su solidez efectiva, articulan estructuralmente los ámbitos habitados: un muro medianero entre unidades separa efectivamente mundos habitados, mientras que los tabiques interiores de una casa especializan caracteres, funciones y escalas sociales. Los muros clausuran sólida y con mutismo los confines del lugar habitado. Mediante ellos, cada sujeto se refugia tanto como se confina.

2.6.2.5 Suelos

El suelo constituye la articulación territorial más básica que pueda concebirse y, en cierto modo configura una suerte de matriz fundamental para la conformación efectiva de un sitio habitable.

El contorno del suelo determina una figura fundamental para la constitución de un lugar. Según sus confines sean relativamente claros o difusos se implican decisivas características en la constitución efectiva de un lugar. La figura del suelo, como porción de tierra, es la manifestación perceptible del ejercicio del poder como imperio. En el suelo quedan más o menos definidas dos dimensiones espaciales fundamentales: la amplitud o ancho y la dimensión perspéctica o profundidad. Ambas dimensiones se tienen por cruciales para evaluar la extensión habitable y con ella disponer ya de holguras o estrecheces, ya de mayor o menor complejidad funcional.

### 2.6.3 Patrones, paradigmas y tipos del habitar

> *Aquellos de nosotros que nos interesamos por los edificios solemos olvidar con demasiada facilidad que toda la vida y el alma de un lugar, que todas nuestras experiencias en él, no dependen sencillamente del medio ambiente físico, sino de los patrones de acontecimientos que allí experimentamos.* (Alexander, 1979)

El influjo poderoso del estructuralismo nos ha dejado, como precipitado intelectual, una actitud proclive a considerar, en primer lugar, que diversos fenómenos sociales responden a un orden sistemático subyacente bajo las apariencias de la compleja diversidad de manifestaciones; en segundo lugar, que existiría un conjunto discreto de variables simples que, en sus relaciones mutuas permitirían dar cuenta de la complejidad aparente a través de la comprensión de su combinatoria.

Guiados en tal dirección, puede formularse como hipótesis que los acontecimientos humanos en los lugares, si bien suponen manifestaciones de gran complejidad y sutileza, responden, en lo fundamental, a un elenco discreto de situaciones simples, que interactúan entre sí, combinándose de modo que adopten las más diferentes manifestaciones. Es por ello que Christopher Alexander hace uso de la locución *patrones de acontecimientos*.

El término *patrón* deriva etimológicamente de la voz latina *patronus*, que a su vez, es derivación de *pater*, padre, en su acepción de modelo engendrador de semejantes. La idea de patrón, *pattern* en inglés, ha sido introducida por Christopher Alexander a través de la idea de considerar la composición arquitectónica como un lenguaje de patrones. Aquí se tomará, en lo sustancial, tal idea precisando que es posible y pertinente observar, describir y comprender un elenco limitado y manejable de configuraciones elementales, denominadas patrones de habitación.

Tales patrones deben ser suficientemente simples como para concebir un sistema de articulaciones claro y definido entre ellos, de la misma forma que opera el sistema de fonemas en una lengua: un sistema de diferencias entre las unidades elementales de una lengua. Debe reconocerse que las investigaciones de Kevin Lynch en torno a la orientación y percepción de la geografía urbana ha desvelado, en lo fundamental, tales configuraciones (Lynch, 1960).

Por otra parte, en el seno de la geografía humana se ha desarrollado la noción de *coremas*, elemento que, en palabras del autor del término se caracteriza de la siguiente manera:

> Un chorème est une structure élémentaire de l'espace, qui se représente par un modèle graphique. Par un glissement attendu, il est souvent employé pour sa représentation même, le modèle. Il s'est enrichi des «chronochorèmes» suggérés par Hervé Théry, et d'un «atlas chorèmatique» du même; çà et là on «chorèmise» des territoires. (Brunet, 1986).

De esta manera se busca modelizar —sin resumir ni generalizar (Brunet, 1986) — la realidad humana en el espacio geográfico. Se propone al efecto una tabla de doble entrada en donde cuatro configuraciones muy simples (puntos, líneas, regiones y redes) se combinan con siete estrategias y dinámicas esenciales (mallado, cuadrícula, atracción, contacto, tropismo, dinámica territorial, jerarquía). De allí se obtienen veintiocho coremas, que corresponden a otros tantos fenómenos geográficos elementales.

Si bien la propuesta es innegablemente interesante y se muestra con ejemplos su operatividad, parece algo prematuro postular en principio el elenco de unidades básicas plenamente desarrollado. Aquí se operará en forma más cauta, proponiendo un elenco limitado de patrones de habitar, dejando para una etapa más desarrollada de la investigación la tarea de perfeccionar el registro exhaustivo de unidades elementales. No obstante, es preciso prestar cierta atención a los "cronocoremas" propuestos, en donde no se analicen sólo puros elementos espaciales, para considerar también la variable del tiempo.

Así las cosas, tenemos por *patrón del habitar:*

1. Modelo elemental de la constitución diferencial de lugares.
2. Muestra de una estructura básica de rasgos que caracterizan diferencialmente un lugar, configurado éste del modo más simple concebible.

En principio, son patrones del habitar: centros, sendas, bordes, habitaciones, hitos, cruces, regiones, pasajes y redes.

Un *centro* es un lugar desde donde parten o hacia el cual convergen acciones particulares, es el lugar o la situación donde una cosa o una persona tiene su natural asiento y acomodo. Es también el lugar en donde se desarrolla más intensamente una actividad dada. Por ello, si se considera el desplazamiento del cuerpo, un centro constituye instancias de partida o de conclusión del movimiento. En definitiva, un centro es un patrón del habitar organizado en torno a un punto.

Todo tránsito implica un itinerario y sobre su línea se constituye una *senda.* En cualquier lugar desembarazado de obstáculos puede realizarse una senda: es el tránsito del cuerpo el que la realiza antes de cualquier configuración específica.

Pero ésta adquiere una figura particular cuando se dispone de una vía constituida y acondicionada para transitar. Las sendas se recorren con velocidades distintas según sus condiciones físicas, según la potencia atractiva que adoptan los lugares meta y según la índole del paisaje atravesado.

Tenemos *bordes* precisamente allí en donde habitamos las orillas o fronteras entre dos regiones o medios adyacentes. Toda región conformada tiene confines señaladas como líneas de borde. El borde costero es un ejemplo claro en donde se tocan dos medios diferentes a lo largo de una línea. Un balcón o terraza abiertos hacia el paisaje circundante tienen, por una parte, a la fachada como confín posterior y, por otro, un borde en el parapeto que nos separa y nos une al escenario de lo distante.

Nuestro habitar tiene lugar, con frecuencia, en estancias, aposentos o *habitaciones*. Una habitación constituye en general un recinto cubierto acondicionado para desarrollar en él una o más actividades específicas. Son lugares que por su destino principal suelen tener nombres específicos: sala, alcoba, biblioteca... Toda habitación tiene una peculiar cadencia de usos según la hora del día y es ocupada de un determinado modo adoptando una actitud corporal dominante. Bajo el título de ámbitos, el Vocabulario incluido en el presente tratado examinará un buen número de habitaciones.

En toda senda con cierto desarrollo hay puntos señalados, denominados *hitos*. Estos elementos, cuya naturaleza es sumamente variada operan articulando el tránsito de las sendas en allende y aquende, esto es, señalando a la vez la parte del itinerario cumplido y la parte todavía por transitar. Los hitos son importantes elementos de orientación en la ciudad y en los edificios de alguna complejidad. Los hitos conforman signos o marcas tanto de naturaleza espacial como temporal.

Hay lugares en donde se intersectan o concurren dos o más sendas, constituyendo *cruces*. Estos cruces caracterizan el elemento fundamental de las configuraciones laberínticas, dado que es allí donde se produce una alternativa de direcciones. Los cruces son lugares singulares tanto por su conflictividad, así como por la proliferación de intereses e intercambios. De esto proviene el interés por las esquinas urbanas.

Cuando consideramos lugares de cierta extensión territorial caracterizados en forma propia y diferencial por condiciones que se verifican dentro de un contorno, tenemos *regiones*. Un lugar constituido como región supone un contexto de identidad y pertenencia, oponible, a través de sus bordes, a otras regiones diferentes. Todo emplazamiento puntual es albergado por una región más o menos extensa, teniendo en cuenta las características que tenga la perspectiva de sentido sobre el lugar: un paisaje, un barrio, una ciudad, un territorio o un país.

Aquellos lugares caracterizados principalmente por la conexión de dos o más lugares constituyen *pasajes*. Se trata de lugares umbrales: permiten tanto el tránsito como la sutil detención a efectos de cambiar de estado adoptando la conducta adecuada al lugar al que se accede. Los pasajes y corredores hacen posible la organización de las habitaciones según una estructura circulatoria que distribuye funciones diferentes a cada lugar en forma independiente.

Por fin, si consideramos un lugar relativamente complejo estructurado por sendas, hitos, cruces y centros interconectados en forma generalizada, tenemos una *red*. Esta red, como estructura, tiene un valor y signo diferente a la mera agregación de sus componentes; tiene un comportamiento en sí como patrón de habitar dotado de una fisonomía y comportamiento propios. También constituyen redes las personas que la habitan en tanto lugar.

De este modo se perfilan nueve patrones básicos que, organizados según un plan y dispuestos entre sí mediante diversas articulaciones, conforman la arquitectura más o menos compleja de cada lugar. Resta hacer mención a dos modos principales de realizar esta arquitectura de los lugares: los paradigmas del habitar y los tipos habitables.

La actividad social de producción que persigue la síntesis de la forma habitable opera morosamente a lo largo de la historia y progresa según evoluciona la cultura de la comunidad. La historia menuda de la consecución de esta síntesis de la forma consta de sucesivos ensayos y correcciones, imitaciones y reelaboraciones. Se consiguen, en cada estadio civilizatorio, diversos arreglos de elementos que tienden a persistir en el tiempo mediante dos mecanismos endoculturales: la reproducción y la reelaboración crítica.

Tenemos *paradigmas del habitar* en tanto contamos con esquemas morfo-finalistas que resultan ejemplares y disponibles para la reproducción en arquitecturas del lugar. La labor arquitectónica corriente suele aprovechar la existencia de paradigmas legitimados para reproducirlos con mínimas variantes de detalle.

Por su parte, tenemos *tipos habitables* cuando disponemos de una configuración de rasgos comunes de un conjunto de realizaciones materiales destinadas a la habitación. Se trata de combinaciones recurrentes de patrones de habitar conformando diversos edificios en los que se reconoce una conformación similar.

Los tipos habitables se constituyen en tanto se vinculan inextricablemente entre sí una combinación eficaz de patrones de habitar con disposiciones recurrentes de elementos tectónicos. La conformación de un tipo habitable no debe confundirse con la disponibilidad de algún tipo arquitectónico, si por éste se comprende una combinación recurrente de puros elementos tectónicos. Los tipos habitables suponen la asociación eficaz y recurrente de tipos edificatorios con combinaciones recíprocas de patrones de habitación.

En resumen, es posible dar cuenta teórica de ciertas conformaciones elementales —patrones de habitar— que pueden combinarse de modos recurrentes en los casos de paradigmas y tipos habitables, dando lugar a las efectivas arquitecturas habitadas. Esta consideración lleva pensar que quizá sea oportuno el repaso descriptivo de los diversos ámbitos habitados, según su composición de patrones de habitar. De esta manera, a una observación y descripción de elementos básicos y estructuras se le complementaría con un riguroso examen sintáctico e interpretativo.

## 2.6.4 Dimensiones

### 2.6.4.1 Profundidad perspectiva

La actividad de la marcha promueve en el cuerpo el despliegue de una dimensión que llamaremos, en principio, profundidad. Se trata de una extensión medida a pasos cuando no se cuenta con el auxilio de un vehículo. En tanto proviene de un movimiento fundamental supone no sólo espacio sino también tiempo. En la medida en que la mirada se coordina con la marcha, el cuerpo abre una perspectiva: señala un punto en un horizonte y tiende una recta entre el propio cuerpo y en el foco. Con esta recta estructuramos el mundo tal como se nos presenta. Por ello podemos hablar ahora de profundidad perspectiva.

Como puede comprobarse, la vida consta de un discontinuo pero pertinaz desplazamiento dirigido siempre hacia el inalcanzable foco en el horizonte. Por esta causa, la profundidad perspectiva constituye, quizá, la primera de las dimensiones fundamentales del cuerpo-en-el-lugar. Afrontamos el mundo marchando y esta dirección es tanto una geografía como una historia.

Allí hasta donde llegue nuestra visión nos dirigimos transitando mientras la vida nos anime. Es natural que a este avanzar le atribuyamos las ideas del progreso, de prosperidad y de la aproximación, siempre relativa, a nuestras metas. Transcurrimos, por otra parte, discurriendo. Por eso el pensamiento clarividente es avanzado. Con el auxilio de la visión, siempre podemos ir más allá, adentrarnos en lo porvenir, en lo que conoceremos. La profundidad perspectiva nos impulsa a avanzar El desarrollo pacífico de las cuestiones del vivir quiere que avancemos. Sin embargo, aquí y allá se presentan circunstancias que nos obligan —siempre aquejados de contrariedad— a retroceder. Puede ser una infame cobardía al huir o una acción informada por la sabia prudencia. Retroceder implica abandonar una posición alcanzada, retirarse de ese lugar, volver sobre los pasos, replegarse la acción. Retroceder es perder, ceder, rendirse. También implica retirarse. Para la vida tranquila y dichosa, todos los itinerarios son de ida. Para la vida real, en el fondo, siempre se vuelve.

2.6.4.2 ALTURA

> *Cuando hayamos comprendido mejor la importancia de una física de la poesía y de una física de la moral, llegaremos a esta convicción: toda valoración es una verticalización.* BACHELARD, 1953

La bipedestación humana dispensa los más hondos significados a la dimensión vertical.

El cuerpo cobra una nueva actitud y este hecho evolutivo debe haber dejado honda huella en la conciencia. El cuerpo ahora erguido es capaz de reordenar el entorno circundante. Las manos desarrollan su específica vocación por asir, lanzar, considerar y ceder, con lo que el cuerpo hace suyas porciones del mundo a título de cosas, de bienes, de productos.

De ahí que la ley y la culpa caigan y recaigan sobre el cuerpo, así como lo hace la fuerza de gravedad. Y así es también como se ordenan, jerárquicas, las funciones del cuerpo, con la cabeza por todo lo alto y el corazón en el medio, dejando el vientre en lo bajo. De ahí que todo movimiento ascensional es un triunfo sobre el peso material y una ganancia del espíritu. De allí a que arriba, en el Cielo, habiten los Divinos, dejando la tierra, abajo, a los Mortales. De allí que la rectitud, la probidad y el mérito enaltecen. La morada del hombre tiene su remate de gloria en lo alto de la cubierta. De ahí que los movimientos de bajada, son unas caídas, postraciones o humillaciones. En lo bajo habitan los errores y las pasiones indignas. En lo bajo nos hallaremos cuando nos venza el cansancio, la derrota o la muerte.

Elevarse es toda una categoría que orienta superiormente a los más diversos movimientos en el espacio y el tiempo. Es que, humillados en lo bajo, aspiramos a lo alto, a lo eminente y noble. Elevarse no sólo es subir, también es emerger, surgir y revelarse. El camino a lo elevado, a lo prominente, a lo encumbrado, supone también un crecimiento. Si a uno le va bien en la jerarquía de su trabajo, entonces, asciende, progresa, se enaltece. Por otra parte aún, elevar también significa construir, erigir, edificar. Y así nos hallamos, siempre orientados hacia arriba, mirando alto, izados a la esperanza, la ilusión o la soberbia.

Si elevarse es toda una categoría que orienta superiormente a los más diversos movimientos en el espacio y el tiempo, no puede serlo menos descender. Quien desciende baja de alguna eminencia, cae y se postra, ahonda en lo profundo. Descender disminuye, decae, declina una posición, un papel, un estado. Los existencialistas afirman que caemos en la existencia, en el estado de yecto. Descender nos hace adoptar el talante de los líquidos que fluyen y se precipitan, como en un sino fatal.

Por otro lado, el ímpetu de la lógica hace que de unas premisas deriven forzosamente las conclusiones que se originan en lo alto y que se deducen por su peso, por la operación de la fuerza de gravedad, que tiene mucho de destino. Descender hace disminuir ciertas calidades: aquello que desciende declina en su estado. También decrece la cantidad: descender aminora. Todo es descender desde que afanosamente nos deslizamos por el canal del parto. Luego, yacemos postrados largamente reuniendo las energías que, un día, nos permitirán erguirnos sobre nosotros mismos.

2.6.4.3 Amplitud

> *A un alma se le mide por la amplitud de sus deseos, del mismo modo que se juzga de antemano una catedral por la altura de sus torres.*
> Gustave Flaubert

La medida de la latitud o amplitud refiere a la libertad relativa del cuerpo en el lugar.

La constricción en esta dimensión, de un modo literal, angustia. Quien puede extender sus extremidades en la holgura de su lugar, está a sus anchas. Después de la profundidad perspectiva, derivada de la marcha y después de la altura, proveniente de la bipedestación, la amplitud mide la pura y gozosa disponibilidad del lugar. Por ello, es altamente apreciado disponer de un punto de vista sobre el paisaje que domine un panorama. Por ello son también valoradas tanto la amplitud de los deseos como la amplitud de miras, signos de exuberancia moral.

Cuando reivindicamos un lugar especialmente holgado, recurrimos, ante todo, a la dimensión propia de la amplitud. La amplitud es la tercera de las extensiones que el cuerpo propone al lugar. Comprende, como latitud, la extensión que media entre lados derecho e izquierdo. Da la medida de la dilatación, de la anchura espacial. También es una medida especial de la holgura, de la libertad de movimientos, de la extensión que sirve a la comodidad. La amplitud de miras supone una percepción dilatada y una comprensión cabal de las situaciones. La medida de la amplitud es una de las medidas del desarrollo, de la extensión, de la riqueza relativa.

Las operaciones fundamentales sobre el lugar se manifiestan ya como *ensanchamientos*, ya como *constricciones*. Quien ensancha, dilata, amplía y aumenta. Dado un tamaño se le engrandece por ensanches y se le minora por constricciones. Quien ensancha agranda y desahoga, libera. Quien constriñe, por el contrario, estrecha y apiña, encoge. Por eso todo ensanche se asocia moralmente con la liberación y con el engreimiento, incluso. Por su parte, la moral del que estrecha angosta y angustia.

2.6.4.4 ALCANCE QUIROTÓPICO

> El asimiento con las manos animales es sólo un escalón previo de la configuración del mundo. Sólo cuando una mano coge las cosas, las encuentra manualmente o las arregla manipulándolas, comienza la transformación de lo que está y queda en derredor en algo utilizable.
> PETER SLOTERDIJK, 2004

Las cuatro dimensiones clásicas ya no nos bastan para comprender la habitación humana de los lugares. Otras geometrías, otras físicas y otras ciencias humanas deberán construirse para operar competentemente sobre el habitar. Peter Sloterdijk ha realizado un aporte fundamental al desvelamiento de las dimensiones existenciales de los lugares efectivamente habitados.

El lugar habitado es, en gran medida, *el lugar de las cosas que están a la mano*. Mediante la vocación novísima de las manos por el asimiento, algunos primates devienen homínidos. Una porción de los elementos del ambiente se deja manipular y con ello, adviene un mundo. En cierto sentido quizá evolutivo, comenzamos a habitar por intercesión de las manos. El mundo se inaugura con trabajo.

> Los homínidos se convierten en quiroprácticos, que por medio de sus recién adquiridas manos establecen relaciones extrañas con las cosas. Sí, la existencia de "cosas", en el sentido de objetos manejables y públicos en torno a nosotros, es ya un reflejo mundano del acontecimiento que supone que un día en la sabana ciertas islas de monos emprendieron el camino a la adquisición de manos (Sloterdijk, 2004)

Las manos humanas, liberadas del compromiso locomotor, se revelan pronto decisivas para la autoconstitución humana.

En efecto, al asir algo, esto se vuelve una cosa; al lanzar esta cosa, hay una acción a distancia, una conquista práctica de un lugar, una distinción estructural básica entre aquellas cosas-a-la-mano, por una parte y los entes que no-están-a-la-mano. El lugar, entonces, llega a ser el lugar geométrico de todas las cosas a la mano. El habitar integra en el lugar el producto interno de todos los asimientos efectivos. Por obra de las manos, hay cosas y hay un mundo de estas que se despliega a nuestro alrededor.

Hay en los homínidos un ancestral gesto lanzador que los transforma en humanos, según Peter Sloterdijk. De ahí se observa una especificación en el lugar, a la que nuestro autor denomina quirotopo: aquella región del mundo que está "a la mano". Las manos humanas, liberadas de su función motora, atrapan, operan y lanzan objetos, abriendo plaza al escenario conquistado por una actividad específica. De esto se deriva aquí en la postulación de una dimensión —la dimensión quirotópica— que da cuenta del lugar conquistado por la manipulación, por la coreografía de las manos, por los rudimentos fundamentales de toda producción. A la profundidad perspectiva, a la altura y a la amplitud lateral se le agrega una necesaria dimensión *encarada*.

### 2.6.4.5 Profundidad histerotópica

En gran parte de la literatura sobre el habitar se suele invocar, apenas empezado el discurso, la experiencia entrañable del interior. En este sitio hemos diferido la ocasión de tratarlo sólo cuando otras muchas cuestiones fueran, al menos, presentadas.

Es que el tratamiento de la cuestión del interior es complejo por involucrar una dimensión propia de éstos, una profundidad que no es perspectiva. Esto quiere decir que la profundidad propia del interior no la vence la marcha, ni la mera visión: se trata de una dimensión de la que sólo dan cuenta las *colpoprácticas*, esto es, las prospecciones de la profundidad específica que tienen de suyo los ámbitos interiores, las cavidades (*kolpos*, en griego). Sloterdijk ha nominado esta dimensión como *histerotópica*, esto es, la dimensión intrínseca de los úteros y otras cavidades. Penetrar de modo cabal en un interior es algo muy diferente que marchar, consiste en *adentrarse*, de conquistar por prospección la interioridad del ámbito por el sujeto.

Luego de un moroso adentrarse podemos adueñarnos de las honduras del interior. Podemos experimentar las emociones propias de las profundidades de lo íntimo. Lo primordial es el abismarse en una sima que no se vence con la marcha, sino con un acomodamiento más sutil del cuerpo en la cavidad del lugar. Acceder a la profundidad interior de un lugar es resultado de una habituación, en donde el cuerpo ha conseguido excavar para tener lugar allí. Según Heidegger, la vivencia efectiva del espacio nace del desbrozar el bosque, de *aviar* el espacio. En este caso no se trata de desbrozar, sino de inmiscuirse, de vencer una muy tenue pero siempre presente resistencia a la intromisión. El interior, amablemente vencido, nos recibe de buen grado en tanto conforta con su amparo, contiene con su refugio, recibe con su envoltura. En correspondencia con ese recibimiento, el cuerpo tiene el consuelo de volverse pleno, contenido y amparado.

Adentrarse en un interior no es tan simple como meramente irrumpir. Adentrarse implica medir el interior no sólo con los pasos, sino que también es necesario separar los brazos, frotar morosamente la burbuja pericorporal con cada uno de los pormenores de la cavidad. Eso lleva tiempo y eso que se suele llamar habituación. Las *colpoprácticas* son maniobras sucesivas, son aprendizajes lentos, son acumulaciones de sensaciones diversas. La plena conquista de un interior se consigue acaso con el adecuado y pleno alojamiento del ámbito íntimo en él. Y no sólo irrumpir.

En qué medida podremos adentrarnos en un lugar y qué esfuerzo nos insumirá la faena es cuestión que merece cierta atención. No se trata del mero acceder a un interior: la prospección recién comienza con la simple trasposición del umbral. Por otra parte, la marcha seguramente se detendrá mucho antes que lleguemos a entrever el recóndito hueso de lo íntimo. Cuando esto suceda, será cuestión de miradas y manos que apartan, que excavan, que descorren velos, que hurgan hacia el fondo de los cajones. Pero puede sospecharse que los interiores tienen aún una región aún más entrañable y que se sustrae a las más sofisticadas colpoprácticas: la hondura del alma de quien habita a justo título ese interior.

Los patios, por su parte, no tienen una hondura sino, al menos, tres. La primera es fácil de reconocer: así como se contornea el horizonte, la razón entre su altura relativa y su amplitud permiten apreciar esta hondura. Pero también es preciso observar que el horizonte elevado, esto es, el contorno superior (esto que los angloparlantes denominan skyline) también contornea el cielo. Ocurre entonces que el cielo propio de cada patio tiene una hondura procedente de tal recorte. Cuanto menor sea la extensión relativa del cielo, el patio es más hondo hacia arriba del horizonte elevado. Por otra parte, un patio tiene la condición paradójica de constituir un interior descubierto. Como interior que es, tiene una profundidad histerotópica, una hondura específica de su cavidad, una dimensión específica del adentramiento que exige. La arquitectura de los patios, entonces, es una poética de honduras.

2.6.4.6 Sima alethotópica

> Llamamos alethotopo al lugar en el que cosas se vuelven manifiestas, así como decibles o figurables. La estancia en él encierra el riesgo de ser influido tanto por verdades que se muestran, se comprenden y siguen valiendo, como por errores, que sólo se manifiestan posteriormente y cuya repetición es de temer. Desde el primer punto de vista, el alethotopo se parece a un almacén, desde

*el segundo, a un lugar de ejecución o a un vertedero de basuras.* (Sloterdijk, 2004: 328)

Siempre nos encontramos circundados por un horizonte. Pero no habitamos, necesariamente, confinados por éste. La distinción es necesaria porque el hecho es que la habitación plena del horizonte supone no sólo encontrarse en el lugar, sino desbordarse más allá del horizonte en dos direcciones opuestas. Atrás nuestro y más allá del horizonte yace lo tanathotópico, esto es, lo que pertenece a lo ya vivido, a los muertos de los que nos acecha siempre la memoria y el olvido. Pero adelante nuestro y también más allá del horizonte está listo para emerger todo aquello que se nos revelará, las cosas que saldrán de su ocultamiento, todo esto que conoceremos en forma inminente.

Más allá del horizonte, pero siempre en la dirección en que encaramos, se abre el abismo singular del alethotopo. Se trata, según Peter Sloterdijk, de la región en donde radican, ocultas, las cuestiones por conocer. Conocer, desde Heidegger, consiste de un fundamental *desocultar*. Desocultar, por su parte, es traer del lado de allá del horizonte, algo que se emplace dentro del lugar habitado, esto es, en el lado de acá del horizonte. No sólo habitamos confinados efectivamente por el horizonte: tanto el alethotopo como el thanatotopo abren dimensiones propias de simas exteriores y sin embargo presentes en la existencia efectiva de los mortales en los lugares.

Habitamos también con lo que adviene. A través de los vanos es que irrumpen las novedades en los interiores habitados. Mientras que los muros y las cubiertas ciegan, aíslan y confinan, las ventanas y puertas abren los interiores a las novedades del mundo. Desde el interior, al atisbar a través de los vanos, podemos desocultar los hechos del mundo que hemos dejado fuera. Como resultan vanos practicables —se pueden cerrar y abrir, se puede dejar pasar la luz, pero no tanto el sonido, se puede ventilar o detener el viento y otras operaciones— esta apertura tiene sus modulaciones voluntarias que confieren especial significado al habitar.

Así, se pasa de la apertura a las revelaciones del ambiente a la clausura del abrigo, de la admisión de las energías en forma plena e indiscriminada a la cuidadosa selección de flujos e influjos. Se pasa de la recepción amistosa de visitantes a la interposición de barreras a extraños. Los vanos dicen mucho del habitar porque participan intensas pasiones que se revelan en sus atravesamientos.

### 2.6.4.7 Sima tanathotópica

> *La isla humana es un lugar visitado y afectado por vida ya muerta. Donde sus habitantes se juntan, se hacen perceptibles signos sutiles y obstinados de los ausentes.* (Sloterdijk, 2004:337)

Asimilar la vida a la marcha es un tópico frecuentado, tanto como el dar la espalda es expresión para la desatención o el abandono. Sin embargo, a lo que damos la espalda en nuestra marcha es tanto lo que depositamos en el olvido, así como lo que guardamos en el recuerdo. A nuestras espaldas queda también nuestra propia vida ya vivida. Hemos puesto distancia de nuestros muertos, es verdad, pero no es menos verdad que habitamos esa distancia prestándole nuestra espalda. Y ahí se quedan, siempre atrás, pero no siempre ausentes. Hemos puesto distancia también de nuestro pasado, es verdad, pero no es menos verdad que habitamos igualmente esa distancia. Allí hacia donde presentamos la espalda, yace lo vivido como historia.

Nuestro aquí-y-ahora tiene una dimensión tanathotópica que no es dable ignorar. Nos acecha la espalda. El tiempo se desliza y nuestro habitar prolifera en objetos-monumento.

A lo largo de la vida se van acumulando objetos portadores de signos ostensivos de memoria. Son objetos-monumento en tanto su principal cometido es permanecer casi idénticos a sí mismos como testimonio de lo que ha sido, del tiempo muerto. El habitar burgués prolifera en objetos-monumentos acumulados según un hábito propio y diferencial. Se podría decir, exagerando las cosas sólo en un mínimo, que el habitar cabalmente burgués es esa acumulación tanathotópica que hace de una vida una heredad. Se trata de una escritura menesterosa: en vez de redactar memorias, los fondos de los cajones hacen caudal de signos ostensivos. Un programa de teatro guardado es una fútil maniobra contra la evanescencia del momento quizá mágico que ya se desliza hacia el olvido. Un mochuelo de cerámica es portador de nuestro paso no suficientemente detenido por Atenas. Un antiguo compás pretende hacernos creer que aún recordamos los tiempos en que dibujábamos sobre el papel.

En definitiva, vamos acumulando objetos portadores de signos de la vida ya pasada. Hitos del camino a la muerte como única certeza. Cuando colmatemos los cajones y escondrijos, entonces moriremos y, como dice, el inmortal Horacio Ferrer, *se irán los recuerdos en puntitas de pie.*

Nuestro habitar conoce de este modo ominosas regiones que se extienden más allá de nuestro circunstancial horizonte.

2.6.4.8 Dimensión ergotópica

*El espacio en el que se reparte cooperativamente el peso de las tareas lo llamamos el ergotopo: sus habitantes, los ergotopianos, están unidos en comunidades de esfuerzo. La descripción de su actividad ofrece la imagen de los adultos, érga kai hémera, la crónica de las obras y días de gentes que no lo tienen fácil. Al comienzo, la razón de participar en las indispensables tareas comunes es familiar, totalitario-informal, fundada en la evidencia de la situación o en el dictado de la tradición, más tarde en ritos de iniciación, exigencias profesionales, ataduras que imponen las categorías sociales, más tarde aún, son las prestaciones personales, los edictos,*

> *los centros oficiales, los que se cuidan del registro en ergotopo; al final lo que nos sujeta a él son* mission statements *y las órdenes del día de la opinión pública.* (Sloterdijk, 2004:315s)

Los lugares habitados están atravesados por una compleja malla doble de vínculos sociales interpersonales. Se trata de una malla doble porque los vínculos se construyen con diversas motivaciones.

Por una parte, un entretejido *ergotópico*, esto es, las alianzas y competencias entre agentes sociales constreñidos en las formas sociales del trabajo. Peter Sloterdijk vacila en denominar a este aspecto del lugar ya como ergotopo, ya como falotopo. En todo caso, un orden minucioso cuanto más complejo y uno de los fundamentos del orden social mismo, particularmente en su manifestación de sumisión a la norma, al sentido común, al consenso.

En una ciudad gran parte de los innúmeros enmallados que la constituyen radican en las asociaciones, las solidaridades y las complementaciones cada vez más complejas entre las labores más dispares necesarias para el sostén de nuestro enredado modo de vivir. Tanto las distancias a vencer como las vecindades de mutua conveniencia entre aquellos lugares que demandan trabajo con respecto a otros en donde aquellos que lo ofrecen, dan forma sustancial a la ciudad.

Pero también operan las repulsiones, las contiendas, los antagonismos de la competencia sobre las cosas y las personas a título de recursos ya materiales, ya humanos. También son estas tensiones que escinden, que distancian, que discriminan: las tramas urbanas son tanto mallas interconectadas de modo laberíntico, como rupturas, heridas, bordes, discontinuidades.

### 2.6.4.9 Dimensión erototópica

> *Llamamos erototopo al campo o dominio de deseos insular-humano, porque el deseo erótico ofrece el paradigma de cómo la compe-*

*tición afectiva en los grupos estimula y controla, a la vez, la vida del deseo de quienes viven juntos. El dominio erótico se pone en tensión, en tanto que los grupos, por contante autoirritación subaguda, producen una especie de atención suspicaz-concupiscente a las diferencias entre sus miembros. De ahí surge un fluido de celos, que se mantiene en circulación y flujo por miradas inquisitivas, comentarios humorísticos, maledicencias desacreditadoras y juegos competitivos rituales.* (Sloterdijk, 2004:311s)

Puede pensarse que la —única, originaria, o fundamental— propiedad privada legítima es la que tiene expresión en la burbuja erototópica que genera la pareja de amantes. En efecto, la profunda intimidad no se consigue si no es con el apartamiento del escrutinio e intromisión de terceros. Estos ámbitos nuestros pueden vindicar a justo título los amantes que, gozosos, se confinan de buena gana en él. Lo que es materia discutible es la caracterización adecuada de esa propiedad privada: única legítima, originaria o quizá fundamental. La cuestión está abierta.

Puede intuirse que esta dimensión también tiene una conformación mallada, tal como la dimensión ergotópica. Se trataría, entonces de mallas superpuestas y hasta en algún punto de vista antagónicas, en la medida en que solicitan distintamente al sujeto. Casi no hay tragedia clásica desprovista de un conflicto entre las tensiones de índole amorosa y las exigencias del orden social: las pasiones más intensas vinculan entre sí a personajes a los cuales las conveniencias aconsejan otros destinos.

### 2.6.4.10 Dimensión nomotópica

Sobre los lugares habitados sobrevuela, dominándolos, el *nomotopo*, esto es, el imperio de la norma, de la costumbre, de la constitución sociopolítica.

Así como en la dimensión quirotópica las entidades de la naturaleza devienen efectivamente cosas, mediante la operación en la dimensión nomotópica las hordas primitivas tienen efectiva constitución. En palabras de Sloterdijjk, *"una arquitectura social compuesta de expectativas, apremios y resistencias mutuos, en una palabra, una primera constitución".* (Sloterdijk, 2004: 279s). En dirección vertical y desde arriba se impone una dimensión que el grupo humano tiende a asimilar tal como si fuese otra fuerza de gravedad.

Todo parece indicar que la dimensión nomotópica opera imperando sobre las dos dimensiones malladas antes descritas: la ergotópica y la erototópica. Podría darse, en el primer caso, una labor ordenadora y disciplinante positiva en el imperio de la norma sobre el trabajo, el esfuerzo y en el penar por la supervivencia. Mientras tanto, operaría en forma restrictiva y represora sobre el deseo, sobre la afinidad intersubjetiva y sobre la inquietante labor reproductiva de personas y linajes.

### 2.6.4.11 Dimensión osmotópica

En nuestra civilización existe un profundo sesgo en la importancia relativa de lo que conocemos del mundo a través de nuestros sentidos.

Esto es especialmente claro en arquitectura, donde casi todo lo que merece percibirse de ella pasa, en principio, por el sentido de la vista. Saber ver la arquitectura era, a la vez, una consigna y una promesa de un libro de Bruno Zevi, bastante consultado en el tiempo en que los estudiantes de arquitectura leíamos libros. Si uno intenta apreciar las virtudes de un aula, una sala de conferencias o aún de un teatro, puede constatar por sí mismo que lo que percibimos con el oído también tiene su importancia, al menos en algunas situaciones. Lo que deberíamos pensar, en todo caso, es que la percepción acústica de las características propias de cada ámbito es una parte importante de la experiencia sensible de éste. Por otra parte, podemos apreciar ciertas virtudes arquitectónicas con el sentido del tacto. Descubrir la sutileza de los juegos de texturas y recorrer morosa y atentamente los lugares acondicionados para su habitación también tiene su importancia. Con el dominio casi absoluto de la vista. del oído y del tacto, los otros sentidos se resignan a un segundo plano de consideración.

Esto parece peculiarmente claro en el caso del *olfato*. Se lo trata como un sentido primitivo, animal, instintivo que sólo aparece emerger con el espanto radical por el mefitismo. De los lugares parece esperarse que no huelan particularmente a nada. Sin embargo, lo hacen. Nuestra acuidad apenas reconoce un tono, un fondo perceptivo: las escuelas, los hospitales tienen un aroma particular y distintivo. Por su parte, los comerciantes de ropa femenina rocían discretamente sus ambientes como estímulo a la adhesión poco consciente y el incremento consecuente de las ventas. Proliferan las ofertas de la industria de los productos para la limpieza y aún los dispositivos para perfumar los ambientes. Las amas de casa, se piensa, quieren que su residencia huela a limpio, como prueba patente de la limpieza imperante. Pero si cavamos en nuestra memoria, ha habido lugares que han portado su propia fragancia: las maderas, los cueros, las tapicerías, aún el polvo no removido.

Habría que prestar mayor atención a la dimensión osmotópica[1] de las atmósferas habitadas. En nuestra civilización se ha confinado el sentido del olfato en la región primitiva de nuestras percepciones. Este carácter primitivo tiene diversos aspectos Uno es su relativa sencilla articulación. En general, parece que los sujetos tienen una zona de confort en la zona de la anosmia relativa. Lo mejor, quizá, es que no se huela a nada. Por otra parte, existen dos muy precisos umbrales con valores radicalmente opuestos. El "mal olor" deviene en rechazo y asqueo, mientras que el "buen aroma" suele ser, en todo caso,

---

[1] Del griego *osmós*, 'perfume' u 'olor'.

nunca muy intenso. Otro aspecto es la pobre significación denotativa. Parece que todo percepto olfativo no es más que una elemental distinción entre agradable/neutro/desagradable. Un cuarto aspecto es lo embarazoso de las connotaciones. Una interacción con un mal olor suscita rechazos que no pocas veces son indisimulables. Lo que uno ve u oye admite una secuencia extendida de matices de valoración, mientras que lo que se huele sólo admite contundentes oposiciones.

A causa de todo ello, en los teatros parece que la dimensión osmotópica se ve especialmente agradecida por la concurrencia. A esto contribuye el carácter de celebración mundana, el regular disciplinamiento de los asistentes y a la sabiduría ancestral de nuestras mujeres.

2.6.4.12 DIMENSIÓN FONOTÓPICA

> *La consecuencia adicional más importante del efecto-silentium se muestra en la separación de lo público y lo privado. Esa diferenciación, que sirvió de pareja conceptual rectora a las ciencias políticas tradicionales, hay que remitirla en primer lugar a una modificación interna del fonotopo, en tanto que distingue situaciones determinadas por ruidos familiares, de otras en las que predominan los ruidos colectivos. Lo privado aparece en este contexto como un enclave de comunicaciones suaves, liberado del ruido del grupo, cuando no como un espacio de quietud y silencio, incluso, en el que los individuos se recuperan del estrés del sound del colectivo.*
> (Sloterdijk, 2004: 296)

Habitamos unas campanas acústicas en donde nuestro control de las situaciones debe no poca cosa al aguzamiento del oído. Constituir un ámbito privado es sustraerse de los fragores propios de lo público. Es alzar una distancia de silencio relativo, protegido por fachadas y cortinados. Es desplegar una blancura acústica donde la más débil tacha murmurante se destaque a nuestra expectación. Nos distenderemos relajados y confiados sólo en el regular resuello de nuestro interior.

> *Au creux de la maison, lieu du privé, la chambre constitue, dans la culture occidentale, le cœur battant de l'intime.* (Michelle Perrot)

Del silencio habitado de las residencias cabrá decir, en principio, que no se trata de una mera ausencia de sonido. Las casas bien habitadas respiran quedas: domina en estas un fondo de murmullos casi insignificante. El silencio habitado es, entonces un aliento sosegado. La pura ausencia de sonido es, en todo caso, un signo de muerte o una amenaza. La vida —otro nombre posible para la casa— nos ampara en un apenas-rumor en donde todo fluye sereno. Este fluir, entonces, es lo que susurra y lo que reverbera en la casa. Así es que podemos oír la casa. Oír la casa es percibir cómo se mitiga todo el alboroto de fuera y así puede sentirse, acaso, la reverberación de nuestros propios latidos en el fondo de nuestras estancias.

El lugar se origina con energías: el hablante modula el tono y volumen de su voz para alcanzar y encantar a su audiencia, pero sin asustar a las palomas. La voz y las escuchas orientan el lugar al configurar los cuerpos las posturas y actitudes más adecuadas a las circunstancias. El lugar ofrece, por su parte, un fondo sonoro y una peculiar reverberación, con las que las palabras conmueven las conciencias y las llevan más allá de los lugares efectivamente ocupados.

Estas consideraciones se dirigen a poner atención a la dimensión fonotópica del lugar, esto es, cómo los gradientes del sonido contribuyen a la arquitectura de los lugares. En principio, como en tantas cuestiones, se establece una distinción originaria: por una parte, el sonido significativo y deseable; por otro, el ruido molesto.

Peter Sloterdijk ha notado que nos reunimos bajo una campana de sonidos y ruidos de buena gana tolerados. También nos apartamos del ruido extraño, tanto como del lugar ajeno. Nos movemos, entonces, graduando apropiadamente nuestras emisiones, así como desentendiendo un cierto umbral, que sirve de fondo perceptivo. Sobre este fondo se recortan las figuras significativas del sonido que nos son tan necesarias: las palabras del prójimo. Habitar con cierto confort es poder oír con nitidez todos y cada uno de los matices del sonido significativo.

2.6.4.13 Dimensión termotópica

> *El signo más visible de la ventaja de sentirse en casa en el grupo es el hogar, el lugar donde se hace fuego; como símbolo de humanidad más antiguo, es la referencia más clara a que los seres humanos no se las arreglan sin un elemento confortante. El fuego alimentado en común encierra la experiencia de que hay protectores naturales que deparan ventajas mientras se les mantenga a la vista cuidadosamente.* (Sloterdijk, 2004:306)

Hemos visto que la casa puede concebirse, como es usual, como una esfera acondicionada y también puede ser pensada como un nodo de un laberinto de caminos.

En el interior de la casa existe un foco en donde resplandece el fuego. No por nada *hogar* es utilizado como sinónimo de casa. En el interior de la casa también hay un laberinto de sendas que confluyen en el lugar sagrado de la llama. No se trata sólo de geografías, sino, ante todo y además de historias. ¿Cuánto de la propia condición humana lo debemos a la proximidad con el fuego? Más allá de la pura supervivencia, alrededor de su calor hemos aprendido a imaginar, pensar y conversar. Por eso el fuego que custodiaba Hestia constituía tanto el amparo de la armonía doméstica como el garante de la paz social.

Los lugares que habitamos tienen una dimensión trascendente según se acerquen o distancien de ese lugar del fuego. *Los seres humanos no se las arreglan sin un elemento que dispense confort*, afirma Sloterdijk, y con esto se hace eco de una de las hipótesis más antiguas y venerables sobre la pertinencia de la arquitectura, que es, en una no menor medida, la pertinencia del poder humano sobre el fuego. Quizá porque, en el fondo, son apenas dos aspectos de un único asunto.

### 2.6.4.14 Dimensión fototópica

En una civilización que suele equiparar la revelación de lo real con el esclarecimiento, la *luz* es una aliada principal de la arquitectura.

Parece que lo que sabemos es, en gran parte, lo que nos consta mediante clarividencia: la luz nos desoculta el ser de las cosas en su manifestación no sólo al sentido de la vista, sino, a través de ella, al entendimiento. Para el arquitecto, gran parte de su logro en su labor radica en poner a la luz a revelar, en su justa medida, las figuras y formas recortadas en el espacio con el auxilio de las sombras. Cuando el espacio-tiempo transformado conmueve con su magia, es porque se aprovecha de la luz sabiamente graduada. La arquitectura recibe con beneplácito el beneficio revelador de la luz.

Hemos hipertrofiado grandemente el sentido de la vista y en consecuencia tenemos una gran sensibilidad para maravillarnos con mucha razón con el modo en que la luz nos revela los valores de la forma arquitectónica. En nuestra época a veces nos olvidamos de lo fructífero que ha resultado el matrimonio de las formas arquitectónicas con las luces. Por una parte, no siempre las sombras consiguen contornear los relieves, jugando con la gracia del claroscuro natural. Por otra, la ingeniería de la iluminación homogeneiza la distribución de la energía, desterrando las penumbras y sus valores. Algo importante se nos priva con el uso irreflexivo de la gran cómplice de todos los tiempos.

> Se ha dicho que la cocina japonesa no se come, sino que se mira; en un caso así me atrevería a añadir: se mira, ¡pero además se piensa!

*Tal es, en efecto, el resultado de la silenciosa armonía entre el brillo de las velas que parpadean en la sombra y el reflejo de las lacas.* (Junichiro Tanizaki. *Elogio de la sombra*, 1933)

Nuestra cultura aprecia, quizá de modo algo exagerado, las apariencias intensas de la luz: brillos y reflejos; debemos aprender de los extremo-orientales la valoración de las penumbras y las sombras. Solemos por aquí disfrutar el modo en que la luz nítida separa los planos de los relieves: las texturas se revelan contundentes mediante el contraste acusado de los valores opuestos de luz-y-sombra. Pero no tenemos, por lo general, un equiparable interés por las tenues modulaciones de las penumbras, tan estimadas por los japoneses.

> *A nosotros nos gusta esa claridad tenue, hecha de luz exterior y de apariencia incierta, atrapada en la superficie de las paredes de color crepuscular y que conserva apenas un último resto de vida. Para nosotros, esa claridad sobre una pared, o más bien esa penumbra, vale por todos los adornos del mundo y su visión no nos cansa jamás.* (Tanizaki. *Ibíd.*)

Podemos crecer en nuestra acuidad perceptiva y sentido estético si nos animamos a poner en provisional entredicho aquello que tenemos por obvio y consultamos con provecho y respeto a otros congéneres.

Cada lugar sobre la tierra es iluminado en una forma especial.

Por más que sepamos que es Sol es uno, podría afirmarse, sin faltar del todo a la verdad, que cada lugar posee un determinado aspecto de su luz. Ese peculiar matiz es una de la más clara señal de identidad de cada emplazamiento. Ojalá cada ser humano tenga la dicha de saber que ocupa un lugar especialmente iluminado por el sol, y estando allí, pueda permanecer en calma, rendido del todo ante la evidencia. Es, en todo caso, una felicidad tenue, pero imprescindible.

Antes de la difusión de la iluminación artificial y de los amplios ventanales la luz se deslizaba furtiva en los interiores. No es que dominara la oscuridad, sino que imperaba la magia de las luces discretas. Los interiores se revelaban poco a poco, alternando la oscuridad de ciertos rincones, la penumbra, las medias luces y los resplandores. La luz revelaba entonces la rica textura de los interiores. En la actualidad suele dominar una iluminación homogénea, que priva de matices a la percepción. En nuestros interiores hay quizá un exceso de radiación que angosta las sombras, mitiga las penumbras y reduce los medios tonos. Quizá las nuevas solicitaciones del ahorro energético y un nuevo buen sentido aconsejen manejar con destreza todas las exquisitas modulaciones de la luz cautelosa.

## 2.7 LA ARQUITECTURA DEL LUGAR Y SUS POSIBLES PROTOCOLOS DESCRIPTIVOS E INTERPRETATIVOS

El examen realizado de los constituyentes, elementos, patrones y dimensiones de la arquitectura del lugar resulta en un herramental básico para un abordaje propiamente arquitectónico del habitar humano. Este abordaje no agota de suyo el interés cognoscitivo por el habitar, sino que es un emergente de la preocupada atención por parte de un colectivo profesional determinado. Esta preocupada atención resulta tanto en una especial acuidad para percibir ciertos aspectos de los problemas implicados, así como una ideológica abstracción que resulta de apreciar la realidad según las limitaciones formativas y perspectivas que operan en la conciencia de tal colectivo.

En cierta medida, aquí es el lugar y oportunidad en que, quizá, comiencen a apartarse los caminos de arquitectos y antropólogos. Es de esperar que, adecuadamente estimulados y desafiados, estos últimos desarrollen a su modo unos instrumentos de observación, de descripción y de interpretación valorativa propios y debidamente fundamentados en su asedio cognoscitivo a la condición humana. En este sentido, cabe reparar en que un aspecto peculiarmente interesante del habitar humano lo constituye la labor transformadora del hombre que se manifiesta en formas, finalidades y valores de naturaleza arquitectónica. A estos aspectos es a los que los arquitectos prestamos mayor atención, aunque podamos reconocer que no son ni los únicos, ni quizá los más importantes. Estos aspectos se irán dilucidando en tanto los antropólogos recojan el guante.

Pero en todo caso, lo que parece imperioso es intentar *superar* cognoscitivamente la maravilla por la proliferación de diferentes aspectos que tiene el habitar frente a la mirada arquitectónica. Y superar quiere decir, aquí, sistematizar, ordenar, jerarquizar, las observaciones según un patrón riguroso.

Tal patrón de observación, como puede esbozarse aquí, debería incluir una sistematización de aspectos que, mutuamente implicados, conformen una descripción rigurosa de la arquitectura de un lugar habitado.

Un primer capítulo debe dedicarse al examen de las distintas actividades, actitudes, coreografías, rituales y ceremonias del habitar. El objetivo es dar con las *formas* en que los sujetos llevan a cabo estas actividades y cómo éstas se nominan, adoptan significados explícitos y con qué referentes observables guardan relación. De este apartado emerge una caracterización sistemática de aquello que los sujetos realizan y que constituye, por definición, el elemento originador de improntas en el sitio, configurando el sentido del lugar.

A este apartado acompaña un examen riguroso del ajuste de la estructura fundamental y configuraciones fundamentales de los ámbitos en donde se realizan estas actividades. La atención se vuelca a los elementos fundamentales de la *formati-*

*vidad* del ámbito: los modos en que la estructura fundamental de todo lugar se ajusta a las formas del comportamiento de los sujetos. Se trata de dar cuenta aquí de los constituyentes estructurales de los ámbitos habitados.

La anterior sección se complementa con el estudio preciso del comportamiento de los elementos que dan forma ajustada a lugar. Aquí se trata de examinar los modos particulares del acondicionamiento del lugar, de la configuración fina en detalles de éste, de los pormenores de su *figura*. A los elementos estructurales se le agregan, significativamente, los aspectos que emergen efectivamente en la apariencia.

A esto sigue un análisis de estudio dimensional asociado al examen de las escalas de implementación. Este extremo es de *medida, ponderación y valoración*. Este apartado se dedica al perfeccionamiento descriptivo según se pueda alcanzar en un contexto complejo, de pluralidad dimensional y de proliferación de modos heterogéneos y variables de valoración.

El protocolo se cierra —y recomienza— con un detenido análisis de *significados*, en donde se aprecia la mutua remisión entre las actividades de los sujetos y los lugares que habitan.

De este modo, la observación rigurosa no hace más que comenzar a edificar, paso a paso y con no pocas revisiones y ajustes, una necesaria ciencia del habitar originada por la pregunta, acuciante y concreta, de un colectivo profesional que ha demorado tanto en formular.

## 2.8 LA HABITACIÓN DEL AMBIENTE

### 2.8.1 Habitar y vida

Hasta este punto se ha distinguido cuidadosamente los conceptos de habitar y vivir. Esta distinción se justifica en el plano epistemológico, toda vez que es necesario especificar nuestra materia de estudio. Sin embargo, debe observarse que no es posible disociar en forma permanente estos conceptos.

En efecto, hemos visto ya que el habitar es una condición existencial propia del hombre lo que, en definitiva, sólo puede reconocerse como una especificación particular del hecho de estar vivo. Así, una vez que hemos entendido, en una medida que tenemos por relativamente suficiente, qué es habitar, estamos en condiciones de subsumir esta condición en el marco global de la propia vida. Así como podemos afirmar, con cierto conocimiento de causa, que el ser humano habita lugares, podemos afirmar que las entidades vivientes viven su ambiente.

En principio, se tiene al ambiente en los términos que fija el uso corriente, según María Moliner, como "Con respecto a una persona, animal o cosa, conjunto de circunstancias y cosas favorables a su desarrollo o existencia que los rodean". Aquí ajustaremos la noción de partida en los siguientes términos: *Con respecto a entidades vivientes, conjunto estructurado y total de circunstancias y condiciones favorables al desarrollo de su vida.* A las cosas en sí la rodea, simplemente, un entorno o ámbito. La voz *ambiente* sólo tiene un sentido preciso, en la actualidad, cuando refiere al fenómeno vital.

> *¿Qué significa "vida" en el sentido puesto aquí en cuestión? Podemos entender esta "vida" genéricamente por una definición que alcance a todos los seres vivos: "vida" no es sólo es el curso de ciertos procedimientos fisicoquímicos que hacen que la materia viva sea simplemente "viviente" (éstos, naturalmente, también pertenecen a la vida), sino la constante relación —una palabra más clara sería "com-posición" ("poner juntos")— de los organismos vivos que tiene sus propias leyes internas de acuerdo con un que actúa y relaciona (por ejemplo, fisiología, etnología, psicología, etc.) con su ambiente, que tiene a su vez sus leyes internas según las cuales funciona y que son diferentes de la del organismo. Entre estos dos*

*sistemas de leyes hay un campo de tensión que tiene que ser superado activa y pasivamente por el organismo, y con esta superación el organismo gana su vida. Esta definición representa el aspecto ecológico de la dinámica de la vida y podría considerarse como la fórmula del mundo ecológico más corta y simplificada (que al mismo tiempo no es, en absoluto, una fórmula ya que no puede predecir el lugar y/o el tiempo de cualquier suceso conectado con la vida).* (Sioli, 1973: 12)

Caracterizada así la vida, no puede aislarse ni una entidad viviente en particular —ya que la vida se desarrolla en una interacción entre entidades vivientes, que conforman comunidades bióticas, denominadas científicamente biocenosis— ni tiene sentido separar éstas de su propio ambiente, como si se tratase de una relación entidad/continente. No se vive en un ambiente; se vive un ambiente.

Se podría pensar, en principio, que pasar de considerar el habitar humano al vivir ambiental es un simple problema de escala espacial. Sin embargo, hay que reparar que mientras que la determinación específica del habitar es un lugar, esto es, un campo espacio-temporal concreto, la determinación del ambiente, por su parte, desborda ampliamente el carácter puramente espacio-temporal. Esto conduce a pensar a muchos estudiosos del tema que el ambiente constituye un sistema complejo.

*Pero el ambiente no es solamente espacio, por pautado e inteligible que éste aparezca ante el análisis intelectual o la vivencia social. El ambiente es, fundamentalmente, un sistema de medios. Esta afirmación nos enfrenta a una doble operación clarificadora: definir qué es un sistema y calificar la especificidad de los sistemas ambientales.* (Vidart, 1997: 31)

En realidad, este sistema complejo conforma una biosfera a escala planetaria poblada de distintos escenarios ambientales articulados sólo en términos convencionales en lo que constituyen diferentes ecosistemas. En definitiva, la voz ambiente hace mención a una total y sistémica continuidad de los fenómenos vitales en la Tierra.

> *Los procesos bioquímicos desencadenados por los seres vivientes, a partir de la energía solar captada por las plantas clorofilianas, hacen que los átomos de muchos elementos atraviesen en incesante flujo los cuerpos de animales, plantas y microorganismos. La presencia dinámica de la vida activa los ciclos minerales, así como los del oxígeno, del agua, del carbono y del nitrógeno. El planeta entero se "biologiza" por la acción de la materia viviente concentrada en la biomasa de los mares y las tierras emergidas; la materia biógena de anteriores eras —carbón, petróleo, gas natural— y de mucho menor data —turba, sapropel, humus— se suma a la materia biocósmica —aire de la troposfera, agua de origen orgánico— y ambas, en compañía con la primera, ponen en marcha procesos bioquímicos en distintos escenarios o provincias biogeocenóticas.*
> (Vidart, 1997: 180s)

Es en el seno de la biosfera que se ha desarrollado evolutivamente un evento con características propias, relativamente anómalo frente al carácter autoequilibrante general: se ha desarrollado la denominada antroposfera, morada vital del hombre como especie. A diferencia de la estricta sujeción a la necesidad natural del resto de los componentes ambientales, la condición humana esencial es la apertura libérrima de posibilidades. La vida de la antroposfera en la actualidad tiende a estrangular los ciclos ambientales generales al menos en dos puntos; por un lado, sobreexplotando las fuentes de recursos básicos y por otro, desbordando con emisiones, efluentes y desechos, la capacidad regenerativa o depuradora de los medios.

En el contexto del presente trabajo, debe considerarse que la relación entre el habitar y la vida implica un ineludible incremento en la complejidad dimensional. Esta relación entre el habitar y la vida suscita la necesidad que la Teoría del Habitar aborde un importante capítulo ambiental. Este aspecto es ineludible dado que los que existiendo habitan no pueden soslayar su condición necesaria de estar vivos y precaver su supervivencia biológica como especie. Es necesario entonces abordar el examen riguroso del ambiente habitado.

### 2.8.2 El ambiente habitado

El ambiente como tema constituye una preocupación importante en la actualidad. Dado su carácter complejo, las caracterizaciones suelen ser diversas, dada la pluralidad de significaciones que tienen tanto para científicos, como para otros actores sociales. La importancia del tema aparece signada, en primer lugar, por la emergencia de problemas ampliamente perceptibles de impactos ambientales desfavorables; en segundo lugar, por una progresiva asunción en la conciencia social de las contradicciones de los actuales modelos de desarrollo socioeconómico y también por las ominosas perspectivas para un futuro que se advierte cada vez más próximo.

Más allá de las diferentes miradas e intereses involucrados, parece que sobre la noción más o menos claramente construida acerca del ambiente, existen ciertos aspectos relativamente concordantes. En la conciencia social contemporánea crece el convencimiento acerca de la necesaria transformación de nuestra relación con el ambiente. El actual estado de esta relación es claramente inconveniente en el presente y compromete nuestra propia supervivencia en el futuro. Nos hemos construido un lugar para vivir a expensas de presiones e impactos insostenibles sobre el ambiente natural.

Con todo, es preciso adoptar un concepto claramente formulado y relativamente operativo a nuestros fines.

[...] *Proponemos una definición de sistema ambiental como una totalidad compleja diversa en permanente transformación y autoorganización, cuya configuración surge de la interacción de procesos físicos, químicos, biológicos, tecnológicos, socioeconómicos, políticos y culturales, que hacen emerger sus diversas expresiones territoriales y temporales.* (Gazzano y Achkar, 2013)

Esta definición parece adecuada y operativa, ya que no sólo hace mención a los procesos biofisicoquímicos, sino que comprende los procesos antroposféricos tales como los tecnológicos, socioeconómicos, políticos y culturales. Pero lo más interesante radica en la caracterización de diversas expresiones territoriales y temporales. Con esta locución se articulan convenientemente la continua totalidad ambiental con una manifestación concreta y observable en un campo espacio-temporal.

Es capital la consideración del ambiente como sistema, como totalidad compleja y diversa en permanente transformación y autoorganización. Esta caracterización es fundamental para configurar el concepto de ambiente habitado, locución indispensable para articular el conocimiento científico ambiental con la Teoría del Habitar.

Aquí definiremos por ambiente habitado un campo, esto es un fenómeno desarrollado espacial y temporalmente en donde la vida humana tiene lugar. Por su característica de ambiente, supone una continuidad con la totalidad de la biosfera, a la vez que, en tanto fenómeno de habitación implica una localización concreta y observable. A diferencia del tratamiento de los ecosistemas, cuya delimitación es en definitiva convencional, la localización en los ambientes habitados proviene de las determinaciones operativas del aquí y siguen las articulaciones propias de la arquitectura del lugar.

La actividad arquitectónica juega un papel importante en la trasformación efectiva del ambiente. Es necesario apreciar en su justa medida cómo estas transformaciones impactan de diversos modos en la calidad del éste. A la vez, es necesario conseguir una necesaria conciliación racional entre el ambiente construido y el ambiente natural, tanto en las solicitaciones inmediatas del presente como en las perspectivas de futuro.

Suele tenerse a las villas emplazadas en el campo, a la manera de los *cottages*, un modelo de feliz concordancia del habitar humano con la naturaleza. Pero observemos el caso más de cerca.

El bien cuidado césped que rodea la construcción es producto de una presión selectiva sobre las especies vegetales: se promueve el desarrollo de algunas a costa del combate a otras, tenidas por malezas. Ciertos animales y vegetales —que no suelen pertenecer a la fauna y flora autóctonas— son criados, cultivados, cuidados y explotados, mientras otros son combatidos como plagas. La misma producción de la casa supone la extracción selectiva de recursos naturales y la afectación del suelo. El acondicionamiento térmico se consigue a través de un dispendioso uso de leña, a la vez que vierte humos a la atmósfera. Por una parte, se extrae agua apta para su potabilización y por otra se vierten aguas servidas.

Si se contabiliza con minuciosidad el costo energético implicado, que se traduce, por lo general, en consumo de combustibles fósiles y el vertido de dióxido de carbono a la atmósfera, se podrá concluir que en tal idílica escena en realidad se verifica un expolio del ambiente y un trastorno en los ciclos biofisicoquímicos propios del ambiente natural. Hay que recordar que este costo energético está implicado tanto en la actividad de construcción del cottage así como en su implementación habitable. También debe repararse que este "hábitat" apartado no es, por cierto, autosuficiente, de manera que hay que agregar a la ya funesta cuenta energética, los costos de traslados de objetos y personas, los que son proporcionales a la distancia de los centros poblados abastecedores.

Cabe describir nuestra actual situación, sin ambages —pero también sin catastrofismo— como un estado de crisis ambiental.

La manera más usual de verificar esta crisis es a través del análisis de la proliferación de impactos ambientales de carácter negativo. Un impacto ambiental es todo aquel evento que perturbe de una u otra forma el funcionamiento natural del ambiente.

Nuestra atmósfera se afecta con las emisiones de polvo, humos y gases. Particularmente el uso de combustibles fósiles, que suponen el vertido de los gases de efecto invernadero, la atmósfera se ve progresivamente transformada en su carácter de reservorio de aire y de moderador climático. También las emisiones de óxidos de azufre y nitrógeno se traducen en precipitaciones ácidas que impactan a su vez en suelos y aguas.

Las aguas se sobreexplotan como fuentes de recursos potables y se contaminan con vertidos que sobrepasan la capacidad autodepuradora del medio. El uso masivo e indiscriminado de agua potabilizada para usos en que no es imprescindible afecta la gestión adecuada de las fuentes, las ingenierías de tratamiento potabilizador y la distribución hacia todos y cada uno de los habitantes. A la vez, la contaminación de las aguas con toda clase de vertidos impacta en los medios que ofician de vertederos, comprometiendo a la biota capaz de operar como depuradora natural.

Los suelos se modifican por la presión combinada de los cultivos, la fertilización artificial, el uso de agrotóxicos, el vertido de sustancias tóxicas y la extracción selectiva de recursos. Los cultivos extensivos afectan las calidades del suelo por empobrecimiento o erosión. La fertilización artificial y el empleo de agrotóxicos afectan tanto a las aguas subterráneas como a las superficiales. Por su parte, la extracción selectiva de recursos suele impactar agudamente tanto en la topografía como en la calidad de los suelos.

La biota es objeto de presiones selectivas que afectan la supervivencia de ciertas especies, tanto por su explotación directa —como en el caso de la sobrepesca— como por la destrucción de sus biotopos o hábitats. La introducción de tóxicos en el medio acuático afecta particularmente a la biota allí localizada. Prácticas como la desforestación suponen un ejemplo claro de impacto de esta naturaleza.

El paisaje es transformado radicalmente con la intrusión de elementos artificiales de la más diversa naturaleza, modificando topografías y alterando equilibrios dinámicos naturales. La diseminación de deshechos afecta claramente a los paisajes. La propia cultura de las comunidades asentadas en sus emplazamientos es afectada por la sustitución y los procesos de cambio que ignoran sus peculiaridades históricas. También la antroposfera es afectada por impactos que deben ser considerados, a justo título, ambientales.

La actividad arquitectónica, por su parte, es una fuente de impactos ambientales que debe ser examinada con algún detalle. Es conveniente repasar cada una de sus instancias y comprobar cómo esta actividad impacta no sólo por su acción directa sobre el ambiente, sino también con la acumulación de impactos que supone la producción de sus diversos insumos.

Es la demanda la primera instancia en donde se generan las condiciones preparatorias para las efectivas operaciones de impacto. Las demandas sociales en pro de suelo urbano, cada vez más extendido presionan sobre las características más salientes de las áreas rurales circundantes, expandiendo en vastas superficies los impactos complejos y agudos atribuibles a la propia condición urbana.

A la etapa de demanda le sigue la fase de proyecto, donde se suelen verificar las presiones sobre el suelo y el paisaje, toda vez que se consideran, frecuentemente, como tablas rasas, vacías de contenido positivo. La proyección horizontal del predio es tratada como un espacio vacante, desprovisto de valores propios. Las preexistencias, tanto las ambientales como las contextuales son soslayadas o sencillamente ignoradas. Es en esta fase en donde se forjan las condiciones intelectuales que arriesgan impactos indeseables sobre la calidad del ambiente.

En lo que hace a la construcción, esta actividad implica una fuerte presión sobre los recursos energéticos, toda vez que se insumen muchos de estos recursos, tanto en la extracción y el acarreo de insumos, como en la producción de estos mismos. Se vuelve especialmente significativa la contabilización de toda la energía insumida por la producción de componentes hasta su puesta en obra: la cuenta resumen, medida tanto en recursos energéticos como en emisiones a la atmósfera es considerable.

El suelo, por su parte, es impactado en tanto se altera la topografía y la composición edafológica. La construcción conlleva cambios significativos en la compactación e impermeabilidad relativas, así como suelen verificarse vertidos contaminantes y desechos sólidos. Asimismo, se impacta sobre la población vegetal por apeo de árboles y desmalezado, así como por procesos de sustitución de flota autóctona por especies exóticas. La escorrentía de las aguas superficiales suele ser alterada, concentrando flujos en ciertos lugares.

La atmósfera circundante recibe emisiones de polvo a veces de significativa entidad. Sobre el paisaje, la construcción implica una decidida intervención transformadora de singular importancia, al evidenciar signos inequívocos de antropización. Por su parte, el medio socioeconómico se ve impactado por la afluencia significativa de trabajo en la región, lo que reviste en sí aspectos tanto positivos como negativos. Sin embargo, una vez concluida la obra, en la región la demanda de mano de obra disminuya claramente.

Concluida la obra y lista ya para ser librada a su uso, supone un impacto duradero sobre el paisaje. Cada construcción habitada supone un cambio en los flujos de personas, materias y energías. Se intensifica el consumo del suelo como relación de habitación, en detrimento de su uso productivo y a costa, en definitiva, de las áreas naturales o débilmente antropizadas.

La habitación implica una franca presión sobre los recursos energéticos: energía eléctrica, combustibles fósiles y renovables. También presiona sobre el agua apta para su uso potable y se la contamina agudamente en su empleo. La densificaciòn de la habitación promueve activamente el tránsito vehicular, el tráfico de mercancías y la producción de desechos. La urbanización impacta de modo intensivo, a través de la concentración de impactos particulares y de modo extensivo, dilatando las manchas urbanas en el entorno circundante.

El abandono de las construcciones también supone un impacto ambiental que debe considerarse, no solamente en su afectación de los paisajes o la proliferación de plagas, sino también en lo que toca a los factores culturales, particularmente urbanos, de memoria y referencia histórica. También debe atenderse a los procesos de sustitución innecesaria, que multiplican los factores de impacto.

En cierta forma, en el tratamiento reflexivo del ambiente habitado se han confrontado dos órdenes de singular complejidad: el propio del ambiente y el del habitar. Como no podría ser de otra manera, el resultado configura una proliferación de problemas, del que, hasta el momento sólo se ha tratado en los aspectos más sobresalientes. Lo que puede quedar claro de esta situación, es que demanda un cambio radical de actitud: implica poner atención e investigación sistemática acerca de aspectos que de otra manera pudieran aparecer inconexos. A este cambio de actitud le corresponde una reorientación general del oficio y profesión arquitectónica: emprender un camino decidido hacia el horizonte de una arquitectura y un habitar ambientalmente sustentables.

### 2.8.3 Hacia un habitar ambientalmente sustentable

Ante todo, es necesario convenir acerca del contenido del término sustentabilidad. Es que bajo esta denominación proliferan diversos usos. Dice la Real Academia que sustentable es aquello que se puede sustentar o defender con razones. Sustentar, según la misma autoridad es, en una segunda acepción, conservar una cosa en su ser o estado. En el presente contexto podemos convenir que, en principio, nos mueve la intención de conservar al ambiente en su ser y estado de sistema estructurado de condiciones favorables al desarrollo de la vida en todos sus aspectos.

Sustentar el ambiente supone entonces un compromiso presente y con perspectivas de futuro proclive a la conservación eficaz del ser y estado del ambiente en su condición propia. Suele entenderse que el ambiente está dotado naturalmente de ciertas condiciones de equilibrio dinámico, materializado en ciclos recurrentes de materia, energía e información, que aseguran el desarrollo, conservación y propagación de la vida. Los impactos ambientales negativos son entendidos en general como eventos desequilibrantes con respecto a un estado de cosas previo a una determinada actividad humana.

De este modo, es posible caracterizar a la sustentabilidad ambiental como un horizonte de condiciones para conocer, actuar y producir que aseguren la conservación del ambiente en su condición de sistema estructurado de condiciones favorables al desarrollo de la vida en todos sus aspectos. Constituye un horizonte de condiciones y no una realidad plenamente constatable en la actualidad, dado que no se conocen bien aún ni todas las condiciones propias del ambiente ni todos los efectos eventualmente perjudiciales que puedan tener nuestras actuales actividades.

Se considera que el desarrollo sustentable contiene de manera estructurada tres tipos de aspectos: sociales, económicos y ambientales. El desarrollo sustentable es inclusivo —esto es, alcanza a todos los sectores sociales—, equitativo —si se distribuye con justicia social entre los actores sociales— y resguarda los recursos naturales —si preserva las condiciones del ambiente—. El actual modelo de desarrollo tardocapitalista se muestra, en este sentido, claramente insustentable. Para economistas como Friedrich Hayek, el término justicia social o redistributiva es un concepto vacío, con lo que alumbran un desarrollo económico todo menos equitativo y por supuesto, exclusivo. Los efectos sociales, económicos y ambientales los estamos viendo en la actualidad.

En lo que toca a la actividad arquitectónica, es mucho lo que hay que organizar de modo programático. Deberá considerarse la cadencia lineal de fases para luego indagar en sus mutuas relaciones.

Una demanda arquitectónica ambientalmente sustentable es aquella que cuida tanto las condiciones del presente como las de futuro. Es claramente insostenible la actual presión en pro de la expansión de las áreas urbanas con los impactos que conlleva. Debe tenerse en cuenta los efectos ambientales globales que tiene la diseminación urbana en el territorio, complementada con el proceso de vaciamiento relativo de las áreas centrales.

Todo hace pensar que es necesario disciplinar el desarrollo urbano y edificatorio tanto en los aspectos territoriales como en los socioeconómicos, buscando soluciones que cultiven antes de explotar los recursos territoriales. En este sentido, debe contrarrestarse el actual proceso de segregación socioespacial que tiende a devastar el espacio comunitario.

Puede pensarse que algo suficientemente significativo puede lograrse cuando la actual demanda de cosas para vivir —esto es, mercancías que oficien de satisfactores mediante su consumo—, se transformen, en la conciencia social, en lugares de vida que se consuman en su habitación. Esta transformación puede parecer en principio muy general y abstracta, pero, a la luz de lo indagado en la Teoría del Habitar, parece la única manera de orientar el conjunto complejo de demandas dirigidas a la actividad arquitectónica hacia el horizonte de la sustentabilidad. Pasar de considerar legítimo el derecho a la vivienda a una nueva y más honda legitimidad en pos del derecho a habitar lugares es un ejemplo ilustrativo.

Es en la fase del proyecto en donde es muy clara la necesidad de cambiar las actitudes acostumbradas. Los paradigmas actuales deben revisarse a fondo. Concebir y desarrollar programas arquitectónicos ambientalmente sustentables supone, en la actualidad, una gran complejidad. La necesidad acuciante de ahorro energético global hace que sea necesario proponer soluciones constructivas que pueden resultar en principio relativamente más onerosas, pero que en compensación se traducirán en un ahorro energético en el largo ciclo de vida de las construcciones. Hay que considerar aspectos como la duración y el ciclo de vida de los componentes, confrontándose contra la actitud dominante en la actualidad de adoptar soluciones de poca duración relativa, de falaz bajo costo y de presunto fácil reemplazo. Esta nueva y necesaria preocupación por la durabilidad debe comprender tanto el aspecto puramente físico, así como los aspectos funcionales y simbólicos.

Quizá un aspecto fundamental que implique un sistemático cambio de actitud sea el abandono de la concepción del diseño arquitectónico como una irrupción ex nihilo realizada a partir de un papel (o pantalla) vacíos. La concepción alternativa es considerar toda propuesta arquitectónica como una transformación intencional de las condiciones ambientales de un lugar, portador de claras determinaciones y preexistencias. La proyectación arquitectónica es comprendida, entonces, como una instancia histórica que no ignora la situación ambiental de partida y no se desentiende de las situaciones posibles en el futuro.

Si el proyecto arquitectónico es una instancia histórica, entonces no puede soslayar en ningún modo las circunstancias sociales y económicas que la hacen posible y oportuna. El valor arquitectónico de una propuesta no puede, en este sentido, reconocerse a expensas de los valores de inclusión social y justicia distributiva económica. Por ello, es ambientalmente insostenible preconizar un valor arquitectónico excluyente a las realizaciones escasas y paradigmáticas realizadas en la ignorancia del contexto en donde se insertan.

En la fase de construcción es necesario verificar en los hechos las necesarias previsiones propias del proyecto. La adecuada gestión de los consumos energéticos no sólo afecta a las operaciones de traslado de insumos y puesta en obra, sino que es preciso considerar el componente energético acumulado por cada uno de los productos empleados. En cierta forma debe revisarse el empleo de insumos importados, considerando cuánto del costo de cada producto proviene del transporte. También debe contabilizarse cuántos recursos energéticos no renovables insume la producción de los diversos materiales.

La construcción sustentable debe atender a la presión directa sobre los recursos naturales no renovables, los vertidos contaminantes hacia el aire, el agua y el suelo, la posibilidad de reciclar y reutilizar los componentes y optimizar el uso del agua en los procesos. Debe, asimismo, gestionar los procedimientos que aseguren la vida útil de los componentes, seleccionando los procesos según parámetros de calidad y durabilidad.

También debe atenderse a la sustentabilidad económica y social. Estos aspectos implican el desarrollo armónico de las actividades con una demanda óptima de mano de obra a lo largo del tiempo. Las grandes obras de infraestructura suelen concentrar grandes contingentes de trabajadores en regiones poco pobladas a lo largo de lapsos acotados: es necesario mitigar los efectos socioeconómicos negativos de tal afluencia.

Pero es en el uso, en el habitar, en donde se verifica con mayor claridad relativa la sustentabilidad de todo el proceso productivo. En efecto, el uso de las construcciones supone una fuente de impactos de largo plazo sobre el ambiente.

Es necesario considerar, en primer lugar, el costo energético del acondicionamiento térmico y lumínico. Las deficiencias en el aislamiento de cerramientos, así como las infiltraciones son fuentes apreciables de dispendio inútil de recursos energéticos. Es estratégica, en este sentido, la disponibilidad de energía eléctrica proveniente de fuentes renovables y la optimización racional de su consumo.

La preservación de la disponibilidad de agua potable constituye otro importante capítulo. En la actualidad se ensayan diversos procedimientos para reciclar algunos tipos de aguas de uso doméstico, con el fin de aliviar la presión sobre el agua potable como recurso. El uso de agua potable para el riego de jardines, es un ejemplo claro de insustentabilidad. Recíprocamente, es necesario controlar la magnitud de la contaminación en las aguas servidas, desde su uso hasta el vertido al ambiente.

Un tercer componente peculiarmente importante es la producción de desechos sólidos urbanos. Nuestro actual régimen de vida, particularmente determinado por las modalidades de venta de mercancías, suponen casos de producción abusiva de desechos por sobrestock de productos y por la proliferación de materiales de empacado de difícil reciclado y considerable volumen. A esto debe agregarse la reducción irracional de la vida útil de los objetos de uso, mediante procesos de obsolescencia deliberada. En el horizonte de la sustentabilidad ha de verse a todos los actores sociales interviniendo de modo inteligente y ético en la circulación integral de productos y subproductos, tomado como un ciclo que comprende desde la producción a su implementación posterior en el reciclado o reuso.

Desde el punto de vista social y económico, debe revisarse a fondo las conductas dominantes del consumo. Es necesario promover la producción local de productos, con el fin de asegurar condiciones socioeconómicas proclives a un desarrollo sustentable de las comunidades. El cuidado general de las condiciones ambientales de todos los lugares habitados, comprendida la vivienda, pero también los lugares de trabajo, educación, salud, descanso y circulación es tarea prioritaria, con el fin de conseguir un sistema de lugares habitados en forma sustentable.

La sustentabilidad abarca también la fase del abandono en la implementación en el uso. Es necesario considerar aquí los procesos que conducen a la sustitución innecesaria de construcciones y valorar el reciclado de éstas para nuevos usos. En este aspecto, hay que tener en cuenta que las construcciones suelen tener una vida útil mucho más prolongada que algunos de sus usos. Así, se vuelve imperioso revisar los criterios corrientes acerca de la obsolescencia física, funcional y simbólica de las construcciones. Al respecto, conviene detenerse en este contundente poema en prosa de César Vallejo:

*—No vive ya nadie en la casa —me dices—; todos se han ido. La sala, el dormitorio, el patio, yacen despoblados. Nadie ya queda, pues que todos han partido.*
*Y yo te digo: Cuando alguien se va, alguien queda. El punto por donde pasó un hombre, ya no está solo. Únicamente está solo, de soledad humana, el lugar por donde ningún hombre ha pasado. Las casas nuevas están más muertas que las viejas, porque sus muros son de piedra o de acero, pero no de hombres. Una casa viene al mundo, no cuando la acaban de edificar, sino cuando empiezan a habitarla. Una casa vive únicamente de hombres, como una tumba. De aquí esa irresistible semejanza que hay entre una casa y una tumba. Sólo que la casa se nutre de la vida del hombre, mientras que la tumba se nutre de la muerte del hombre. Por eso la primera está de pie, mientras que la segunda está tendida.*
*Todos han partido de la casa, en realidad, pero todos se han quedado en verdad. Y no es el recuerdo de ellos lo que queda, sino ellos mismos. Y no es tampoco que ellos queden en la casa, sino que continúan por la casa. Las funciones y los actos se van de la casa en tren o en avión o a caballo, a pie o arrastrándose. Lo que continúa en la casa es el órgano, el agente en gerundio y en círculo. Los pasos se han ido, los besos, los perdones, los crímenes. Lo que continúa en la casa es el pie, los labios, los ojos, el corazón. Las negaciones y las afirmaciones, el bien y el mal, se han dispersado. Lo que continúa en la casa, es el sujeto del acto.* (Vallejo, 1923)

Hay ocasiones en donde los derribos adquieren características de hondo dolor social, del que se privan apenas los demoledores. Debe tenerse en cuenta que los lugares que han sido habitados son depositarios de historia humana, en el sentido más entrañable y no sólo para los ocupantes que han vivido en los lugares, sino también para todos aquellos que han vivido con estos mismos lugares, integrando escenarios de vida. Los sitios habitados son algo más que simples cosas útiles: se construyen con la existencia humana y de ella conservan valores que es prudente considerar.

Existen, al menos, tres aspectos principales para delinear, a muy grandes rasgos aquello que se denominaría, con propiedad, un habitar sustentable.

- En primer lugar, se trataría de un habitar ocupado activamente en el uso racional de los recursos energéticos. Se trata aquí de sustituir todo consumo de recursos no-renovables en beneficio de formas de energías renovables, limpias y seguras.
- En un segundo término, un habitar sustentable haría uso racional del agua potable, así como cuidaría del adecuado tratamiento de aguas servidas. Se cuida de la adecuada y equilibrada circulación del agua en el ambiente.
- En tercer lugar, el habitar sustentable se aplicaría a la gestión inteligente de la urbanización, dotándose de instrumentos políticos y administrativos que controlen la expansión territorial de la mancha urbana.

En el futuro puede avizorarse una fértil alianza entre la Teoría del Habitar y la orientación de la práctica profesional de la arquitectura dirigida hacia la consecución de una arquitectura ambientalmente sustentable. Es posible que ambas vertientes, a la par de descubrir sus respectivas complejidades, desvelen un cierto orden operativo en sus agendas.

# 3. Aspectos ético-políticos

## 3.1 HABITAR COMO ETHOS

> *Quel est le premier objet de la société? C'est de maintenir les droits imprescriptibles de l'homme. Quel est le premier de ces droits? Celui d'exister.* (Robespierre, 1792)

A efectos de delinear una ética del habitar o al menos el capítulo ético de la Teoría del habitar es necesario dilucidar la naturaleza y característica del objeto de tal ética. Como acertadamente ha declarado Ricardo Maliandi *"la ética es la tematización del ethos"* (Maliandi, 2004). Esto quiere decir, en principio que la ética es la reflexión filosófica acerca de las formas de conducta humana. Dado que el habitar constituye una conducta o comportamiento, en principio cabe al menos sospechar que sería factible y oportuno un examen ético de esta conducta.

> *En el lenguaje filosófico general se usa hoy "ethos" para aludir al conjunto de actitudes, convicciones, creencias morales y formas de conducta, sea de una persona individual o de un grupo social, o étnico, etc. En este último sentido, el término es usado también por la antropología cultural y la sociología. El ethos es un fenómeno cultural (el fenómeno de la moralidad) que suele presentarse con*

*aspectos muy diversos, pero no puede estar ausente de ninguna cultura.* (Maliandi, 2004:20)

Sobre el origen del término ethos existe una cierta ambigüedad, ya que existen dos términos griegos, εθος y ηθος, de significados similares que son los de costumbre, hábito o uso. Sin embargo, la palabra ηθος tiene, además una acepción principal peculiarmente interesante. Nuevamente es Martin Heidegger quien aporta un particular esclarecimiento sobre el sentido del término ethos.

> *El término ηθος significa estancia, lugar donde se mora. La palabra nombra el ámbito abierto donde mora el hombre. Lo abierto de su estancia deja aparecer lo que le viene reservado a la esencia del hombre y en su venida se detiene en su proximidad. La estancia del hombre contiene y preserva el advenimiento de aquello que le toca al hombre en su esencia.* (Heidegger, 1947)

La precisión es singularmente importante porque conduce indefectiblemente a considerar el habitar como ethos. Y considerar el habitar como tal implica partir de un compromiso mayúsculo: la conducta implicada por el habitar humano tiene una incontestable naturaleza ética. La materia ética originaria tiene lugar allí donde habita el hombre. Precisamente allí en donde habitan indisolublemente el hombre y su conducta es un calvero, un claro en el bosque. Allí en donde se abre el lugar para la acción.

La consideración del habitar como ethos ofrece en principio tres aspectos singularmente interesantes. El primero de estos aspectos es que el habitar constituye una situación nuclear con respecto a toda conducta o acción posible. Esto quiere decir que el habitar constituye la situación antropológica y social en donde tiene lugar de modo necesario todo fenómeno particular de la moralidad. Esto conduce a la consideración del segundo aspecto: precisamente esta condición nuclear del habitar resultaría fundante tanto para la reflexión ética como para la constitución de derechos sociales. Por fin, el tercer aspecto es que las orientaciones éticas a trazar y seguir en la Teoría del Habitar constituirían una síntesis a partir de la cual se precisarían otros principios más específicos.

El ethos del habitar es un contenido de la manifestación fundamental de todo ser humano y esta es la de existir configurando una circunstancia, a la vez que constituyendo una situación y un acontecimiento en un campo espacio-temporal. El ser ético, protagonista de toda ética, es ante todo una entidad situada, una entidad que tiene lugar. Si habitamos siempre, lo hacemos de un modo necesariamente ético, mientras que, si habitamos de diversos modos, lo hacemos en una circunstancia en donde tenemos opciones. La forma y modo de habitar particulares no es el resultado necesario de un orden natural de cosas, sino propio de un ethos.

La efectiva constitución del ethos no es la única condición fundamental para el desarrollo pleno y consecuente de la ética. También debe constituirse con un horizonte reflexivo una perspectiva que examine y valore metódicamente el campo abierto del ethos. Este horizonte reflexivo aloja dos grandes móviles de toda ética: el primero, que supone una aspiración, una expresión de deseos, y el segundo, que implica y denota un deber. De esta manera, el horizonte reflexivo señala los confines del territorio ético y abre espacio a orientaciones y rumbos a la conducta.

Las orientaciones éticas señalan fuerzas que impelen hacia principios éticos. Como señalan direcciones, los principios éticos aparecen apareados, actuando en forma recíproca. En forma similar a la aguja de una brújula, uno puede ajustar su rumbo en atención tanto a un punto cardinal como a su recíproco. Desde ya puede adelantarse que existen dos principios muy generales que orientan la conducta a la vista del horizonte ético del habitar: la felicidad o eudemonía y la justicia.

Estas disquisiciones acerca del habitar y de su ethos conducen a reconsiderar la fuente originaria de ciertos derechos sociales. En efecto, la formulación del derecho a la vivienda ha constituido un tímido esbozo de un derecho humano fundamental. En realidad, como se verá más adelante, lo que está realmente implicado en el habitar y su ethos es el fundamento moral del derecho a habitar, expresión concreta del fundamental derecho a existir, reivindicado con ejemplar contundencia por Maximilien Robespierre ante la Convención, en 1792.

## 3.2 COREOGRAFÍAS, RITUALES Y CEREMONIAS

Los conceptos de coreografías, rituales y ceremonias pueden ser singularmente productivos para examinar el habitar humano, en tanto éste último es una conducta humana dotada de ciertas formas. Puede pensarse, en principio, que la actividad humana consta de comportamientos que adoptan ciertas formas y que así es posible observar, describir e interpretar el habitar manifestado en estos diversos modos.

El análisis de las actividades del cuerpo a título de *coreografía* tiene antecedentes en los estudios tayloristas del trabajo. El ejemplo más cabal es el estudio realizado por Margarete Schütte-Lihotzky para su proposición ejemplar de la Cocina de Frankfurt, hacia 1926. El punto crítico aquí consiste en señalar la reducción mecanicista implícita en tal método. Éste ha resultado ejemplar en términos de adecuación funcional mecanicista, pero ha soslayado otros importantes aspectos.

Es de creer que asumir operativamente una secuencia de gestos habituales como una coreografía (del griego χορεια, danza circular y γραφή escritura) apunte a desembarazar la observación del sesgo mecanicista, para apreciar en todo su valor la *forma* del movimiento y su relación con los *significados*. La observación, descripción e interpretación de las coreografías de la vida cotidiana puede ilustrar mucho y provechosamente sobre un nivel básico de las relaciones entre el cuerpo y el lugar habitado.

A partir de poner en discusión la presunta racionalidad operacional de los gestos del cuerpo, puede reinterpretarse y valorarse en sus justos términos los procedimientos fundamentales por los cuales el cuerpo se apropia de los recursos del sitio, construyendo con sus gestos la contextura efectiva del lugar. En este sentido, la atención a tales fenómenos es deudora de la contemplación maravillada del arte de los danzantes. Son los bailarines los que desarrollan su talento en la conquista simbólica del espacio y el tiempo y son quienes nos enseñan a contemplar con atención las formas y los símbolos del movimiento diestro en el lugar.

Cabe examinar, a título de ejemplo, las distintas modalidades del adentramiento.

Nuestro primer adentramiento siempre se vive en algún modo encandilado por la novedad y la revelación tras el inaugural atravesamiento del umbral. Por ello, nuestra coreografía es titubeante, exploratoria y circunspecta. Una vez transpuesto el umbral, nuestra condición de extraños nos constriñe a la marcha prudente, a la exploración atenta de la estructura y contextura del lugar: nuestro cuerpo, en su totalidad, pide permiso. Este pedir permiso parece naturalizado por la educación, cuando hay presencia de locatarios. Pero aun cuando no haya personas allí, la circunspección se impone: la discreción corporal se rinde, entonces, a los *genius loci*.

Habrá que indagar cuáles son los elementos o factores que nos indican, sutilmente, hasta dónde y cuándo nos adentraremos en un lugar que nos acoge como extraños. Cuando logremos establecer con claridad y exactitud la naturaleza de estos elementos o factores o energías que consiguen situarnos allí en nuestro lugar, apenas llegados allí, entonces sabremos algo sustancial acerca de la arquitectura del habitar.

Cuando un sujeto habita con cierta recurrencia un interior, sucede un moroso proceso de *habituación*, que modula unas especiales coreografías del adentramiento. Ya no se trata de una irrupción inaugural, sino de un gesto repetido y enriquecido por labores de exploración más exhaustiva, con el arreglo de las cosas y con diversas formas del trabajo. Adentrarse habitualmente constituye una labor esforzada, un vencer, una a una, las más sutiles resistencias de la materia propia del interior: su conformación de sitio que se vuelve, gesto tras gesto, en un lugar. Es un trabajo cotidiano el que va enrareciendo el sitio para abrir el lugar a la acción del cuerpo. Las danzas del día a día, las coreografías de los hábitos prospectan, excavan y conquistan cavidades, no sin un esfuerzo tan erosivo como vivificante.

En la fase superior del adentramiento no se trata de meramente irrumpir ni de habituarse a hacerse un lugar; ahora se trata de *apropiárselo*. Y ese apropiárselo conlleva una compleja serie de operaciones de producción. Producción de signos de identidad, que son improntas de presencia, afincamiento y heredad. Producción de trazas de referencia, con una arquitectura de cosas que cobran por su implementación habitable un sentido propio y diferencial. Producción de memoria, porque no se trata sólo del puro y abstracto espacio sino de tiempo vivido en lugares concretos, esto es, estructuras a la vez microgeográficas y microhistóricas.

Pero ante todo este hondo adentramiento no es otra cosa que la repetición cíclica de ensañadas coreografías del adentramiento, que comenzaron por ser apenas irrupciones, continuaron con gestos de habituación y culminan, por fin, en la apropiación.

Por su parte, se tiene a un *ritual* como una acción o sucesión de acciones con significado religioso o mágico. Pero también debe entenderse por tal toda acción o sucesión de acciones en principio dotadas de forma y con un significado mutable de carácter según diferentes circunstancias. Hay que detenerse en el hecho que los rituales de contenido religioso no son otra cosa que hábitos recurrentes sobresignificados: marchar solemne, trasponer umbrales, detenerse según qué sitios y circunstancias, adoptar una u otra actitud corporal, realizar algún tipo de acción, no son otra cosa que formas rituales a las que se les ha conferido contenido religioso, entre tantos otros.

Poblar una estancia constituye un caso de ritual de habitación. Como ritual, en este contexto, debe entenderse toda acción o sucesión de acciones dotadas de una forma significativa que confieren un peculiar sentido existencial tanto al comportamiento del habitante como al ámbito en que se desarrolla. Así, la habitación de una estancia es la forma significativa en que el locatario hace de un ámbito precisamente un lugar de permanencia.

Una estancia se puebla con un contenido de demora; allí donde uno se detiene, se aloja, tiene lugar es en una morada, siquiera circunstancial. Un sitio, entonces, deja de ser un mero accidente espacio-temporal para volverse, significativamente, un lugar de espera. Es entonces que sucede una estancia en los dos sentidos principales del término: tanto en la acción del habitante, así como en la conformación efectiva del lugar habitado. Una estancia no es siempre y en cualquier ocasión, una habitación, en el sentido de un interior construido: constituyen estancias allí donde el viandante se detiene a descansar, donde toma asiento, en donde localiza una situación estratégica.

Los varios contenidos del ritual activan unos ciertos factores de sentido. Una estancia se conforma como un apartamiento, una toma de distancia, un confinamiento o reclusión. Quien puebla una estancia ha vuelto un emplazamiento determinado en un mundo propio, un espacio hurtado a la conexión general de todos los demás sitios de la naturaleza. Toda estancia, de un modo fundamental, constituye una esfera más o menos nítidamente articulada contra el fondo de todo lo que se da.

Un valor destacado de toda estancia es su amparo relativo, esto es, cómo los confines de la burbuja espacial alojan en su seno pueden, tanto física como simbólicamente, resistir las perturbaciones extrañas al sujeto habitante. Toda estancia, aún la más librada a las inclemencias de la intemperie, abriga y protege existencialmente a su sujeto actor.

Mientras que circular es apenas desplazarse de un punto a otro, habitar una marcha supone una vivencia mucho más rica y honda en significados.

Transitar una senda es construir una mediante una acción que tiene mucho de misión, de ejercicio, de performance. Si mediante una detención en una estancia localizamos una situación estratégica, es sobre el camino abierto que nos desempeñamos tácticamente.

Estos contenidos de la marcha abren sendas tanto como desencadenan importantes factores de sentido. El principal es el propio de la exploración vivida del propio mundo, cuestión equiparable, punto por punto, con la propia vida. Otro sentido peculiarmente importante es cómo se despliegan, opuestas, dos dimensiones existenciales: hacia el sentido de la marcha, hacia adelante se abre aquello que vendrá, lo que se desocultará del ser de las cosas, lo que sobrevendrá. Mientras tanto, hacia atrás quedarán las regiones de lo ya vivido, allí donde moran la memoria, el olvido y la muerte. La marcha constituye el tiempo efectivamente vivido, una vez que la distancia se vence.

Mientras que la habitación de una estancia supone un distanciamiento del sujeto, por lo general, la marcha aparece adscripta a la vida pública y a los valores propios de intercambio comunitario. Asimismo, mientras que toda estancia comienza y culmina con la conformación de una cierta esfera, la concatenación total de las marchas constituye un laberinto tanto como estructura como valor.

Con mucho, el ritual del atravesamiento de umbrales configura el caso más interesante: la experiencia vivida de una transformación está implícita cada vez que se abre una puerta y se pasa de Uno a Otro ámbito.

Se experimenta con tal pasaje una mutación de estado, de condición, de carácter. Las tribulaciones de la vida pública quedan algo afuera cuando uno traspasa el umbral doméstico. Y viceversa. La etiqueta relajada y confiada en el ámbito íntimo es sustituida por un preciso y más envarado protocolo en el ambiente público. El ánimo, la actitud y el porte del viandante callejero mutan en los adecuados al residente. Y todas estas mutaciones mediante el simple atravesamiento del umbral que une y separa uno y otro ámbito. Todas estas transformaciones a través de la práctica de las puertas.

El sentido principal de este ritual es el descubrimiento, la desocultación, la revelación. No por casualidad se ha hablado de puertas de la sabiduría: cada apertura supone una ruptura, una discontinuidad en el espacio-tiempo en donde algo se nos descubre.

Pero es en el ámbito de los valores donde aparecen los aspectos más interesantes. Hay que señalar la trascendencia de los ritos de pasaje, rituales que sobresignifican precisamente el ritual del atravesamiento y el cambio de estado. En la arquitectura, el valor de estos rituales estriba en todos los complejos vinculados con la liminaridad y la articulación, propiedad de los vanos, que unen y separan, a la vez, a las estancias y ámbitos.

El interés por el estudio de los rituales de habitación radica en comprender la honda trascendencia de los gestos cotidianos, trascendencia fundamental tal que resulta formalmente decisiva para conferirles *incluso* valor religioso o mágico. La clave parece residir en el examen concienzudo de todas estas cosas que se llevan a cabo de forma automatizada, con poca conciencia relativa, aunque con una eficacia que no se reduce a los términos operativos.

Las *ceremonias* suponen composiciones cualitativamente superiores de rituales a las que se asignan ciertos significados socioculturales explícitos. Se trata en este caso de una formulación superior y sobresignificada de la conducta. Por una parte, se trata de elaboraciones más complejas que los rituales, pero, a costa de esto, dotadas de un significado más específico y menos rico en connotaciones. Las ceremonias, de este modo, constituyen formas plenas dotadas de significado en un contexto sociocultural dado y suponen síntesis de la realización eficaz cuanto apropiada de *las cosas como deben ser realizadas*.

Casi no hay circunstancia decisiva en nuestras vidas que no adopte la forma, más o menos pormenorizada o solemne, que una ceremonia: nacer, ingresar a cualquier ámbito institucional, cumplir ciertos aniversarios, culminar procesos, consagrar alianzas, incluso morirse. El mundo lo tenemos arreglado para poder desarrollar estas ceremonias en ámbitos apropiados, en instancias especialmente señaladas, en contextos que le confieran su preciso significado.

La arquitectura de los lugares aparece especialmente acondicionada para las secuencias ceremoniosas en donde cada gesto particular contribuirá para la configuración efectiva de actos socialmente eficaces. Cabe reflexionar en qué medida la arquitectura y el ornato de un foyer teatral se adecua a la ceremonia civil de distenderse en el entreacto de la obra, allí donde vagan las miradas y las actitudes y donde los extraños buscan, de modo discreto, encontrarse a sí mismos en vagas comunidades de personas que buscan ser algo más que un agregado informe de público asistente.

El análisis pormenorizado y sensible de coreografías, rituales y ceremonias promete reconsiderar, en principio, las relaciones entre aquello que las personas hacen y los lugares que habitan. Esto implica reconsiderar el valor de la arquitectura, llevándolo de la atención a las cosas construidas hacia la congruencia con los gestos de los cuerpos. Por otra parte, abre lugar a una reconsideración a los papeles del cuerpo y de la conciencia, revalorando los primeros en los términos que le corresponden naturalmente a su papel conformador efectivo de los lugares.

## 3.3 ÉTICA DEL HABITAR

> *El interés por el bien de los hombres concretos, motor objetivo de la ética inveteradamente, ha ido expresándose de modos diversos en el curso de la historia, pero son dos —a mi juicio— las grandes preguntas que traducen la preocupación ética: la pregunta por el bien positivo «¿qué podemos hacer para ser felices?», y la pregunta por el sustento indispensable del bien positivo «¿qué debemos hacer para que cada hombre se encuentre en situación de lograr su felicidad?»* (Cortina, 1986: 22)

Una ética del habitar puede edificarse en el territorio contorneado por el horizonte de la vida buena. Aunque las visiones y representaciones de esta vida buena difieran en los sujetos, hay al menos una vaga, pero convincente opinión de su posible y deseable existencia, siquiera en el horizonte habitado. Siguiendo a Adela Cortina hay dos cuestiones fundamentales en la ética: la cuestión de la consecución de la felicidad y la cuestión complementaria y recíproca de qué debemos hacer para que cada uno esté en situación de conseguir su felicidad.

Si bien no es posible definir con claridad el sentido último o definitivo del término felicidad (puede tratarse incluso de un concepto vacío; Cf. Cortina, 1986: 139) sí es posible caracterizar un concepto complementario que define una orientación ética fundamental: el concepto de justicia. Lo que por cierto son expresiones sin sentido son felicidad sin justicia o justicia sin felicidad. Justicia y felicidad conforman un par conceptual de contenido claro y distinto.

El principio de eudemonía (εὐδαιμονία, felicidad, bienestar) puede ser entendido en este contexto como la proliferación de las posibilidades sobre las constricciones de la necesidad, en forma tal como el desarrollo social, económico y ambiental pueda configurarla en una circunstancia histórica. Por su parte el principio de justicia es aquí aquel que la sociedad construye históricamente en torno al concierto normativo de la convivencia. Ambos principios operan de modo que no puede tenderse a la consecución de uno sin hacerlo con el recíproco.

La ética del habitar, se ha dicho, es la tematización del ethos del habitar. Como el habitar es una manifestación fundamental de del ser humano, nadie puede sustraerse de su condición de sujeto ético, en tanto que habita unas arquitecturas de sus lugares. Así, todo ser ético lo es por ser una entidad situada, esto es, una entidad que tiene lugar. Si bien no todos tenemos los mismos márgenes de libertad para optar por poblar unos u otros lugares, sí tenemos la minúscula pero decisiva partícula de ella que hace de nuestro habitar un ethos y no una condena inevitable. De esa libertad proviene la responsabilidad y compromiso con la arquitectura de los lugares.

¿Existe algo que pueda designarse como ética arquitectónica? No se trata meramente de la ética del ejercicio profesional del arquitecto, materia de naturaleza deontológica —esto es, que define qué debe hacerse o que no debe hacerse — que alcanza sólo a los arquitectos titulados. Toda vez que la extensión del concepto de arquitectura ha comprendido toda una actividad social de producción, la ética arquitectónica alcanza, por una parte, a todos los actores sociales involucrados, y, por otra, desborda el marco puramente deontológico.

La ética arquitectónica, en definitiva, es la ética de una empresa social fundamental. Abraza al conjunto de actores sociales implicados en la producción de los lugares y es manifestación cultural del concierto social conseguido. Las comunidades legítimamente afincadas en su territorio desarrollan con esfuerzo y fortuna la condición fundamental del habitar el lugar: configurar con su arquitectura las improntas de identidad, memoria y apropiación que les son propias.

La ética arquitectónica y la ética del habitar constituyen caras o aspectos de una misma manifestación: a la ética propia de la síntesis de la forma de los lugares corresponde a la ética propia de la implementación habitable de las arquitecturas de los lugares. Debemos recordar las palabras de William Morris:

> *Tampoco podemos confiar nuestros intereses arquitectónicos a un pequeño grupo de hombres instruidos, encargarles buscar, descubrir, moldear el ambiente donde habremos de vivir y luego maravillarnos de aprehenderlo como cosa bien hecha; esto concierne en cambio a nosotros mismos, a cada uno de nosotros, que debe vigilar y custodiar el justo ordenamiento del paisaje terrestre, cada uno con su espíritu y sus manos, en la medida que le concierne.* (Morris, 1881)

Ahora bien, si la ética del habitar nos abre un compromiso con la arquitectura que habitamos, también nos confiere derechos sobre ésta. Y tener derecho a una arquitectura buena —en sentido ético y moral— es una expresión específica del derecho a una vida buena que nos debe alcanzar a todos los iguales. No puede, por tanto, ser un privilegio de unos pocos afortunados aislados en su existencia desahogada en un contexto ciudadano y social injusto. La buena arquitectura, en síntesis, no debe ser una feliz excepción, sino una efusión cotidiana de una cultura de un lugar y una época.

¿Tenemos entonces la arquitectura y el urbanismo que nos merecemos? Es cruel rendirse a la evidencia que, en cierto modo, es así y mientras tanto, es imperioso esbozar el compromiso social con la arquitectura y el urbanismo del futuro que estamos construyendo. Para ello, es necesario desarrollar en el cuerpo y conciencia sociales una razonada ética del habitar que comprometa a éstos con la arquitectura de lugares y ciudades a que tienen un derecho configurado en forma directamente proporcional con el compromiso asumido.

Adela Cortina, con ejemplar lucidez ética, plantea algunas cuestiones que es significativo considerar aquí: *"¿qué podría significar el término «excelencias» en una sociedad inmisericorde y competitiva?, ¿cuáles serían las virtudes envidiadas por una sociedad consumista, estratégica y corporatista?, ¿cuál sería el ideal de felicidad, el ideal de una imaginación bombardeada por todo género de propaganda?"* (Cortina, 1986: 139) Las respuestas a estas cuestiones ocupan a los pensadores aplicados a la filosofía moral en la actualidad. Es necesario, aparte de examinar estas cuestiones como seres éticos que somos todos, también considerarlas en la peculiar perspectiva que hemos adoptado aquí.

> *Por eso algunos éticos nos hemos refugiado humildemente en una ética de mínimos, y nos limitamos a decir a nuestros oyentes y lectores: al decidir las normas que en su sociedad van a regular la convivencia, tenga en cuenta los intereses de todos los afectados en pie de igualdad, y no se conforme con los pactos fácticos, que están previamente manipulados, y en los que no gozan todos del mismo nivel material y cultural ni de la misma información; porque —por decirlo con John Rawls— usted está convencido de la igualdad humana cuando habla en serio sobre la justicia; o cuando ejecuta actos de habla con sentido, por decirlo con la ética discursiva; haga, pues, del respeto a la igualdad una forma de discurso normativo y de vida.* (Adela Cortina, 1986: 139)

Antes que la conciencia moral de los individuos se forje con claridad y, por supuesto, mucho antes que el pensar sistemático sobre el obrar moral del hombre dé con la Razón, las prácticas sociales abren camino tanto a la consecuente conciencia moral como al saber ético.

Así entendidas, las prácticas sociales del habitar implican de suyo una convergencia de saberes, competencias prácticas y talentos productivos que pueden tener como fin la consecución de la felicidad social, expresada en términos de bienestar social integral, desarrollo social y cultural, así como progreso material y espiritual. De lo que se trata, en principio, es de develar el verdadero contenido moral de las prácticas sociales del habitar, en la medida en que pueda dilucidarse cuáles se orientan hacia la eudemonía social y cuáles constituyen efectivos obstáculos para su consecución.

En forma recíproca, las prácticas sociales del habitar despliegan, disponen y ordenan las relaciones sociales y la convivencia, constituyendo un conjunto estructurado —pero no por esto armónico y liberado de contradicciones— de normas y reglas que amparan el efectivo desenvolvimiento social orientado a veces a la consecución de un orden justo. El principio de la justicia está fundado en el respeto a la igualdad humana y orienta algunas de las prácticas sociales del habitar, que es necesario distinguir en el marco total de estas prácticas.

## 3.4 LAS PRÁCTICAS SOCIALES DEL HABITAR

El habitar, tal como puede observarse, se manifiesta como un conjunto variado y complejo de prácticas sociales, esto es, modos recurrentes de actuar y de construir motivos para actuar. Las prácticas sociales del habitar constituyen un conjunto estructurado de motivaciones, representaciones o impulsos que dirigen al habitar como acción. Por otra parte, una práctica social del habitar conforma un conjunto estructurado de disposiciones que se traducen en acción en el habitar. Por último, también debe considerarse como acepción de la locución práctica social todo aquello que resulta racional en las acciones de habitar, esto es, aquello que hace que el habitar constituya una praxis.

Estas caracterizaciones de las prácticas sociales del habitar siguen, en lo fundamental la definición de Nicola Abbagnano de la voz *Práctica* (Abbagnano, 1961: 939). Así, en la primera acepción por práctica se entiende lo que dirige la acción: toda acción habitable aparece motivada por ideas, representaciones o puros impulsos. Consideradas así, las prácticas sociales no sólo son materia de observación y descripción sino que deben ser objeto de interpretación: tras la manifestación aparente operan motivos que deben inferirse. Este sentido de la expresión informa tanto a la ética, como a la economía y a la política.

Por su parte, en un segundo significado de la locución por práctica se entiende aquello que se traduce en acción. Aquí no se trata de indagar en el trasfondo de la acción, sino en las disposiciones o condiciones que la hacen posible y efectiva. En este sentido, el estudio de las prácticas sociales las aborda en tanto acciones efectivamente realizadas. El sentido de la acción radica ya no en lo previo o antecedente a ésta, sino en el contexto donde puede tener efectivo lugar.

En fin, en un tercer significado puede entenderse como práctica aquello que es racional en una acción, esto es, el fundamento de una efectiva praxis. Es de esperar que la Teoría del Habitar, en su examen de las prácticas sociales del habitar y mediante el examen crítico, pueda dar lugar al origen de praxis habitables.

Considerar el habitar como práctica implica, en principio que se trata de una acción dirigida u orientada según propósitos, que éstos se denotan y verifican en conductas observables e interpretables y, por último, que es factible, en principio, apreciar reflexivamente la racionalidad de la acción. Según una caracterización esquemática debida a Talcott Parsons (1949): *"La acción implicaría: 1) un agente o un actor; 2) un fin o futuro estado de cosas respecto al cual se orienta el proceso de la acción; 3) una situación inicial que difiera, en uno o más aspectos importantes, de la finalidad a la cual tiende la acción; 4) un determinado conjunto de relaciones recíprocas entre los precedentes elementos"* (Abbagnano, 1961:13).

Recorriendo este esquema con atención, repararemos en principio que el abordaje del habitar como práctica social permite esbozar, a grandes rasgos un programa operativo de investigación. En primer lugar, considerar los agentes sociales en su concreta constitución, como actores cuya conducta está éticamente orientada por móviles, condicionada por el contexto y las efectivas posibilidades de la economía, así como dirigidas por complejos mecanismos de poder político. En segundo término, el habitar como práctica supone no sólo un estado efectivo de hecho, sino un proyecto de construcción morosa y constante de la propia vida entendida como futuro. En tercer lugar, una vez asumido el carácter de proyecto en el habitar, también es forzoso considerar la historia antecedente, con respecto de la cual el habitar presente es un momento crítico.

Si se repasa la secuencia de operaciones implicadas por la acción del habitar, se observa un conjunto vasto de prácticas sociales diversas que pueden clasificarse, en forma no necesariamente taxativa, en prácticas de concepción, de proyecto, de construcción y de implementación. Este conjunto, ciertamente estructurado, no debe entenderse como una secuencia lineal simple, sino como un entramado complejo.

Las prácticas sociales de concepción del habitar vuelven manifiestos los estilos de habitar que resultan en concepciones de lo correcto, lo adecuado, lo oportuno y lo deseable. Podría pensarse que las concepciones del habitar son puras efusiones intelectuales, imaginarias u oníricas, pero hay que considerarlos prácticas sociales en tanto informan efectivamente a demandas sociales explícitas.

Las demandas sociales genéricas en pos de una vivienda adecuada, digna y decorosa deben ser materia de especificación, transformándolas en exigencias claras y terminantes. Por otra parte, las demandas de condiciones ambientales adecuadas y dignas en los lugares de trabajo suponen un aspecto de la lucha sindical como práctica. La incipiente reivindicación del derecho a la ciudad debe encontrar expresiones específicas y esta labor no se reduce a una ilustrada elaboración intelectual, sino que configura una forma de activismo social.

Por su parte, las prácticas sociales de proyecto del habitar son prácticas en que se manifiestan en la acción las demandas sociales explícitas e implícitas acerca del habitar. A diferencia de las prácticas de concepción, las prácticas de proyecto transforman las demandas sociales en proyectos concretos dirigidos a la realización de las condiciones sociales, económicas y políticas que hagan posible la satisfacción de estas demandas. No siempre las prácticas de proyecto son precedidas necesariamente por prácticas conscientes y plenas de concepción: las prácticas de proyecto se encuentran relativamente más claramente configuradas y difundidas en el cuerpo social que las prácticas de concepción.

Las prácticas de proyecto aparecen más claramente perfiladas en la realidad social toda vez que son prácticas que se han abierto camino con más o menos suceso. Son prácticas que se han mostrado eficaces al articular ciertas demandas con ciertas condiciones sociales, económicas y políticas que ofrecen unas soluciones palpables tenidas como relativamente satisfactorias. Sin embargo, ante las contradicciones que se observan en tales prácticas éstas se beneficiarían de un examen a fondo de las prácticas de concepción implícitas en los modelos ya sancionados en la experiencia social.

Las prácticas sociales de construcción del habitar son prácticas que se manifiestan en la acción transformadora material y energética del ambiente, a través de la articulación de deseos, representaciones y demandas con la cultura tectónica del lugar. Estas prácticas están fuertemente ligadas a las prácticas de proyecto y suponen una transacción entre las demandas y las posibilidades efectivas. Implican la concreción material de la solución a la habitación.

Por imperio de las condiciones tardocapitalistas de producción, ciertas prácticas sociales de producción se ven reemplazadas por acciones de consumo mercantil. Se crean especiales condiciones del mercado inmobiliario sostenido por la iniciativa empresarial, dirigido a un público tanto inversor como consumidor. En estos casos, las prácticas sociales de concepción ya no se originan en el habitante, sino son objeto de interpretación por los agentes inmobiliarios que ajustan y perfilan sus ofertas a ciertas formas de demanda.

> *Las decisiones económicas en materia de vivienda -tales como comprar o alquilar, comprar una unidad usada o nueva y, en este caso, una casa tradicional o una casa industrial- dependen, por un lado, de las disposiciones económicas (socialmente constituidas) de los agentes, en particular de sus gustos, y de los medios económicos que pueden poner a su servicio; por el otro, del estado de la oferta de viviendas. Pero los dos términos de la relación canónica, que la teoría económica neoclásica trata como datos incondicionados, dependen a su vez, de manera más o menos directa, de todo un conjunto de condiciones económicas y sociales producidas por la "política de la vivienda"* (Bourdieu, 2000)

Por su parte, las prácticas sociales de implementación del habitar son las que demandan una inicial atención teórica, ya que se aplican manifiestamente en la conducta habitable. Los lugares habitados son objeto de una práctica que, en general, puede entenderse como apropiadora. Al hacer propios los lugares, los habitantes consuman material, funcional y simbólicamente la arquitectura del lugar. Puede decirse que las prácticas que anteceden a ésta son prácticas puramente propiciadoras y que, mediante la implementación, el habitar se manifiesta en una efectiva realidad.

Mediante el habitar como práctica social, los habitantes conforman sus lugares en tanto los conciben y representan en diversos modos, los proyectan y diseñan con diferentes formas y contenidos, los construyen con variados recursos y modos de producción; finalmente, en un estadio en donde todo vuelve a comenzar, los lugares son efectivamente implementados. Sin embargo, la enumeración secuencial no es más que una racionalización que debe ser sustituida por la comprensión de las interacciones mutuas entre las prácticas de distinta naturaleza. El panorama de las prácticas sociales del habitar, es variado, complejo y también contradictorio. El examen de esta complejidad no hace otra cosa que comenzar, en la estela de estudios sociológicos como los de Álvaro Portillo, (2010).

Cabe entonces plantearse las cuestiones presentadas por Adela Cortina y que en este presente trabajo ya han sido adelantadas. La primera pregunta es: *"¿qué podría significar el término «excelencias» en una sociedad inmisericorde y competitiva?"* (Cortina, 1986: 139). En nuestro contexto someter a crítica rigurosa la idea de excelencia arquitectónica en su relación a quiénes y cómo se las implementa, tanto en la habitación como en otros aspectos. Una sociedad inmisericorde y competitiva promueve una falaz idea de la excelencia como raros y exclusivos logros reservados a ciertos sectores sociales, a la vez que promueve la segregación socioespacial de los distintos.

La segunda cuestión es: *"¿cuáles serían las virtudes envidiadas por una sociedad consumista, estratégica y corporatista?"* (Cortina, 1986: 139). Hay que preguntarse aquí si una sociedad así caracterizada tiene alguna virtud envidiable. Si el habitar, como práctica social consuma la arquitectura del lugar, el mero consumo es una conducta pobre, tanto en su perspectiva ética como en su vivencia humana. En todo caso virtudes como la adecuación, la dignidad o el decoro sólo tienen verdadera cabida en un marco social que integre la producción social del habitar a sus habitantes como destinatarios recreadores y no como simples consumidores.

Por fin, la última cuestión reza: *"¿cuál sería el ideal de felicidad, el ideal de una imaginación bombardeada por todo género de propaganda?"* (Cortina, 1986: 139). A esto cabe responder preguntándose si toda propaganda, que bombardea la imaginación —y esto sólo es posible si se sitúa enfrente del sujeto y opuesto a éste— podría engendrar un ideal de felicidad propio del sujeto. Planteada así la cuestión, no cabe duda que para dar con algún ideal genuino de felicidad no hay otro modo éticamente aceptable que situarse en el interior del sujeto, promoviendo que sea éste y sólo éste, el que elabore por su cuenta el ideal de felicidad. Luego de ello, cabría esperar una situación ética dialógica, no necesariamente ideal, pero sí operativa, donde los iguales confronten y consensuen conceptos críticos sobre la felicidad social.

El repaso siquiera sumario de las prácticas sociales del habitar resulta en algunas emergencias que es necesario consignar a continuación.

En primer lugar, la presentación de las prácticas sociales de concepción del habitar ponen en especial relieve el valor intrínseco del deseo y del sueño: los lugares efectivamente habitados han sido, previamente, *lugares soñados*. No nos merecemos un lugar al que sólo accedemos a título de advenedizos. Por ello, damos con un lugar que hemos entrevisto; llegamos a un lugar que antes hemos previsto, no en sus detalles de emplazamiento, sino en su carácter de *proyecto*. El sueño del lugar es aquella construcción previa y necesaria que nos permite reconocer el sitio recién cuando llegamos a su revelación efectiva. Un lugar soñado es, en definitiva, una prefiguración que se verifica en la ocupación del lugar. Esta prefiguración es necesaria para que podamos llevar a cabo la operación compleja, pero crucial, de transformar un sitio físico en un lugar abierto a la experiencia vital de habitarlo.

Indagar en las prácticas sociales de concepción del habitar exige el auxilio de la psicología profunda. En efecto, es necesario analizar honda y sistemáticamente el sustrato del deseo de habitar. No basta con recabar demandas concretas y explícitas sobre las condiciones exigidas a los lugares habitados. Se impone indagar en las pulsiones elementales que sirven de fundamento primordial a las imágenes que necesariamente aparecen falazmente racionalizadas cuando emergen en el discurso consciente.

Es preciso indagar sobre los fundamentos originarios tanto en la conciencia de los sujetos, como en las condiciones históricas que los constriñen, complementado con una revisión a fondo de las representaciones operativas actuales. Porque el aspecto del lugar digno de habitarse no se encuentra en el genio del artífice, *sino en el psiquismo del habitante*.

En un segundo lugar, la consideración sobre las prácticas sociales del proyecto del habitar conduce a afrontar una tarea social destinada a una honda resignificación. Y esto, porque el proyecto tiende a pensarse como labor y prerrogativa privativa del profesional arquitecto, cuando siempre y en todo caso no se trata de otra cosa de una labor hermenéutica. *El hombre empieza por existir, es decir, que empieza por ser algo que se lanza hacia un porvenir, y que es consciente de proyectarse hacia el porvenir*, dice Sartre. El habitar, condición humana que transforma meros sitios en lugares, también empieza por existir, lanzado hacia un porvenir. Habitar es un proyecto en donde se superponen no siempre punto por punto los sueños, los proyectos y la efectiva realidad de hombres y lugares.

El compromiso arquitectónico refiere no ya a un designio individual propio del talento creativo de un artífice, sino a una adecuada y respetuosa interpretación del proyecto del comitente habitante, acompañada con una decidida labor de estímulo y colaboración racional y humanista para la consecución constructiva de tal proyecto. Es que los lugares soñados deben hacerse posibles, porque no se tratan de vanas fantasmagorías del deseo sino de lugares a alcanzar con el esfuerzo. No basta con soñar el lugar: también es preciso despertar y comprobar su carácter conforme.

Por último, hay que rendirse a la evidencia de que cada habitante, en su concreta implementación habitable de su lugar, constituye una realidad mucho más rica y compleja que la de un simple usuario. Reducir la condición del habitante a la de un usuario es una operación análoga y bastante conectada con la subsunción del sujeto en un consumidor. La consideración positiva de la implementación habitable muestra que el habitante concreto no se limita a consumir la arquitectura, la ciudad y el territorio, sino que los consuma.

En efecto, ni la arquitectura, ni la ciudad, no los territorios son lugares sin la consumación material, funcional y simbólica que realiza el sujeto habitante. El habitante es el que, con su presencia, estancia y tránsito le confiere valor intrínseco, de usos y simbólicos tanto a las cosas construidas, como a los órdenes y escalas superiores del hábitat. Una cosa construida, para advenir arquitectura, debe ser dotada de sentido preciso y concreto por quienes la habitan. Edificios, calles, plazas y parques constituyen ciudad sólo por el otorgamiento de significados urbanos por la comunidad que los puebla. La tierra acaece como territorio por el imperio concreto de sus moradores.

## 3.5 AXIOLOGÍA DEL HABITAR

Puede considerarse que existe, desde un punto de vista evolutivo, un núcleo primitivo de valores en el habitar. Seguramente, uno de estos valores es el de la *seguridad*.

En principio, es necesario considerar la seguridad física elemental que brinda el lugar habitado en lo que toca a riesgos vitales: violencia, incendio, derrumbes. Se trata de un aspecto muy básico y primitivo, pero insoslayable. También la seguridad tiene aspectos sociales y jurídicos. Se espera, de un punto de vista primordial, que los lugares habitados constituyan territorios a salvo de intromisiones indebidas de terceros y que exista un regular y reconocido estatuto de uso, goce y hasta de propiedad. Por último, hay aspectos simbólicos que es necesario considerar. El valor de la seguridad es tanto un valor propio de las condiciones materiales y energéticas del lugar, así como es un signo, en donde la configuración resulta segura y se significa como tal.

En el habitar humano, el resguardo o refugio es un aspecto elemental y primitivo. Supone una instancia de mínimo ajuste en la articulación del lugar, de un sumario acondicionamiento, de un leve ajuste en las reglas de juego. De todas maneras, se constituye un lugar: la presencia humana, por más avara que sea en manifestaciones, consigue volver a un mero sitio una arquitectura habitada. Siempre constituye algo más sofisticado que una simple y animal guarida, aunque puede ser ejemplarmente leve. Conviene detenerse en tales sutiles efusiones de la condición humana en la constitución de lugares.

Abandonarse al sueño es tarea delicada. Antes que las comodidades de un lecho suave, debe asegurarse el cobijo de la confianza. A las condiciones físicas adecuadas les acompañan de cerca sentimientos de seguridad y reserva. Por ello, el lugar del sueño tiene carácter sagrado, tanto como es habitual. Quizá sea oportuno poner en peculiar valor esos sitios que acarician el cuerpo en forma tan recurrente como callada.

Rodeando el núcleo primitivo de valores en el habitar, existe una esfera axiológica relativamente más evolucionada. Esta esfera incluye a valores tales como la *sustentabilidad*.

Tal como se la entiende actualmente, la sostenibilidad del hábitat se despliega en aspectos ambientales, sociales y económicos. La sustentabilidad ambiental es el aspecto que versa sobre las relaciones entre el hábitat humano y el ambiente que lo vuelve posible. Este valor está fundado en la prosecución de un equilibrio dinámico que asegure el desarrollo futuro de la vida humana en un ambiente que regenere constante y durablemente las condiciones propicias a la vida. La sustentabilidad económica supone la correspondencia entre el desarrollo económico orientado en términos de viabilidad ambiental y equitativos desde el punto de vista social. En este sentido, la sustentabilidad económica del hábitat aparece fuertemente condicionada por los mecanismos de redistribución de la riqueza y de la provisión de pleno empleo. Por su parte, la sustentabilidad social apunta, como valor, a la consecución de la justicia social, la plena integración de los sujetos en el entramado social y la no discriminación generalizada. Esta esfera envolvente de valores supone un paso crucial desde el núcleo axiológico primitivo y la plena realización humana de los valores del habitar.

El cierre superior de las esferas axiológicas implicadas por el habitar lo constituye una esfera superior de síntesis que da cuenta de los *valores plenos de la condición humana*.

Los valores superiores propios del habitar suponen una reelaboración crítica de los valores puestos de manifiesto en relación con las condiciones de vivienda: *adecuación*, *dignidad* y *decoro*.

- En lo que refiere al habitar, que comprende, como referente una dimensión mucho más general e integral que la vivienda, el valor de *adecuación* debería reformularse en la expresión *magnitud conforme*. La magnitud conforme de los lugares para habitar es el conjunto de condiciones físicas que deben reunir para constituir lugares adecuados. Se entiende magnitud conforme por considerar la magnitud que conviene a las personas dada su constitución, diferenciándose de las determinaciones de estándares mínimos, de carácter y origen tecnoburocrático.
- Por su parte, el valor de *dignidad* proviene de la propia condición humana. Puede considerarse que ser humano es constituir una situación en los lugares ocupados o poblados, con lo que los lugares son condignos con los sujetos que los habitan.
- El tercer valor puesto en juego, es el del decoro, esto es, la adecuación de la forma final y acondicionamiento pleno del lugar con que la dignidad del habitante no sufra menoscabo, ni estigma, sino plena identificación.

Los valores de magnitud conforme, dignidad y decoro rematan la esfera axiológica propia del habitar la humanidad sus lugares.

*El decoro exige que un edificio no tenga ni más ni menos magnificencia que la que conviene a su destino.* (Marc-Antoine Laugier, 1755)

Todo lugar que oficie de morada del hombre debe ser condigno de su condición. El decoro no debe considerarse un añadido facultativo sino el ajuste de la forma a la dignidad del sujeto habitante. Y conviene repasar a fondo la magnitud de esta dignidad en lo que se expresa en la situación en los lugares. Así, la conveniencia es un ajuste que se promueve desde la dignidad del sujeto y se expresa en aspectos formales del lugar tales como las dimensiones, las proporciones, el equipamiento y el carácter identificador. Toda constricción extraña de tales aspectos constituye un estigma, que sustituye a una cabal expresión de la dignidad propia del sujeto. Lo que está en juego con el decoro de la morada del hombre es el principio de libertad, expresada en autodeterminación.

La burguesía ha edificado una concepción del decoro en torno a la dignidad del poseedor. Esta dignidad aparece despojada de todo eufemismo en la fórmula *tanto tienes, tanto vales*. Por eso, gran parte de la ética-y-estética burguesa radica en la acumulación metódica. Esa acumulación es resultado, del trabajo, del ahorro y de la previsión, virtudes burguesas por excelencia y que se denotan en sus resultados en lo que resulta de una inversión considerable en su monto y lograda en su valor material y simbólico.

En la actualidad se imponen en el imaginario social formas no burguesas del decoro que darán lugar a otra ética-y-estética que aún no emerge con claridad. No se trata en este caso, de una acumulación metódica, sino de un consumo fluido y ensañado. La economía de la actualidad se sustenta en el consumo generalizado de masas, prolifera el endeudamiento financiero y ha desaparecido la previsión como virtud ya que el horizonte se desplaza cada vez más rápido hacia ninguna parte. ¿Qué formas de ética-y-estética y del decoro se darán lugar en reemplazo de la aún fantasmática burguesa?

*El Decoro es un correcto ornato de la obra., hecho de cosas aprobadas con autoridad* (Vitruvio I. II, 18)

La idea del decoro se ha desdibujado tanto como la idea conexa de ornato. En efecto, se tiene, por lo general al ornato como un adorno contingente y agregado con fines de embellecimiento facticio. Si esto fuese siempre así, en el texto vitruviano resultaría algo incongruente el adjetivo correcto, si uno entiende este término en el sentido de debido u obligado. Puede entenderse el ornato como la terminación o acabado final de la forma que resulta correcta, debida u obligada en consonancia con el contenido del que es portadora. En otras palabras, el ornato no es facultativo, sino es resultado de una correcta expresión condigna de la producción arquitectónica.

Así, la forma debe recibir un correcto acabado para resultar un adecuado significante emergente de la condición digna de la obra. No es un gesto sobre elaborado, sino es la determinación final de la forma lo que cuenta. En este sentido, los lugares habitados deben resultar decorosos en toda ocasión donde sea imperativo expresar arquitectónicamente la dignidad de la obra y de la condición de sus habitantes.

Desde este punto de vista ¿acaso alguien puede suprimir el ornato necesario allí donde no apremie la consideración de dignidad? Puede que mucho ornamento sea suprimible, pero no sucede lo mismo con el ornato.

Los principios de la revolución francesa (libertad, fraternidad e igualdad) son los fundamentos éticos de las tres principales demandas sociales acerca del hábitat: adecuación, dignidad y decoro.

- El principio de igualdad constitucional de los seres humanos sustenta las especificaciones de adecuación física, psicológica y social de los sitios habitados.
- Por su parte, la fraternidad o solidaridad humana es el fundamento de la demanda de lugares dignos para habitar.
- En fin, es la libertad atribuible a todos los seres humanos la que respalda la demanda social por lugares decorosos.

Todo hace sospechar que estas tres demandas principales contornean el horizonte legítimo de exigencias sociales sobre el hábitat.

El *juicio del confort* tiene al cuerpo como instrumento de medida.

Se trata de evaluar una pérdida controlada del calor corporal a través de la piel, constante y moderada. Este flujo regular de calor está garantizado tanto por la temperatura cuanto por la velocidad del aire. Por otra parte, también es necesaria una tasa regular de transpiración, con lo que la humedad relativa del aire tiene su importancia. Por su parte, los músculos miden la fatiga relativa y diferencial de cada región del cuerpo, según la postura que se le imponga. El modo en que se pone en contacto el cuerpo con toda superficie de apoyo es un importante valor de confort. A través de los sentidos se verifican las calidades de los niveles lumínico y acústico, así como se aprecia la situación osmotópica del ambiente.

Todas las sensaciones se sintetizan superiormente en la conciencia, en donde se asocian complejamente con emociones y sentimientos. De todo ello procede un juicio expreso o tácito de confort. Este juicio de confort es crucial en la axiología implicada por el habitar. Es significativo cómo en la crítica arquitectónica al uso los juicios de confort escaseen, desplazados sea por juicios sintéticos de gusto o ya por juicios analíticos dominantemente visuales.

Por lo general, para dar con la fisonomía general de un edificio, nos contentamos con apreciar sus masas y sombras según se perciben desde el exterior. Pero el conocimiento íntimo y propiamente arquitectónico de un lugar sólo se consigue con el recorrido del lado de adentro. De este lado del edificio, lo que cuenta, en principio, es el roce de la superficie interior de la arquitectura con la piel que toma debida nota de texturas, contornos y calores específicos y superficiales. Así, se ponen en contacto directo la piel sensible de la arquitectura y una superficie sensitiva mayor del cuerpo. Allí donde la piel agradece el confort, la arquitectura cumple con su cometido principal.

La interacción de estas pieles promueve una profunda erótica que no debe faltar en una completa Teoría del Habitar. Gran parte de las solicitaciones de confort pretenden ser satisfechas con ingeniosos dispositivos que responden, por lo general, a las órdenes de un mando a distancia. Estas presuntas soluciones banalizan el sentido del confort que le exigimos legítimamente a nuestros lugares habitados. La construcción y el diseño arquitectónico producen desatinos ambientales que son corregidos con dispositivos acondicionadores que consiguen un relativo bienestar a costa de ingentes gastos energéticos.

La locución *"buena vida"* suele asociarse a la opulencia y al consumo refinado.

Cuando se piensa en un sujeto *que se da la buena vida*, se piensa en alguien con amplios recursos materiales y que dispone de todo aquello en versiones de excelencia: residencias, vehículos, comidas, vestimentas y cosas de similar tenor. Esto conduce a pensar que una buena vida es una condición predicable de unos pocos, pues son, necesariamente, escasos los opulentos y sofisticados consumidores de productos excelentes. Pero no se suele pensar en el contexto. En efecto, se piensa en ciertas modalidades de vida, que por escasas y muy envidiables deberán alojarse distantes, allá, hurtándose de la vista recíproca de toda la humanidad más o menos deprivada. Esa distancia social lleva antes o después al confinamiento en zonas exclusivas, en barriadas selectas, en sofisticados ambientes habitados. Cabe pensar si es, en verdad, una buena vida deseable aquella que deba ser confinada más allá de la abrumadora mayoría social.

La primera operación del buenviviente es *soñar* su buena vida. Una buena vida es, en primer lugar y necesariamente, una vida soñada, esto es, una vida es un proyecto de esta vida buena. Ese proyecto es producto de una honda y entrañable introspección que da, por sus propios medios, con la sustancia del propio deseo. No es una efusión cualquiera de un fantasma ajeno e inducido por los mercaderes que acechan a su consumidor equívoco y sometido. Es una consecuente autoconstrucción de subjetividad propia e intransferible.

La segunda y recíproca operación del sujeto es alcanzar con su esfuerzo denodado y persistente la *situación efectiva* que se ha proyectado. El proyecto no es una pura ensoñación, sino una consecución, una consumación de la vida del hombre en la situación vital que ha merecido por su esfuerzo y dirigido por el designio del deseo. Si los sujetos sueñan, lo hacen con realidades que puedan contrastarse. En pocas palabras;

*El lugar que merecemos habitar es un lugar soñado en donde valga la pena el despertar.*

## 3.6 EXISTENZMINIMUM Y TAMAÑO CONFORME

Una de las joyas del productivismo arquitectónico es la concepción de *existenzminimum*, fruto conceptual operativo de lo que se ha caracterizado como racionalismo arquitectónico.

El existenzminimum es, en principio, una *noción* promovida en el contexto de la primera postguerra mundial en Europa, en donde se verifica una aguda crisis habitacional. Dicha noción aparece como respuesta del pensamiento arquitectónico profesional ante una crisis interpretada como un concreto déficit en los alojamientos populares. Ante tal situación y con una interpretación determinada de ésta, se buscan unos nuevos tipos de alojamiento, en un intento por conseguir unas adecuaciones esenciales conseguidas con parámetros económicos mínimos.

Como fruto de la elaboración teórica de esta noción, emerge una *idea* de existenzminimum. Esta idea o representación apunta a una referencia proyectual (viviendas populares modernas) con un significado expresamente desarrollado: optimizar la inversión social en unidades de vivienda adecuadas realizadas en óptimas condiciones económicas, en términos de eficacia, eficiencia y rapidez. Se apuntó a la reducción de áreas y volúmenes construidos, a la búsqueda de procedimientos constructivos expeditivos y a la reducción de costos.

La práctica proyectual, constructiva e inmobiliaria, por su parte, dan lugar al *concepto operativo* de existenzminimum: un significante —vivienda social moderna—, un referente arquitectónico —un alojamiento racionalizado a título de vivienda— y un significado —*una unidad de habitación adecuada y completa reducida a su conformación esencial y necesaria*—. Ernst May interpreta a su modo la demanda social popular.

*Procuradnos viviendas que, aunque pequeñas, sean sanas y habitables y ante todo facilitadlas con alquileres asequibles.* (May, 1929)

He aquí un primer pecado original: haber interpretado de esta manera la demanda social. En primer lugar y en las condiciones sociales e históricas imperantes allí en esa circunstancia, puede señalarse:

La respuesta de una sociedad mercantil-capitalista a la demanda es una-cosa-con-valor-de-mercado, esto es, una *mercancía a título de vivienda*. Desde la perspectiva actual, lo que necesita la población son *lugares en donde vivir*, más que simples viviendas. Hay una concesión indebida al economicismo en la expresión, *aunque pequeñas*. En buen romance, *baratas* o, peor aún, *abaratadas* en tamaño o en calidad y duración. Quizá se sospechara que la residencia burguesa era excesivamente holgada; lo cierto que se buscaban mínimos tolerables. En la actualidad, es exigible el *tamaño conforme*, más que mínimos estigmatizadores. Otra condición de hierro del sistema: *accesibles por alquileres bajos*. Esto conduce, antes que a la accesibilidad social, al abaratamiento del producto en ubicación urbana, calidad constructiva, durabilidad y estigmatización simbólica.

Examinemos ahora otro esclarecedor pasaje de la ponencia de Ernst May:

> *Aun hoy es extraordinariamente difícil para muchos arquitectos comprender que en la construcción de viviendas, el aspecto exterior de los volúmenes y la distribución de las fachadas no debe ser considerados como los principales tareas de los arquitectos, sino que la parte más importante del problema es la construcción completa de la célula individual de vida y que a ellos les corresponde, además, la tarea urbanística de incorporar a la imagen de la ciudad la suma de estas células de vivienda, es decir el barrio, para que de este modo se creen las mismas condiciones favorables para cada elemento individual de vivienda.*

Aún en pleno siglo XXI, los arquitectos que optan por proyectar y construir vivienda popular abrevan en estas fuentes. Hay que observar:

Es comprensible que el estudio de la distribución en planta reemplazara a cierto ocioso *fachadismo* finisecular. Ahora, el aspecto general de las construcciones de alojamiento popular no está condenado necesariamente a la pobreza compositiva o a la supresión total del diseño. Por otra parte, de este pasaje se extrae el equívoco todavía vigente que confunde un *complejo* habitacional —agregado de viviendas— con un *barrio*. Equívoco fatal que destroza la trama histórica de la ciudad, a golpes de buena voluntad *viviendista*.

Ernst May ha formulado, con ejemplar claridad, un conjunto de nueve proposiciones que han resultado peculiarmente eficaces para la consolidación y desarrollo del concepto operativo de existenzminimum:

*1. El orden de las habitaciones se distribuye de manera que las tareas domésticas sean posible con un mínimo de esfuerzo. Circulaciones innecesarias se evitan y las partes más importantes de las viviendas están tan equipadas como sea posible.*

Fue así que desaparecieron los vestíbulos, las antecámaras, los espacios umbrales. Los estrechos pasillos se vuelven singulares dispositivos articuladores, a la vez que se minimizan sus dimensiones. El imperativo de que las partes más importantes de las viviendas estén tan equipadas como sea posible lleva al estrechamiento de los ámbitos en torno a las cosas de vivir. Todo esto en pos del estrechamiento abaratador: las tareas domésticas no resultan más aliviadas con la falta de espacio, por cierto. Los arquitectos adoptamos con torvo convencimiento la consigna de racionalizar y minimizar. Por otra parte, la legislación y la reglamentación en referencia a las viviendas populares o de interés social transforman los mínimos en normas.

*2. Los seres humanos no son máquinas de pensar por lo que la vivienda tiene que ser construida para satisfacer emocionalmente al individuo. Esto no sólo se logra mediante la distribución de cada habitación, sino también consiguiendo luz y el sol para la vivienda.*

No se puede evitar coincidir con esto de que la vivienda tiene que ser construida para satisfacer emocionalmente al individuo.

Pero la luz y la irradiación solar son necesarias, en principio, por razones higiénicas de adecuación y no son necesidades puramente psicológicas. Este punto ha conducido al perfilado de especificaciones más precisas sobre la categoría de la adecuación en la vivienda. Por su parte, la satisfacción emocional parece un designio algo impreciso para ilustrar una norma.

> *3. La distribución de las viviendas multifamiliares se debe hacer de manera que los dormitorios reciben la luz de la mañana (naciente), y la sala de estar la luz de la tarde (poniente). Si es necesario construir calles en sentido este-oeste se debe usar solo las tipologías de tipo norte.*

Esta obsesión por la orientación conduce a rotar las plantas hasta encontrar la disposición correcta, luego, buscar la manera más sencilla de asociar las unidades de vivienda entre sí. La conclusión inevitable es que lo mejor es disponer bloques o tiras de vivienda orientadas regular y óptimamente y así, desentenderse de la trama urbana preexistente.

> *4. La sala de estar no solo es el principal espacio de recreo de la familia, sino que también es el espacio más grande de la casa. Usar una parte de la sala para la preparación de alimentos es totalmente rechazado. Los alimentos se deben preparar en una pequeña cocina en una habitación separada y esta debe ir conectada a la sala de estar de manera que haya una distancia mínima entre la preparación de alimentos y servir la comida en la mesa del comedor.*

Puede observarse que, en la residencia popular autoconstruida, se suele reservar esta función de recreo y reunión de la familia en un comedor amplio directamente vinculado a la cocina, que permite una intensa interacción entre quien cocina y su parentela. Por el contrario, el lugar reservado a las escasas visitas suele ser un ambiente puramente formal y reservado a muy contadas ocasiones. Los arquitectos modernos apretaron en pequeños recintos los salones y comedores burgueses sin advertir las variantes de estilo de vida popular. Por otra parte, inventaron, con la famosa *Frankfurter Küche*, la cocina-cápsula-mínima en que aún hoy cocinamos.

> 5. *La cocina tiene sus componentes propios que aseguren el uso racional de la pequeña cantidad de espacio dado. La distribución de cada una de sus partes debe ser hecha pensando en una sabia solución al trabajo de la cocina.*

Una idea ciertamente fructífera que se sustenta en un círculo: la cocina es sólo un lugar de trabajo porque dispone de una pequeña cantidad de espacio dado y es pequeña porque sólo es un lugar de trabajo. Más que argumentos racionales, se alían y confabulan dos presiones socioeconómicas: la minimización del espacio y el incremento de la productividad doméstica.

Mientras que en las antiguas cocinas reinaba la progenitora con su corte de parientes convocados por los aromas de la comida, emblemas de la domesticidad, en la cocina moderna impera un orden higiénico optimizado para el trabajo solitario y confinado de apenas un operador eficiente.

> 6. *Que los padres duerman con los hijos más grandes debe estar prohibido debido a que ya hay suficientes habitaciones. La separación de los sexos también debe ser un principio fundamental, incluso en los tiempos de mayor escasez de viviendas. Para los recién casados o parejas mayores cuyos hijos ya dejaron la casa un apartamento con dos habitaciones, cocina y accesorios es suficiente. Incluso un apartamento de una habitación de buen tamaño será aceptable. Pero tomando las medidas y controles necesarios para que estos pequeños apartamentos no sean usados por múltiples personas.*

La principal norma de adecuación: el criterio que diferencia la ocupación plena de la residencia del hacinamiento. De todas maneras se desliza la subsunción de los ámbitos de habitación a la función reductiva de dormitorio. De paso, se eliminan de un plumazo todas otras funciones residenciales posibles, tales como los despachos, talleres domésticos o bibliotecas.

> 7. *El apartamento de tres habitaciones es el promedio para las masas de bajos ingresos y este se puede producir de manera apropiada del tamaño de 44 m². Este tipo permite dormitorios separados para padres e hijos. Para familias con más de dos hijos mayores y de sexo diferente, la sala de estar permite acomodarse con un sofá cama. Sería deseable un apartamento de 4 habitaciones, que dispone de una sala de estar y tres dormitorios para los padres y niños de diferente sexo, este ideal no es posible ponerlo en práctica por mucho tiempo. Para familias con muchos hijos se deben desarrollar tipos especiales de apartamentos que proporcionen un máximo de alcobas para dormir en un espacio mínimo. En la mayoría de los casos las familias con muchos niños deberían vivir en viviendas de poca altura de manera que el jardín de la casa se convierta en una extensión de la sala de estar.*

El arquitecto moderno opera como riguroso contabilizador del espacio. ¿Por qué se arriesga —o se atreve— a apreciar por su propia cuenta el carácter apropiado? Si no es apenas el portavoz de Otras Eminencias interesadas en la minimización del alojamiento popular.

> 8. *Ningún apartamento se debería construir sin tener un sanitario propio. Incluso en lo posible, hasta los apartamentos más pequeños deberían tener una bañera de un puesto o una ducha. La bañera y las instalaciones de lavado debería estar entre las habitaciones y ser accesible desde el corredor de circulación.*

¡Retretes y duchas para el pueblo! A cambio de reducir los espacios, tener una garantía de salubridad: de esta negociación entre el sistema capitalista y el proletariado algo van ganando estos últimos. No es por cierto un aspecto menor.

> 9. *todas las viviendas deben tener un sótano y un cuarto de almacenamiento, este último puede estar bajo el techo o en la bodega si se puede garantizar la impermeabilidad. Debe ser evitado el uso del ático para vivir en él en las casas multifamiliares.*

Parece que algo de sensatez subsiste aún. Significativamente, este punto es el más soslayado en la práctica. Así es que los pocos espacios relativamente holgados de la casa, tales como las cámaras que pertenecieron a los hijos que se han emancipado, se destinan a trasteros. Una teoría del decoro, rigurosamente emparentada con el principio ético de la libertad, impondrá, acaso en el futuro, la pertinencia de holguras que desborden las miserias del existenzminimum.

La idea de existenzminimum significó un constreñimiento dimensional y una depuración funcional. A la reducción espacial acompañó de cerca una sensible pérdida de aquellas holguras que permitían la plena asunción funcional y simbólica de los ámbitos habitados. Puede admitirse que las duras condiciones impuestas por la primera posguerra mundial determinaran tales constreñimientos, pero lo cierto es que resultaron funcionales tanto a la especulación inmobiliaria como al desarrollo de políticas sociales de vivienda.

En la actualidad, podría pensarse que las dimensiones y funciones deberían formularse ya no en términos de mínimos, sino de *tamaño conforme*. Eso, si acaso no se ha perdido toda posibilidad histórica de cambiar algo las cosas.

El sentido, tanto crítico como propositivo, de la locución *tamaño conforme* se origina en una revisión conceptual de las condiciones sociales y materiales que han originado la idea de existenzminimum. En primer lugar, nuestro actual estadio civilizatorio nos permite alumbrar otras nociones acerca de lo debido a la habitación del hombre. En segundo término, una nueva noción busca configurar, no sin dificultades, una idea renovada. Y, en fin, esta idea renovada puede advenir, en un futuro relativamente previsible, en un nuevo concepto operativo.

La noción de tamaño conforme no procede de una interpretación sesgada y socialmente interesada de las necesidades humanas. El existenzminimum proviene de una abstracción de las solicitaciones humanas hacia sus lugares de habitación en términos de mínimos de adecuación. Estos mínimos de adecuación provienen de consideraciones economicistas, mecanicistas y sesgadamente racionalistas. Un cóctel de naturaleza ideológica, deudor en definitiva de la ideología dominante que predica *lo que las personas necesitan* sin interrogar a fondo a lo que éstas mismas demandan.

Por su parte, la noción de tamaño conforme procedería de la indagación concreta de las demandas a través de indagaciones que tengan a la participación social como método heurístico. En el estado actual de la cuestión, sólo es posible detectar un estado claro pero no suficientemente esclarecido de disconformidad generalizada y de fenómenos más o menos agudos de una crisis de habitabilidad ciudadana que apenas son un emergente social crítico.

Para la forja de una idea clara, así como de un concepto operativo eficaz de tamaño conforme es preciso dedicarse a indagar espeleológicamente en las honduras del deseo social, entendido y respetado como derecho humano y social fundamental portado y ejercido por cada persona a título de habitante.

## 3.7 DE LA POLÍTICA DE VIVIENDA A LA POLÍTICA DEL HABITAR

En principio, el término 'política' nombra una realidad social rica en contenidos y compleja en su desarrollo temático que comprende tanto los estratos superiores de la estructura de una comunidad más o menos compleja tanto como los más íntimos pormenores de la actividad social más específica. Parece oportuno trazar un corte taxonómico muy general entre el primer grupo de significados, que serían designados bajo la forma Política, en singular y con mayúscula; diferenciado del segundo grupo de sentidos, a los que abarcaría más propiamente la forma *políticas*, en plural y en minúscula. A la Política le incumbe principalmente el ejercicio del poder, la construcción y recreación constante de la figura y el contenido del Estado y el ejercicio cabal de la ciudadanía como derecho, compromiso y obligación cívica. A las políticas les compete la deliberación, los planes y directrices de la acción de las actividades humanas cuando estas implican el concierto intersubjetivo.

El ejercicio del poder político tiene mucho de arquitectónico. Gobernar, esto es, disponer planes y directrices en la vida de una comunidad supone un ordenamiento de fines, en donde los reputados como principales dominan sobre los considerados secundarios. Quien gobierna, urde un proyecto y construye en consecuencia, organizando las fuerzas sociales tras la consecución de ciertos objetivos. El ejercicio del poder consigue conferir una forma contingente a la realidad social. Las decisiones cruciales sobre dónde, cuándo y cómo poblar un territorio son tanto políticas como arquitectónicas y urbanísticas.

Existe un ancestral gesto arquitectónico y político que estriba en articular el espacio en las categorías de privado y público. La "ciencia regia" platónica tiene en el espacio público su escenario, su territorio, su más o menos compleja red de ámbitos. El disciplinamiento de las conductas privadas tiene una decidida y clara expresión en el decoro ciudadano: los ámbitos particulares se acomodan según precisas improntas en torno al sistema público de espacios. No hay proyecto político, realista o utópico, que no busque el modo de expresarse mediante formas en el lugar, sea un palacio, una plaza, un templo o, en la forma más consumada, una ciudad más o menos ideal, sueño de un poder omnímodo.

> *El fenómeno urbano también ha sido percibido a través de la invención de ciudades ideales, que son innumerables. Más aún: todo aquel que ha querido prever cómo sería una sociedad futura casi nunca ha imaginado un país, ni una sociedad rural, ni una sociedad global. Ha previsto una sociedad perfecta en el ámbito de la ciudad. Esto es lo que hace Platón: una ciudad.* (Romero, 2009: 124)

La arquitectura del hábitat es, por un lado, la expresión del poder efectivamente ejercido, por otro, es la impronta organizativa del espacio y el tiempo que ocupa la habitación social del ambiente, a la vez que testimonia una formación perdurable del escenario de concierto y disputa social y política. Pueden establecerse dos tesis principales para definir la alianza solidaria entre la arquitectura y la política, a saber:

1. Todo proyecto arquitectónico es una expresión de un proyecto social que le otorga sentido, oportunidad y pertinencia políticos.
2. La arquitectura es una manifestación concreta y particularmente señalada de una operación política estratégica sobre el espacio y el tiempo

De esto se sigue que existe una entrañable relación entre la Política y la arquitectura, en correlación análoga a la relación entre la Política general y las políticas particulares. Esto no quiere decir que la arquitectura y las políticas particulares sigan siempre a la Política, sino que deben verse también contradicciones y disarmonías especialmente significativas. Por otra parte, se especifica entre los efectos de la Política en singular tanto como de las políticas particulares una expresión arquitectónica peculiarmente interesante para el análisis.

Desde la perspectiva de la Teoría del Habitar se advierte en la actualidad un panorama plagado de insuficiencias conceptuales e inconsecuencias prácticas, fruto de un desarrollo histórico que ha transformado la materia compleja de la constitución de una política del habitar en unas sobresimplificadas políticas de vivienda.

## 3.8 DEL "PROBLEMA DE LA VIVIENDA" AL DERECHO A LA VIVIENDA Y A LAS POLÍTICAS ESPECÍFICAS

> *Pero, ¿de dónde procede la penuria de la vivienda? ¿Cómo ha nacido?*
> FRIEDRICH ENGELS, 1873

La modernización capitalista de la sociedad trajo consigo un considerable impacto sobre la ciudad tradicional. La abolición de la esclavitud y el surgimiento del proletariado urbano liberaron amplios contingentes populares del alojamiento tradicional en las casas familiares burguesas. Por otra parte, el desarrollo tanto de los medios de transporte como la liberación al ingreso de migrantes hizo afluir en ciertas ciudades grandes contingentes sociales. En el campo, por su lado, las transformaciones productivas y el cercamiento de los predios expulsó del ámbito rural a grandes grupos de desposeídos, volcándolos también a las ciudades. (Cf. Conti de Queiruga, 1971: 7)

> *La ciudad finita, tal como había llegado a existir en Europa a lo largo de los quinientos años anteriores, quedó totalmente transformada en el espacio de un siglo por la interacción de diversas fuerzas técnicas y socioeconómicas sin precedentes, muchas de las*

cuales aparecieron por primera vez en Inglaterra durante la segunda mitad del siglo XVIII. (Frampton, 1981: 20).

Uno de los aspectos que demandó inicial atención fue el denominado "problema de la vivienda", entendido por tal el alojamiento de esta población pobre, proletaria y migrante. Este problema fue afrontado por la economía liberal de la época mediante la provisión siempre insuficiente, precaria y antihigiénica de soluciones de alojamiento tales como los slums europeos o casas de inquilinato y conventillos en el Río de la Plata. Allí la lógica socioeconómica imperante condujo a la sobreexplotación del espacio y a la provisión de deplorables condiciones de higiene y salubridad.

> *La época en que un país de vieja cultura realiza esta transición —acelerada, además, por circunstancias tan favorables— de la manufactura y de la pequeña producción a la gran industria, suele ser también una época de «penuria de la vivienda». Por una parte, masas de obreros rurales son atraídas de repente a las grandes ciudades, que se convierten en centros industriales; por otra parte, el trazado de aquellas viejas ciudades no corresponde ya a las condiciones de la nueva gran industria ni a su gran tráfico; las calles son ensanchadas, se abren otras nuevas, pasan por ellas ferrocarriles. En el mismo momento en que los obreros afluyen en gran número a las ciudades, las viviendas obreras son destruidas en masa. De aquí la repentina penuria de la vivienda, tanto para el obrero, como para el pequeño comerciante y el artesano, que dependen de la clientela obrera. En las ciudades que surgen desde el primer momento como centros industriales, esta penuria de la vivienda es casi desconocida. Así son Manchester, Leeds, Bradford, Barmen-Elberfeld. Por el contrario, en Londres, París, Berlín, Viena, la penuria de la vivienda ha adquirido en su tiempo formas agudas y sigue existiendo en la mayoría de los casos en un estado crónico.* (Engels, 1887)

De esta manera, el desarrollo capitalista ocasiona unas profundas transformaciones en la ciudad histórica. Esta ciudad se revela como una estructura rígida incapaz de absorber sustentablemente los procesos de transformación socioeconómica de tal modo que manifiesta tanto una general inadecuación funcional, unas carencias notorias de directrices de desarrollo urbano-social armonioso y una emergencia de problemas tales como el especificado en el alojamiento obrero y popular.

La respuesta de la economía liberal imperante fue, como no podía ser de otra manera, el conjunto inconexo de diversas iniciativas especulativas. Por una parte, la ciudad se expande hacia su territorio circundante y por otra se ensayan diversas ofertas de alojamiento popular en donde se abusa de la sobreexplotación del espacio, se ensayan procedimientos constructivos que logren abaratar la construcción y se explotan consecuentemente las rentas inmobiliarias correspondientes.

A los excesos de la especulación con las demandas populares de alojamiento le respondieron, con relativa timidez, cierta normativa y regulación de inspiración higienista, siempre insuficiente. Por otra parte, también concurrieron tanto emprendimientos empresariales de dotación de alojamientos para sus trabajadores —tal como sucedió con la compañía ferroviaria o el Frigorífico Liebig's—, así como iniciativas de cuño filantrópico, como las realizaciones de Rosell y Rius.

Los rasgos dominantes de los productos resultantes de estas prácticas son:

- unas implantaciones más o menos numerosas de alojamientos socialmente homogéneos, en localizaciones funcionales a la accesibilidad a los lugares de trabajo
- unas tecnologías experimentales que buscan el abaratamiento relativo
- unas condiciones austeras en lo que hace a los tamaños y disposiciones arquitectónicas habitables

- unos modos de acceso vinculados a la regularidad en el empleo productivo

A las prácticas empresarias se les yuxtaponen, en la época, las orientaciones de tipo teórico-especulativas tanto de los urbanistas como de los denominados socialistas utópicos. En ambos casos se consideran modelos arquitectónico-urbanísticos alternativos a la ciudad histórica. Mientras que los urbanistas se orientan al rediseño global de los asentamientos humanos, los socialistas utópicos plantean organizaciones sociales alternativas a las existentes alojadas en diferentes estructuras urbano-arquitectónicas. Pero en estas orientaciones queda reservada la idea importante de la integralidad de los problemas del hábitat, cuando las orientaciones políticas dirigidas a la vivienda popular se van restringiendo sólo al alojamiento obrero, soslayando otros aspectos de la habitabilidad.

De esta manera se va delineando la figura de las diferentes políticas dirigidas específicamente a abordar el "problema de la vivienda" de pobres, proletarios y migrantes. Se descuenta que el mercado satisface plena y convenientemente el suministro de residencia para sectores altos y medios. Por otra parte, hacia 1930 en el IV Congreso Panamericano de Arquitectos realizado en Río de Janeiro se declara que *"la legislación sobre vivienda debe ser considerada con criterio de asistencia social que debe suministrar el Estado y no con el sentido de beneficencia con que se hacía hasta entonces"* (Conti de Queiruga, 1971: 13)

Es entonces con parsimonia histórica que nuestros estados terminan por reconocer que el "problema de la vivienda" debe ser afrontado con políticas específicas y positivas. Esto supone que se orientarán recursos de la economía nacional para la promoción de vivienda popular, toda vez que se entienda al desarrollo social como un componente ineludible del desarrollo económico; que se diseñarán marcos normativos apropiados; que se arbitrarán modos y medios productivos a tal fin, con lo que se orientará al sector inmobiliario y a la industria de la construcción; que se preverán mecanismos financieros para asegurar la accesibilidad económica, así como se adjudicarán necesarios subsidios. Con estos componentes se construye una política de vivienda.

En principio puede entenderse que una política de vivienda constituye de suyo una política social. Este carácter social de la política puede aludir a componentes conceptuales básicos tales como políticas contra la pobreza (o contra el empobrecimiento), o bien políticas del bienestar.

En el primer caso, se comienza por reconocer que una vivienda es un activo peculiarmente importante, no sólo por su magnitud económica, sino también por su papel fundamental en el seno de los activos sociales asignados a la habitación.

*Kaztman (2001) identifica a la vivienda como el activo principal en la canasta de oportunidades de las familias. Los riesgos de la reproducción del hogar se identificaban con la pérdida de capital social a partir del factor vivienda y su ubicación en el sistema urbano-territorial, identificando tres dimensiones que afectan su producción y reproducción: capital individual, se pierde información y contactos y se tiene menor exposición a modelos de rol social; el capital social colectivo tiene el riesgo de declinación de las instituciones vecinales por déficit de liderazgos; y finalmente el capital ciudadano debilita el sentimiento de ciudadanía a no "compartir problemas vecinales con otras clases (segregación social) y riesgo de formación de subculturas marginales y la conformación de espacios homogéneos dentro del entramado social (Kaztman, 2001: 174).*(Magri, 2014: 22)

Se considera que la asistencia a los hogares con un bien como el de una vivienda es un seguro contra la vulnerabilidad social de las familias, en donde no contar con ésta supone un riesgo para su reproducción y desarrollo humano. Desde el punto de vista socioeconómico tal orientación supone la asunción de una redistribución política del ingreso. Esta redistribución del ingreso supone el establecimiento de subsidios explícitos o implícitos.

El resultado esperable de una política de esta naturaleza es la de viviendas pobres (o empobrecidas) para pobres. En efecto, dados los importantes montos que implica la construcción de viviendas corrientes y lo exiguo de los recursos del Estado para redistribuir en una economía en desarrollo, es comprensible que los productos resultantes sean construcciones abaratadas, situadas en localizaciones carentes y apartadas, dispuestas sumariamente frente a los servicios urbanos y estigmatizadas en su concepción sociopolítica y destino social.

Por su parte, las políticas sociales propicias al bienestar conciben un Estado social que interviene directamente en la satisfacción de ciertas demandas ciudadanas generando procesos de protección social o mitigación tanto de las desigualdades como de los desequilibrios sociales producidos por el desarrollo propio del mercado. Estas políticas tienden a configurar programáticamente un estado de bienestar en donde se promuevan y satisfagan los denominados derechos sociales o las manifestaciones de la ciudadanía social.

> *El objetivo primero del Estado en materia de política social sería el de garantizar la seguridad de los miembros de una sociedad transfiriendo recursos, bienes y servicios y usando políticas regulatorias generales y sectoriales que, en última instancia, pasan a definir un orden adicional de ciudadanía: la ciudadanía social (C. Filgueira, 1999). Las políticas sociales encontraron sus nichos en la sectorialidad del Estado del bienestar, con la creación de ministerios y organismos cuyas funciones de acuerdo a sus cartas orgánicas eran el centro de este concepto de ciudadanía social.* (Magri, 2014: 19)

La interacción entre el Gobierno y la ciudadanía, que es la interacción entre la Política y las políticas, se objetiva en forma especialmente significativa en la construcción histórica de derechos. Si bien en los albores de la Modernidad y la Ilustración los derechos humanos fueron proclamados como productos de la pura y recta razón y por ello, concebidos en forma intemporal y eterna, hoy se reconoce su concreta contextura histórica. Por otra parte, el Derecho ha pasado de considerar su centramiento en las normas o leyes, para pasar a preocuparse por las "garantías jurídicas de la subjetividad" (Pérez Luño, 2014).

> Se estima ahora que: "Si el Gobierno no se toma los derechos en serio, entonces tampoco se está tomando con seriedad el Derecho". Conviene advertir que el presente clima de "retorno a los derechos" implica un acuerdo genérico en la idea de que los derechos y libertades constituyen el fundamento auténtico del Estado de Derecho. Sin que de ello pueda derivarse que existe unidad de criterio en la forma de concebir esos derechos y su papel en el Estado de Derecho.
> (Pérez Luño, 2014)

Un aspecto no menor de las políticas sociales del bienestar es la promoción, al menos declarativa, de los denominados derechos económicos, sociales y culturales. En un gesto nada desdeñable tanto los acuerdos internacionales como la legislación positiva de los estados han pasado a contener unas declaraciones de derechos sociales.

Los derechos económicos, sociales y culturales pertenecen a una "segunda generación" de derechos humanos. Mientras que los derechos civiles y políticos formulados en la Declaración de Derechos del Hombre y el Ciudadano se centran en el concepto de libertad y se enmarcan en una "primera generación", los derechos humanos de "segunda generación" se centran en la idea de igualdad. Desde un punto de vista histórico social, los derechos civiles y políticos son la manifestación superior en la conciencia política de la Revolución Francesa, mientras que los derechos económicos, sociales y culturales se manifiestan en la crisis del liberalismo burgués, a través del desarrollo avanzado de la revolución industrial y el impulso sociopolítico propio del proletariado.

El derecho a la vivienda aparece comprendido en los derechos económicos, sociales y culturales. En virtud de este carácter, se entiende que los Estados están obligados a una acción positiva al respecto, tanto para la provisión directa de soluciones habitacionales a toda la población, así como al diseño de políticas de promoción, construcción y acceso que aseguren el ejercicio de este derecho. Al respecto, el Pacto Internacional de Derechos Económicos, Sociales y Culturales, en su artículo 11°, declara:

Los Estados Partes en el presente Pacto reconocen el derecho de toda persona a un nivel de vida adecuado para sí y su familia, incluso alimentación, vestido y vivienda adecuados, ya a una mejora continua de las condiciones de existencia. Los Estados Partes tomarán medidas apropiadas para asegurar la efectividad de este derecho, reconociendo a este efecto la importancia esencial de la cooperación internacional fundada en el libre consentimiento.

Sin embargo, en los hechos, esta declaración se objetiva como un derecho programático, esto es, una expresión de deseo o de buena voluntad, que no supone necesariamente una obligación jurídica exigible para los Estados, ni tampoco a la comunidad internacional (Cf. Diab, 2008). En lo que toca a la vivienda, el déficit cuantitativo y cualitativo es agudo en los países subdesarrollados, pero también está presente en países relativamente prósperos. También hay que hacer notar que el derecho a la vivienda se encuentra comprendido en una idea más amplia y sintética de nivel de vida, asociada además al concepto de mejora continua.

Pero pueden plantearse aquí otras importantes observaciones. El derecho a la vivienda es una respuesta teórica y práctica a una situación definida como "el problema de la vivienda". Este "problema de la vivienda" es el que aquejaría, en exclusividad, a los sectores depauperados de la sociedad y no al conjunto estructurado de actores sociales. Por otra parte, supone una interpretación —que hoy puede considerarse insuficiente— de ciertas demandas sociales. Estas demandas sociales son interpretadas como insatisfacción de necesidades y se entiende al cobijo regular como una necesidad y a la vivienda como su satisfactor.

Como contenido efectivo del derecho social invocado, una vivienda es un artefacto satisfactor valorable en términos de adecuación y dignidad. La noción de adecuación es clave para caracterizar el objetivo social, profesional y político de la vivienda digna. En términos de la Comisión de Asentamientos Humanos y la Estrategia Mundial de Vivienda (2005), "el concepto de 'vivienda adecuada'... significa disponer de un lugar donde poderse aislar si se desea, espacio adecuado, seguridad adecuada, iluminación y ventilación adecuadas, una infraestructura básica adecuada y una situación adecuada en relación con el trabajo y los servicios básicos, todo ello a un costo razonable". Si bien es claramente comprensible la intención del enunciado, es necesario desarrollar con rigor la noción de adecuación para forjar un preciso concepto operativo.

Bajo la denominación vivienda de interés social se ha construido positivamente un concepto arquitectónico y político en un prolongado proceso de debate profesional que tiene su configuración explícita en la Décima Conferencia Interamericana, realizada por el CIES en Caracas en 1954. La construcción del concepto es fruto de una respuesta técnico-política a la situación de las concentraciones urbanas desintegradas y con procesos agudos de expansión incontrolada, a la realidad de los desequilibrios sociales manifestados en la pobreza urbana y la infravivienda y a las carencias financieras, técnicas y productivas para proveer adecuadamente la solución habitacional a los sectores depauperados.

En los documentos de la Conferencia se define de manera explícita el contenido técnico y político de un concepto vertebrador de la acción política, legislativa y técnico-productiva.

> *La vivienda de Interés Social es aquella que dentro de las normas esenciales de habitabilidad se construya a coste mínimo, con el propósito de ponerla a disposición de las familias de escasos ingresos y dentro de su alcance.* (Citado en Conti de Queiruga, 1972: 18)

Del examen de la formulación precedente pueden extraerse algunas observaciones:

La vivienda de Interés Social es una categoría que se construye a) con un conjunto conceptual y normativo reputado como esencial que define racionalmente la habitabilidad, b) minimizando los costos constructivos, y c) pasible de accederse por familias de escasos ingresos relativos. Estos tres factores condicionantes recortan a su modo el perfilado de la política de la vivienda hacia un objeto específico: del concepto general de vivienda, se extrae y especifica el concepto de vivienda de Interés Social.

La formulación parte del supuesto que es posible y pertinente definir racionalmente las normas esenciales de habitabilidad. Y no sólo es posible tal racionalización, sino que es oportuno y conveniente incorporarla a una política de estado en la materia. Un segundo postulado indica que es imperativo minimizar los costos constructivos. Por fin, se enuncia como tercer supuesto que debe ponerse a disposición esta vivienda de interés social, construida a costo mínimo específicamente a familias de escasos ingresos relativos. Examinadas con cierta atención, ninguno de estos supuestos es evidente en sí mismo, pero lo cierto es que han sido más o menos pacíficamente aceptados.

El supuesto de que es posible definir las normas que se reputan esenciales de la habitabilidad se funda en una lógica productiva industrial: es necesario prefigurar de un modo riguroso el producto, al menos en lo que hace al objeto de producción. Por su parte, la minimización de los costos constructivos es funcional a una lógica economicista que busca maximizar la producción tomando como base una inversión pública de recursos financieros aceptable desde el punto de vista social y político. En definitiva la disposición de este producto de costo social óptimo por parte de familias de escasos recursos relativos, obedece a una lógica implícita que entiende la habitación como el uso y goce de la vivienda configurado como un bien adquirible en el mercado. De esta manera, se caracteriza positivamente una mercancía ofrecida a un sector del mercado consumidor.

Dos aspectos singularmente importantes se echan en falta en la formulación definidora de vivienda de interés social: el primero, la omisión a toda mención al suelo en donde se implantan estas viviendas; el segundo, el silencio en cuanto al contexto en donde se insertan. A estas insuficiencias se suma que la expresión vivienda de interés social no es más que un eufemismo para designar viviendas baratas para pobres, con el agravante que, por un lado, puede que no resulten tan baratas para su adquisición —que no para su producción— y no siempre resultan efectivamente accesibles a los pobres.

*Nuestra hipótesis es prístinamente clara: mientras existan las actuales y terribles diferencias económicas y sociales de los regímenes políticos chilenos y latinoamericanos y mientras exista, por consecuencia, el actual grado de pobreza de la población y subdesarrollo de cada país, existirá la llamada vivienda de interés social y los más grandes y más chicos déficit de vivienda. Nuestra hipótesis plantea la idea de que desaparecidas las grandes diferencias económicas y sociales, desaparecidas la pobreza y el subdesarrollo, desaparecerían la vivienda de interés social y los desoladores déficit de la vivienda que, naturalmente, es el objetivo final buscado: Todos con vivienda (de diferentes niveles obviamente) y todos con una habitabilidad aceptable, mínima, naturalmente, pero habitabilidad aceptable sin duda.* (Martínez Corbella, 2002: 25)

Salvo que se crea, en el fondo, que el subdesarrollo, el déficit habitacional y la pobreza son una suerte de destino inevitable para nuestra realidad latinoamericana, al concepto de vivienda de interés social puede señalársele, si no una fecha, al menos un horizonte temporal de vencimiento o caducidad. Pero si asumimos una perspectiva política amplia y extendida en el tiempo, así como una perspectiva arquitectónica que proyecta hacia el futuro, entonces podemos considerar que ya hoy, la idea de vivienda de interés social es una idea caduca. El interés social por el hábitat puede ser la formulación sintética de un nuevo concepto nuclear.

En primer lugar hay que señalar que la arquitectura de la vivienda de interés social es un emergente de una situación crítica y estructural de nuestras sociedades y economías, pero *"... todos sabemos que la arquitectura, en su globalidad, es social o de interés social"* (Martínez Corbella, 2002: 25). Y esto es así, porque efectivamente lo que cuenta como realidad compleja y problemática que demanda ser afrontada social, profesional y políticamente es la constitución arquitectónica del hábitat.

En segundo término, la constitución social y política del hábitat parte del principio de reconocer a todos y a cada uno de los habitantes el derecho no sólo a un nivel de vida adecuado, sino a la mejora continua de las efectivas condiciones de existencia. Dentro de las efectivas condiciones de existencia se aloja el habitar de una vivienda adecuada, en un contexto y en un territorio adecuados como elementos no divisibles, sino articulables en sus dimensiones. La condición social del habitar no se construye con mínimos sino con adecuaciones sociales. Esto es, una habitabilidad aceptable no se constriñe ni a mínimos conceptuales —que reducen la idea de residencia al alojamiento— ni a mínimos de calidad o extensión —sustituidos por estándares racionales de relaciones costo/beneficio y dimensiones conformes a las configuraciones microsociales efectivas—.

Se ve entonces cómo una efectiva demanda social se ve reducida conceptualmente en su expresión. La efectiva y comprobable demanda social por un hábitat adecuado, digno y decoroso se reduce, primero, al aspecto puramente doméstico-residencial y, acto seguido, al concepto general de residencia o morada se lo reduce al término vivienda, para desembocar en la conceptualización operativa de vivienda de interés social. En tal decurso, lo que en principio es una relación compleja de las personas con todos los lugares que habitan, termina resultando un acceso problemático a una cosa construida.

Quizá sea oportuno confrontar esta conceptualización de la vivienda con la idea de residencia. Una residencia no se constriñe a brindar alojamiento a sus habitantes, sino que constituye a la vez, una construcción y un constructo: estructura compleja de ideas, aspiraciones, proyecciones y representaciones del habitar pleno de la morada. Una residencia, es no sólo necesaria, sino que comprende diversas posibilidades facultativas. Una residencia no es necesariamente barata, sino que constituye un costo razonable en correlación con su valor de uso, de cambio y simbólico. Una residencia que merezca el nombre de tal —sea fastuosa o modesta— es digna de quienes la habitan y es portadora de identidad, memoria y referencia significativa. Una residencia, en consecuencia, tiene señales propias de su condición y no estigmas de la constricción a la pura necesidad.

Las políticas de vivienda de interés social han resultado en productos normalizados, aptos para su producción sistematizada, que no necesariamente en serie. Los ahorros devenidos de esta normalización siempre han terminado en el beneficio exclusivo de los contratistas. Las economías se vuelven puras y duras mezquindades con los metros (cuadrados y cúbicos) construidos. En general se ha buscado el ahorro en costos iniciales, en detrimento de la durabilidad de los componentes. Las viviendas de interés social han devenido productos colocables en el mercado con la condición de su financiación a largos plazos, lo que se ha traducido en significativos sobrecostos.

Por otra parte, con estas viviendas de interés social se han compuesto los denominados conjuntos habitacionales, agregados de unidades doméstico-residenciales complementados apenas con un mínimo de servicios urbanos directos, con lo que se yuxtaponen disruptivamente en la trama urbana preexistente. Estos conjuntos habitacionales constituyeron claros ejemplos de territorios urbanos homogéneos en términos sociales, constituyendo a menudo ghettos rotundamente discriminados en la trama urbana.

El repaso somero de la constitución histórica del derecho a la vivienda muestra cómo el fenómeno complejo de la resolución arquitectónico-urbanística del desarrollo impuesto por las directrices capitalistas en el habitar de las ciudades se va depurando y sobresimplificando hasta llegar a concebir el derecho urbano a la vivienda como el derecho al uso y goce de una mercancía calificada como vivienda de interés social. Aquí deberá desandarse el camino para dar con una expresión más adecuada a la constitución de un derecho humano fundamental.

El derecho a la vivienda es uno de los primeros resultados, en la conciencia social forjada históricamente, de la ética del habitar.

Este derecho surge como derecho humano de "segunda generación". La "primera generación" —derechos civiles y políticos— de derechos humanos adquieren formulación explícita en la Revolución Francesa, en la Declaración de Derechos del Hombre y el Ciudadano. La "segunda generación" de derechos humanos se origina en la crisis del liberalismo burgués, con el desarrollo de la revolución industrial y el impulso social y político del proletariado: son derechos de contenido social, económico y cultural.

Ahora es necesario derivar del derecho a la vivienda al derecho a habitar, que abarca con muchos más aspectos que el puro alojamiento.

Antes de ello es oportuno repasar críticamente un conjunto de ideas-fuerza aún dominantes en el discurso político.

En nuestro país y en la actualidad, existe un vasto movimiento social singularmente activo en la reivindicación de su derecho a la vivienda. Las políticas sociales del gobierno responden a su manera y con presupuesto limitado, a través de la denominada política pública de vivienda. No puede dejarse de reconocer que, ante la movilización popular, el gobierno responde y a la vez propone diversas soluciones habitacionales. Lo que sucede es que tanto el gobierno como los ciudadanos se quedan algo cortos. En efecto, los ciudadanos operan con el convencimiento de su necesidad de viviendas y el gobierno, por su parte, entiende a éstas como satisfactores.

En nuestro país, cada vez que se inaugura un nuevo gobierno, el ministerio del ramo elabora un ambicioso Plan Quinquenal. Este suele constituir un documento que incluye un balance de lo actuado, un diagnóstico de situación y directivas, objetivos y metas. En el Plan vigente en el período 2015-2019 se afirma

> *La incidencia de la vivienda y el entorno habitacional con la construcción de una sociedad más integrada, es indiscutible. Una política habitacional debe habilitar y promover procesos de integración social, de seguridad, oportunidades educativas, laborales, culturales y de condiciones sanitarias adecuadas, pues ello redunda en mejores condiciones de vida para el conjunto de la población.*

Ensayemos un procedimiento crítico sencillo:

1. La incidencia de la vivienda y el entorno habitacional con la construcción de una sociedad más integrada, ¿es indiscutible? *No, es sumamente discutible.* La falsa objetivación del problema del habitar contemporáneo en la categoría vivienda y aún en la categoría entorno habitacional ha conducido, de hecho y junto a otros factores, al actual mosaico socioespacial que muestran nuestras ciudades. La sustitución empobrecedora de los barrios de una ciudad orgánicamente desarrollada por conjuntos habitacionales desintegra el tejido

urbano y segrega a la población. Nadie puede negar que sustituir unidades de habitación carentes por otras adecuadas no sea un gesto pertinente en una política social, pero debe tenerse en cuenta el efecto sobre los contextos y sobre el conjunto de la trama urbana.

2. ¿Una 'política habitacional' es la caracterización pertinente de una política adecuada?
Depende de qué se entienda por *habitacional*. Y depende de los modos en que esté integrada esta política sectorial en el conjunto de las políticas sociales y económicas. Si se entiende por 'habitacional' una política de vivienda de interés social, la caracterización *no es adecuada* porque la pertinente escala de actuación es la del hábitat en su conjunto y no en un género de viviendas. Asimismo, *no es adecuada* la caracterización en lo que toca a los efectos, ya que ninguna política sectorial puede concebirse, en su especificidad, como facilitadora de mejores condiciones de vida para el conjunto de la población. Dicho en otros términos: una política habitacional, en sentido estricto, se ocupa del desarrollo del hábitat en su conjunto, mientras que es parte necesaria y no separable de una política de desarrollo socioeconómico global.

3. ¿Esta o qué otra forma de política debe habilitar y promover procesos de integración social?
La integración social no se logrará nunca con políticas sociales sectoriales por la sencilla razón que los mecanismos de exclusión, segregación y discriminación son *sistémicos*. Y un problema sistémico sólo puede enfrentarse con políticas de naturaleza estratégica. El instrumento político debe abordar la verdadera escala de los problemas que pretende resolver. Una política estratégica sobre el habitar es apenas un aspecto específico de una estrategia política de desarrollo integral. Es esta última la que es capaz de promover

procesos de integración social, mientras que las políticas sectoriales de vivienda no sólo no la propician, sino que incluso puede considerarse que promueven formas de desintegración urbana y social.

4. ¿Es *siempre* cierto acaso que una política habitacional redunda en mejores condiciones de vida para el conjunto de la población?
*No es cierto.* En no pocas ocasiones, una mejora puntual de condiciones se ve acompañada por una localización desfavorable desde el punto de vista urbano. Es hora de abordar políticas estratégicas del habitar que propendan a estimular, propiciar y dirigir el desarrollo urbano y territorial integral de los lugares para vivir.
Lo que una Teoría del Habitar tiene que aportar al respecto es que la efectiva demanda social es de lugares, más que de viviendas. Esto significa que:
• En primer lugar, lo que la ciudadanía necesita es un sistema estructurado de lugares para habitar que tiene a la residencia como foco particular, pero involucra a todo el territorio en donde efectivamente el habitar tiene lugar: lugares para residir accesibles a los lugares de trabajo, a los servicios urbanos como la educación, la salud, la cultura, el aprovisionamiento. En una palabra, al lugar habitado se llega no con la construcción de viviendas sino con el desarrollo del territorio ciudadano.
• En segundo lugar, lo que toda la ciudadanía demanda es el desarrollo de un hábitat adecuado, digno y decoroso. Por ello, debe superarse largamente el instrumento de una política de la vivienda entendida como política social específica para abordar el problema del hábitat en tanto tal. Las políticas sociales de vivienda reproducen la estigmatizante segregación socio-espacial, que a su vez es causa de la desintegración antidemocrática de la ciudad.

• En definitiva, una política pública y estratégica de desarrollo del hábitat incorpora a la satisfacción de la demanda social las dimensiones urbana y territorial, así como aporta un panorama más complejo, sí, pero más proporcionado al carácter de derecho

La superación de las actuales políticas sociales de vivienda por una política del habitar supone construir claramente un concepto de *integralidad*. Una política del habitar tiene características de integralidad porque aborda los problemas del hábitat en forma global y no se circunscribe a ofrecer accesos a la vivienda a las personas necesitadas. El problema del hábitat es mucho más complejo y sistémico que el problema de la vivienda de interés social.

Una política del habitar no es una política social, si por ello se considera una política exclusivamente enfocada hacia los sectores aquejados por la pobreza. Una política del habitar es una política de desarrollo social, lo que implica una consideración integral del conjunto del cuerpo social en donde prima el concepto de desarrollo inclusivo total, esto es, el desarrollo económico, cultural y social, como alternativa a las actuales segregación socio espacial, discriminación socio cultural y estratificación socio económica. El primer constructo conceptual radica, entonces en una necesaria integralidad superadora de la inapropiada especificidad de las políticas de vivienda de interés social.

Un segundo constructo conceptual en política del habitar lo constituye la *territorialidad*. Con este término se entiende la necesaria referencia de la realidad efectiva del territorio en una política que no puede planear sobre este desentendiéndose de los efectos que generan intervenciones arquitectónicas y urbanísticas en su contexto. Es la indiferencia ante la realidad social, geográfica y cultural de los diversos territorios la que aqueja a las políticas habitacionales al uso, que diseminan conjuntos residenciales sin la condigna cobertura de servicios de enseñanza, salud y otros. Es tiempo en que se piense en territorios que se desarrollan de manera integrada y promueven la localización, distribución y acondicionamiento de los lugares para vivir en estos. El componente territorial de la política del habitar aterriza la política, literalmente. Y al hacerlo, la aproxima al ciudadano.

Un tercer constructo conceptual de una política del habitar lo constituye la *promoción del desarrollo social*. Se trata de reinterpretar el tradicional concepto de desarrollo económico al vincularlo con los procesos de inclusión e integración social en un orden justo y de gestión democrática. No es sostenible el actual modelo de desarrollo socioeconómico que impone cada vez más abismales diferencias sociales, culturales y económicas entre los ciudadanos. El cabal desarrollo perseguible es aquel que difunde sus beneficios entre el cuerpo social de modo integral e integrador.

## 3.9 MÁS ALLÁ DEL DERECHO A LA VIVIENDA: DEL DERECHO A LA CIUDAD AL DERECHO A HABITAR

Fruto del activismo y la reflexión sociales se ha conferido forma a la declaración del derecho a la ciudad. No se trata de una simple expansión en escala del derecho a la vivienda, sino una instancia cualitativamente superior, que reflexiona sobre la realidad urbana, su realidad social y su habitabilidad.

> *La cuestión de qué tipo de ciudad queremos no puede estar divorciada de la que plantea qué tipo de lazos sociales, de relaciones con la naturaleza, de estilos de vida, de tecnologías y de valores estéticos deseamos. El derecho a la ciudad es mucho más que la libertad individual de acceder a los recursos urbanos: se trata del derecho a cambiarnos a nosotros mismos cambiando la ciudad. Es, además,*

*un derecho común antes que individual, ya que esta transformación depende inevitablemente del ejercicio de un poder colectivo para remodelar los procesos de urbanización. La libertad de hacer y rehacer nuestras ciudades y a nosotros mismos es, como quiero demostrar, uno de nuestros derechos humanos más preciosos, pero también uno de los más descuidados.* (Harvey, 2011)

Tal como se formula en la Carta Mundial por el Derecho a la Ciudad, promovida por el Foro Social Mundial en 2004, el derecho a la ciudad se materializa en el acceso igualitario y no-discriminado a la ciudad por parte del total de sus habitantes, permanentes o transitorios. Se entiende a la ciudad como toda villa, aldea, capital, localidad, suburbio, ayuntamiento o pueblo que esté organizado como unidad local de gobierno. Asimismo, se caracteriza a la ciudad como un espacio colectivo, culturalmente rico y diversificado que pertenece a todos sus habitantes.

La ciudad cuyo derecho a habitarla con plenitud se reivindica es escenario de luchas sociales de diversa naturaleza: oposición a la segregación y la discriminación étnica, de género o socioeconómica; accesibilidad a los servicios y al gobierno participativo de la cuestión urbana y también la reivindicación del derecho a una morada adecuada, digna y decorosa, no ya en términos individuales sino colectivos.

*... el derecho a la ciudad como un nuevo derecho colectivo se plasma en la Carta Mundial por el Derecho a la Ciudad basándose en tres ejes fundamentales (Mathivet, 2010:26-27): 1) el ejercicio pleno de la ciudadanía, es decir, el ejercicio de todos los derechos humanos que aseguran el bienestar colectivo de los habitantes y la producción y gestión social del hábitat; 2) la gestión democrática de la ciudad, a través de la participación de la sociedad de forma directa y participativa, en el planeamiento y gobierno de las ciudades, fortaleciendo las administraciones públicas a escala local,*

*así como las organizaciones sociales y 3) la función social de la propiedad y de la ciudad, donde predomine el bien común sobre el derecho individual de propiedad.* (Núñez, 2011)

El derecho a la ciudad, reivindicado desde las trincheras de las luchas sociales ciudadanas va encontrando, paso a paso, una especificidad nueva y emergente. Cabe reflexionar sobre un fenómeno particular que adquieren los derechos emergentes: Los derechos humanos, en la reciente perspectiva emergente, se entienden como fundamentos de las sociedades libres, marcos de una vida humana que asegure la paz, la justicia, la libertad y las condiciones de bienestar propias de una vida buena.

Una vez que se considera la situación concreta del habitar se observa claramente que la adecuación, dignidad y decoro de una vivienda particular adquieren su pleno sentido sólo en un contexto que permite verificar estas condiciones. El derecho a la ciudad no es, en consecuencia, una mera extensión territorial del derecho a la vivienda, sino una precisión necesaria del derecho a habitar un lugar, el que comprende tanto la escala doméstica, así como, en las actuales circunstancias, la escala urbana y también la territorial. En realidad, la precisión necesaria del derecho a la ciudad revela que el derecho a la vivienda es apenas el primer emergente histórico en la conciencia política social de un derecho concebido en términos más globales: el derecho a habitar.

La existencia humana se realiza siempre en lugares, esto es, no es posible desarrollar ningún hecho vital humano desprovisto de una localización espacio-temporal determinada. En virtud de ello, ninguna articulación del espacio —arquitectónica, funcional, económica, social, cultural, jurídica o política— puede ignorar que todos y cada uno de los humanos que coexisten en un hábitat tienen derecho a un lugar adecuado, digno y decoroso. La concepción del lugar, lejos de diluir el objeto de este derecho, constituye una caracterización necesaria que hace posible entender que se constituye una demanda social efectiva y sistemática. Esta demanda se extiende a todas las situaciones y acontecimientos en donde el hombre habita, de modo integral.

Si creemos a David Harvey —"la libertad de hacer y rehacer nuestras ciudades y a nosotros mismos es... uno de nuestros derechos humanos más preciosos" (Harvey, 2011)—, parece que debemos tratar con peculiar atención las demandas sociales sobre el habitar. Como se verá, no se trata sólo de examinar las necesidades humanas implicadas, ni de su formulación en deseos o requerimientos sociales, sino de un asunto acusadamente complejo.

En nuestro orden jurídico, político y económico el derecho a un nivel de vida adecuado (reconocido en el Pacto Internacional de Derechos Económicos, Sociales y Culturales, en su artículo 11°) se interpreta como la satisfacción de un conjunto discreto de necesidades, tales como la alimentación, el vestido o la vivienda. Con respecto a esta última, se la considera —reductivamente— como un satisfactor de una necesidad básica. Sin embargo, esta concepción ha sido puesta en entredicho. En la Observación general N° 4 de 1991, el Comité encargado del estudio del contenido y consecuencias del Art. 11° del Pacto, considera:

> 7. En opinión del Comité, el derecho a la vivienda no se debe interpretar en un sentido estricto o restrictivo que lo equipare, por ejemplo, con el cobijo que resulta del mero hecho de tener un tejado por encima de la cabeza o lo considere exclusivamente como una comodidad. Debe considerarse más bien como el derecho a vivir en seguridad, paz y dignidad en alguna parte. Y así debe ser por lo menos por dos razones. En primer lugar, el derecho a la vivienda está vinculado por entero a otros derechos humanos y a los principios fundamentales que sirven de premisas al Pacto. Así pues, "la

*dignidad inherente a la persona humana", de la que se dice que se derivan los derechos del Pacto, exige que el término "vivienda" se interprete en un sentido que tenga en cuenta otras diversas consideraciones, y principalmente que el derecho a la vivienda se debe garantizar a todos, sean cuales fueren sus ingresos o su acceso a recursos económicos. En segundo lugar, la referencia que figura en el párrafo 1 del artículo 11 no se debe entender en sentido de vivienda a secas, sino de vivienda adecuada. Como han reconocido la comisión de Asentamientos Humanos y la Estrategia Mundial de Vivienda hasta el año 2000 en su párrafo 5: "el concepto de "vivienda adecuada"... significa disponer de un lugar donde poderse aislar si se desea, espacio adecuado, seguridad adecuada, iluminación y ventilación adecuadas, una infraestructura básica adecuada y una situación adecuada en relación con el trabajo y los servicios básicos, todo ello a un costo razonable."*

Esta interpretación funda el derecho a la vivienda en la dignidad inherente a la persona humana. Por otra parte, precisa el objeto de este derecho como vivienda adecuada, caracterización ésta de la mayor importancia. No obstante, el razonamiento no hace honor a la interpretación, mucho más cabal del verdadero derecho que es, en palabras del propio Comité: el derecho a vivir en seguridad, paz y dignidad en alguna parte.

El derecho a vivir en seguridad, paz y dignidad en alguna parte es un derecho que no se satisface, de suyo, con el simple acceso a una vivienda adecuada y digna, sino que es un derecho humano fundamental que abraza por igual a todos los lugares efectivamente habitados. El derecho a habitar es la fórmula lingüística apropiada para designar tal derecho.

Podremos entonces definir —aquí y a nuestros efectos— la expresión *Derecho a habitar*:

*Es un derecho humano fundamental que deriva de la constitución existencial del hombre y que le hace acreedor de disponer en todo momento de lugares adecuados, dignos y decorosos para desarrollar todas y cada una de sus actividades.*

Se trata de un derecho humano fundamental y no de un específico derecho económico, social y cultural, dado que deriva de la propia constitución existencial del hombre y es anterior o precedente tanto a la constitución civil como social de la persona. El objeto específico de tal derecho es el estar, en los términos de Carlos Vaz Ferreira, esto es, constituir a la vez una situación y acontecimiento en lugares. Estos lugares son todos aquellos donde el ser humano ocurre con emplazamiento, en todas las escalas en donde sucede y sea cual sea la función que se le asigne.

El reconocido derecho a la vivienda es un caso específico del derecho a habitar toda vez que el ser humano constituye morada, residencia y domicilio. El declarado derecho a la ciudad también es un caso específico del derecho a habitar entendido en la escala específica en donde los seres humanos constituyen comunidades de población y asentamiento organizados.

Puede pensarse que el habitar, como efectiva manifestación existencial del hombre constituye un hecho antes que un derecho. Lo que sucede es que el derecho a habitar predica, como condiciones efectivamente demandadas y exigibles a cada lugar la adecuación, la dignidad y el decoro.

Entendida la existencia del derecho a habitar, cabe preguntarse acerca de la naturaleza de la Política y las políticas de habitar. Dado que las refiere un derecho humano fundamental, tales políticas son, de suyo y más que políticas sociales —en el sentido corriente del término—, políticas de promoción y desarrollo de derechos humanos. Por tal debe entenderse que se trata de políticas integrales que parten de los cometidos fundamentales de la política de población y ordenamiento territorial: qué territorios, cómo y cuándo poblarlos según determinados planes y proyectos, enmarcados en horizontes de sustentabilidad ambiental, económica y social.

Esto implica un contenido insoslayable de política de desarrollo socioeconómico tanto a escala nacional, como regional y urbana; unos medios y modos de orientar los flujos económicos sociales destinados al habitar; unas organizaciones tanto del mercado inmobiliario, la industria de la construcción, como de la política de inversiones públicas y privadas; y mecanismos de participación sociopolítica para democratizar y transparentar los procesos.

Éste último aspecto es singularmente importante para la forja tanto de directivas como la formulación explícita y transparente de requerimientos sociales que resulten ecos de las efectivas demandas sociales. Se abandonaría así el paternalismo tecnocrático que han ejercido las élites profesionales y políticas interpretando a su modo y reductivamente las "necesidades sociales". A estos efectos es necesario elaborar de manera ampliamente participativa los requerimientos explícitos sobre la base de efectivas demandas sociales.

La primera demanda social del habitar es la de adecuación. Un lugar habitado es aquel que verifica el ajuste conveniente de sus condiciones con el correcto uso, goce y apropiación de cada habitante. En el desarrollo histórico de la formulación del derecho a la vivienda, la adecuación ha resultado un factor primero de especificación necesaria. Esta demanda es exigible en realidad de cualquier lugar habitado.

La demanda de adecuación se compone de demandas específicas de ajuste a la subsistencia y reproducción de la existencia humana, ofreciendo ámbitos físicos y sociales en donde puedan desenvolverse cabalmente las funciones vitales fundamentales (Nutrición, Relación, Reproducción). También se compone de demandas concretas de seguridad física y jurídica, así como de sustentabilidad económica que refieren a la necesidad genérica de protección que se tiene en cada emplazamiento y circunstancia.

Un componente fundamental de la adecuación lo constituye el confort físico y psicológico ambiental que atiende al acondicionamiento de ámbitos y enseres para un habitar en condiciones biofísicas y sociales apropiadas. Un lugar adecuado debe responder, por su parte, a razonables demandas de intimidad que refieren a necesidades afectivas, tales como las de privacidad, intimidad, entornos familiares y sociales diversos, así como la protección del ocio y la interacción social en cada círculo y circunstancia social.

La adecuación es pasible de definirse, como demanda social del habitar, del siguiente modo:

1. En teoría del habitar, acción y efecto de proporcionar, acomodar y apropiar las condiciones de un sitio a un modo concreto de habitar, conformando un lugar.
2. Como demanda social, cualidad de ajuste de las condiciones físicas y sociales de un sitio a las condiciones de un modo deseado de habitar.

Las demandas sociales efectivas en torno a la vivienda tienen a la *dignidad* como segundo componente principal, junto con la adecuación y el decoro. Es frecuente que la caracterización de digno se confunda con la adecuación. Al generalizar el contenido de las demandas sociales, se entiende por dignidad todo aquello del sitio que afecte a la condición social y moral de sus habitantes. Aquí se propone centrarse en la figura social y moral del habitante para caracterizar la dignidad exigible de todo lugar habitado.

Mientras que las demandas sociales por la adecuación de los lugares se dirigen, principalmente, a las condiciones verificables del sitio, las demandas sociales por la dignidad hacen referencia específica a las condiciones de la interacción de condiciones del emplazamiento con respecto a los méritos y condiciones de sus habitantes. Por otra parte, todo parece indicar que la demanda social histórica por la adecuación ha sido una elaboración del principio de la Igualdad. Por su parte, la reivindicación de un lugar digno para habitar refiere al principio de la Fraternidad entre los iguales.

Estas consideraciones conducen a revisar críticamente la producción social del hábitat que se resuelve, en general, como una producción pobre en resultados destinados a los pobres o depauperados. La reivindicación de la dignidad supone una decidida acción política por la inclusión social y por la promoción socioeconómica de los sectores depauperados. La producción social de lugares dignos abre ámbitos propicios para la interacción participativa social, para la organización de las comunidades y vecindarios y para la promoción de la eficaz autogestión ciudadana.

Puede, entonces, definirse la demanda social por la dignidad:

1. Cualidad de correspondiente y proporcionado al mérito y condición de un sitio a sus habitantes.
2. Como demanda social, cualidad de ajuste de las condiciones del sitio en relación con las condiciones sociales y morales de sus habitantes.

Las demandas sociales históricas han incluido en tercer lugar la condición decorosa de la vivienda, junto a las demandas de adecuación y dignidad. La teoría del habitar generaliza esta demanda a la condición de todo lugar y circunstancia.

Un lugar decoroso ofrece condiciones favorables a la identidad de los habitantes a su respecto. El lugar decoroso constituye un positivo entorno de la cotidianidad y permite satisfacer las necesidades de pertenencia y apropiación, consustanciales a la dignidad humana. Si la adecuación se predica a través del principio de Igualdad y si la dignidad se consagra con el principio de Fraternidad, el decoro se predica con el principio de Libertad, de las que son titulares todos y cada uno de los habitantes.

Un lugar decoroso ofrece, entonces un ámbito de libertad, en donde impera una holgura o plasticidad espacio-temporal. Más allá de las constricciones a las dimensiones y equipamientos

mínimos que dicta la adecuación, el decoro extiende las especificaciones para ofrecer un ámbito abierto al despliegue libre de las manifestaciones diversas de la condición humana.
De este modo, definimos entonces el decoro:

1. Nivel mínimo de calidad de un lugar para que en él la dignidad del habitante no sufra menoscabo.
2. Como demanda social, cualidad de holgura de las condiciones del sitio en relación con las condiciones sociales y morales de sus habitantes.

Con la enumeración de las demandas sociales que antecede se define un campo conceptual propio para que los diversos actores sociales elaboren a su modo y según su forja de conciencias los diversos requerimientos específicos, esto es, demandas sociales explícitas en forma y contenido. La cultura social ciudadana dará forma, en sus circunstancias de espacio y tiempo, a los instrumentos políticos y económicos para reorientar las fuerzas productivas del habitar.

Todo indica que una política del habitar se desarrollará, al menos y en principio, según tres proyecciones.

En primer lugar, puede entreverse una proyección hacia el ejercicio de la plena ciudadanía, civil y social. Esto significa que en la forja de la figura política del habitante deberá delinearse con mayor claridad y contundencia que en la actualidad, aquellos rasgos que efectivamente demanda la ciudadanía y que son expresión de derechos humanos expresa y comprometidamente reconocidos. A este perfilado le corresponde el desarrollo del marco normativo adecuado, así como la institucionalidad específica y adecuada.

De un posible esbozo preliminar del habitante como sujeto de ciudadanía localizada en la ciudad pueden entreverse al menos tres dimensiones:

- Un ciudadano es aquel sujeto que tiene la facultad tanto de ser titular de derechos reconocidos así como de originarlos. En otras palabras, tiene derecho a tener derechos, los que son construidos históricamente por el desenvolvimiento de las relaciones sociales y no constituyen, por ello, una nómina inmodificable y cerrada.
- Un ciudadano tiene un fundamental derecho político a la participación popular en la definición de las características de la ciudad en términos de habitación, producción, consumo e intercambio. En otras palabras, cada ciudadano es arquitecto político activo de la ciudad y de su comunidad.
- Un ciudadano tiene derecho a exigir al Estado el cumplimiento de estos derechos. La exigibilidad política y jurídica es condición para que los derechos ciudadanos dejen de ser meramente programáticos y se conviertan en eficaces herramientas para la consecución del bienestar comunitario. (Cf. Secretaría Distrital del Hábitat, 2008)

Una segunda e importante proyección de la política del habitar es la promoción, producción y mejora continua de la gestión democrática del habitar ciudadano. En principio, el avance hacia una gestión democrática del habitar contiene tres componentes principales:

- El componente de inclusión social que promueve la total e integral difusión de los derechos ciudadanos en toda la población, superando toda forma de segregación y discriminación social, económica y política. A esta inclusión social le corresponde, en el plano político institucional la promoción activa y progresista de la más amplia participación social en lo que hace a orientaciones, directivas y gestión administrativa urbano-territorial.
- Un segundo componente que promueve el ordenamiento territorial y el urbanismo como funciones públicas que promuevan y desarrollen los derechos colectivos y comunitarios.

- En fin, un tercer componente indispensable de la democratización de la gestión ciudadana radica en la integralidad que comprende el conjunto estructurado de aspectos involucrados en el desarrollo urbano-territorial.

Una tercera proyección de la política del habitar la constituye el desarrollo de la concepción de la función social de la propiedad. Esta concepción implica un examen crítico del concepto de propiedad privada. Tanto en el código napoleónico como en la legislación civil por éste inspirada se concebía a la propiedad como un derecho absoluto, fundamental y privativo del individuo. Tanto los pensadores socialistas como los sociólogos positivistas pusieron en entredicho tal concepción
Para los pensadores socialistas, especialmente los marxistas, la clave del cambio social radica en la abolición de la propiedad privada de los medios de producción, acto éste emancipador de la clase obrera y alumbrador de una sociedad sin clases. Por su parte para pensadores como Léon Duguit, influenciado por Comte y por Durkheim, la revisión del concepto de propiedad privada es *"un intento de salvar al liberalismo de sí mismo"*, según la expresión de Duncan Kennedy (2006).

Sea de una manera u otra, se puede observar una contradicción flagrante entre el derecho a la propiedad privada concebido en términos individualistas en oposición a una constatable y deseable solidaridad social. El problema teórico, político y jurídico radica en someter a crítica rigurosa la concepción de la propiedad privada a la luz del resguardo de superiores intereses sociales fundados, en definitiva, en el principio de solidaridad. Por función social de la propiedad es dable entender aquel marco que defina las condiciones socialmente convenientes para el ejercicio razonable de la propiedad a cualquier título.

Es la propia sociedad y en virtud de sus necesidades la encargada, por medio de la Ley, de establecer cuáles serán las utilidades del derecho que deban cederse a la sociedad y cuales pueden permanecer en interés privado. La función social, por una parte, delimitará el contenido esencial del derecho privado pero, a su vez, está delimitada por dos causas: la de utilidad pública y la de interés social. (Calvo, 2000: 121)

En lo que toca a la Política del habitar, el examen participativo profundo de la función social de la propiedad es fundamental para resguardar el interés público, el comunitario y aún el microsocial frente a las formas individualistas del dominio. Supone esto un decisivo instrumento político, jurídico y administrativo capaz de convertir al hábitat en un ambiente democráticamente fundado, organizado y gestionado.

Los aspectos ético-políticos de la Teoría del Habitar constituyen, en la actualidad, un campo prometedor a la indagación crítica, a la investigación científica social y a la proposición práctica. Gran parte del desasosiego de la vida urbana contemporánea muestra la necesidad de nuevos paradigmas y renovadas formas de las prácticas sociales. Todo indica que hay mucho por hacer en estos ámbitos.

Según puede entreverse en la actualidad, hay al menos tres consecuencias políticas factibles de desarrollarse en un futuro próximo:

En primer lugar, la constitución plena, en la conciencia social, de un nuevo *derecho a habitar*. Como se ha visto, supone esto un proceso de revisión crítica del reconocido derecho a la vivienda y de las limitaciones inapropiadas de las políticas sociales especificadas, seguido de una asunción novedosa de un derecho surgido de la reinterpretación profunda y sistemática de la propia condición humana.

En segundo término, una necesaria y saludable apelación a procesos sociales y políticos de *amplia participación popular*, con la finalidad superior del empoderamiento del ciudadano habitante. Este proceso se entrevé recíproco a una crítica revisión de las políticas de corte tecnoburocrático, que han supuesto el sometimiento de los colectivos ciudadanos a los designios de unas políticas que han tenido a los estamentos profesionales y a los funcionarios como medios eficaces de alienación y sometimiento.

Por último, cabe esperar una revisión profunda de las distintas elaboraciones explícitas de los diferentes proyectos sociales del habitar. En cierta forma, el conjunto de actores sociales deberá jugar 'con sus cartas vistas', haciendo públicos y discutibles sus planes, designios y demandas. El conjunto de la sociedad debe encontrar un marco más transparente y negociable para administrar sus inevitables conflictos.

# 4. Aspectos productivos

## 4.1 LA PRODUCCIÓN SOCIAL DEL HABITAR

*Producir significa profetizar cosas con las manos.*
(Sloterdijk, 2004: 286)

La Teoría del Habitar, aparte de ocuparse de la observación, descripción e interpretación de las conductas de la habitación, por una parte, y por el análisis de las prácticas sociales implicadas, por otro, debe también tratar las prácticas sociales de transformación y producción de los sitios que devienen lugares.

*En un sentido muy amplio, la noción de producción ha sido tratada en filosofía como la acción y el efecto de la operación de algún ser. En Eth. Nic. VI, 4, 1140 a 1-24, Aristóteles establece una influyente distinción entre producir, o hacer, y actuar. Por ejemplo, en el "arte" se produce o hace algo, pues el arte no concierne a cosas que son, o que llegan a ser, por necesidad, ni a cosas que obran de acuerdo con la naturaleza y que tienen su origen en sí mismas. Aristóteles usa el término ποίησις, poiesis (literalmente, "poesía"), para lo que llamamos aquí "producción".* (Ferrater Mora, 1994: 2923)

Es necesario, a la luz de estas consideraciones, considerar a los lugares o sitios habitado, resultados de una operación humana de producción: los lugares son obras de arte, en sentido estricto. Lo que preexiste a esta producción son los sitios de la naturaleza. Pero los lugares no son necesarios, no son cosas que obran de acuerdo con la naturaleza y que tienen origen en sí mismas; son resultados de la presencia habitable del hombre y secuelas de su obrar productivo.

El obrar productivo de lugares tiene dos modalidades principales. La primera y más inmediata modalidad la constituye lo que, no sin torpeza, llamaremos aquí, prácticas de transformación formal del sitio físico. Allí, la operación productiva es el resultado inmediato de la presencia humana en el sitio, en donde no se contenta con irrumpir simple y expeditivamente, sino es a costa de conferirle unas especiales significaciones, dando lugar a la emergencia de lugares diversos según qué energías haya puesto en juego.

Si la energía y el esfuerzo tienen la característica fundamental de sentar sus reales, de ejercer un imperio sobre el sitio, el lugar producido es un territorio, en un sentido específico humano de éste término. El territorio no puede confundirse con la tierra o con el suelo comprendido en unos confines. El territorio es una porción concreta de los sitios de la Tierra que efectivamente se está habitando, alcanzada en sus límites en primer lugar por el pensamiento y, sobre todo, por el poder de actuar con autonomía en su ámbito. El territorio es el lugar poblado por el poder: un concreto escenario político. No sólo está más o menos claramente delimitado, reina un orden allí.

El territorio configura de suyo una arquitectura de naturaleza política. Allí se ordenan cosas y sujetos, según orientaciones y sometidas a la *ciencia regia* que concebía Platón. Allí tienen lugar los proyectos sociales del habitar, según la interacción compleja entre la Política y las políticas del habitar. Por ello, toda y cada una de las instancias productivas particulares adquieren un preciso sentido, comprendidas por los proyectos y modos sociales de producción del habitar.

Por otro lado, si el trabajo implicado es de naturaleza propiamente artística, el sitio, contemplado a cierta distancia, percibido efectivamente a través de los sentidos por el entendimiento, deviene un paisaje. El paisaje no debe confundirse con la manifestación del sitio, esto es, su constitución natural como fenómeno. Un paisaje constituye un escenario para quien lo habita y sólo entonces adquiere una peculiar significación propia ya de un lugar.

El paisaje es una estructura vincular objetiva-subjetiva de naturaleza perceptiva ambiental. Si el territorio estaba signado por el dominio efectivo, el paisaje aparece signado por su parte por la percepción y la expectativa que resulta de la valoración. Esta valoración transforma a un sitio en un bien o una cosa con valor y este valor, que en principio es estético, deviene, antes o después en un valor económico o afectivo. Todos y cada uno de nuestros sitios habitados en forma particular tienen lugar efectivo en un paisaje obrado por el habitar humano como condición.

Por fin, si la energía productiva puesta en juego es de naturaleza afectiva, el sitio físico se transforma en un pago. El territorio efectivamente habitado, el paisaje dominado por la identidad de quienes lo tienen por propio, configura un pago. El término proviene del latino *pagus*, esto es, el país en su dimensión territorial, paisajística y habitable, que se produce toda vez que se verifica la identidad, memoria y apropiación de sus locatarios. El pago ha dejado de ser una porción abstracta de la superficie terrestre, a la vez que ha dejado de ser un escenario puramente episódico: se refiere a la integración totalizadora de la experiencia vital en el lugar.

El término pago es el recurso conceptual y lingüístico que otorga a la habitación humana la dignidad del nombre propio. Constituye una síntesis concreta y entrañable del vínculo entre el interior de la conciencia del hombre y la región propia del habitar. Es inalienable de la experiencia habitable del sujeto cuando éste ha desarrollado morosamente su legítima apropiación del lugar que habita. Si los azares de la existencia alejan al sujeto de su pago, se suscita en aquel una esencial nostalgia.

Si ya hemos descrito sucintamente la primera modalidad de prácticas sociales de producción de lugares, ahora cabe ocuparse de la segunda modalidad: las prácticas sociales de producción material de lugares. Hemos encontrado que los territorios, los paisajes y los pagos no son preexistencias físicas, sino constructos de la presencia humana en los sitios. En forma análoga, los lugares, en su condición de sitios transformados en modo tanto material como energético, son productos del obrar habitable del hombre.

A estos efectos debemos desarrollar la caracterización sistemática de las prácticas sociales de producción del hábitat. Desde un principio, debemos observar que toda práctica productiva es social en virtud de su propia naturaleza: un obrar humano sustraído de un marco social no configura una producción en el sentido cabal del término, sino un hacer abstracto. No obstante, es forzoso reconocer que la vida social se ha anticipado a caracterizar de un modo específico la locución producción social del hábitat.

Por producción social del hábitat entendemos todos aquellos procesos generadores de espacios habitables, componentes urbanos y viviendas que se realizan bajo el control de autoproductores y otros agentes sociales que operan sin fines de lucro.

Los procesos de producción social de vivienda y otros componentes del hábitat se dan tanto en el ámbito rural como en el urbano, y pueden tener origen en las propias familias actuando individualmente, en grupos organizados informales, en empresas sociales como las cooperativas y asociaciones de vivienda, o en las ONG, los gremios profesionales e incluso las instituciones de beneficencia que atienden emergencias y grupos vulnerables.

*Las variantes autogestionarias incluyen desde la autoproducción individual espontánea de vivienda hasta la colectiva que implica un alto nivel organizativo de las y los participantes y, en muchos casos, procesos complejos de producción y gestión de otros componentes del hábitat.* (Ortiz Flores, 2012)

Cabe aclarar que esta denominación, extendida en la conciencia social, cubre apenas un sector del campo de la verdadera producción social del hábitat. Los modos empresarios tradicionales, tanto industriales como mercantiles de producción del hábitat son también a su modo sociales. Lo que justifica parcialmente la especificación dominante es que los modos alternativos reclaman para sí la caracterización de sociales, en función a su completa inmersión en una economía social alternativa a la efectivamente operante en la actualidad. El calificativo de social es una seña de identidad de los activistas sociales en pos de un hábitat más inclusivo y obra de una lógica y gestión alternativos a los empresariales.

Mientras tanto, es necesario analizar aquí el desempeño efectivo de los diversos actores sociales en el total del escenario actual. Así, se verá, caso a caso, cómo los diversos actores conciben, proyectan, construyen e implementan la producción concreta del habitar. Para ello se honrará la concisa y profunda definición de Peter Sloterdijk: *"Producir significa profetizar cosas con las manos."* (Sloterdijk, 2004: 286).

En efecto, debe verse la producción social del habitar como una proyección de un presente hacia un futuro que se construye concretamente con aquello del mundo que reside, precisamente, a la mano. Así, no se trata sólo de expresiones de puro ensueño del deseo, sino de tentativas de manufacturar estados futuros de cosas, las que, de una u otra forma, constituyen revisiones críticas de los estados presentes.

Cabe asumirlo en toda su significación: habitar es también una producción. Habitar, en esencia, es un arte. Habitar no es un acontecimiento que se reduzca a sucederle a un sujeto pasivo. Un habitante es artífice del lugar que ocupa. Toda presencia es fruto de una actividad productiva de situación y acontecimiento. Toda ocupación resulta de una actividad productiva de un lugar a costa de un sitio físico. Todo encontrarse supone aunar voluntaria y deliberadamente el hallarse como hecho y el reconocerse allí como actividades mutuamente implicadas.

Habitar es una actividad dirigida a la consecución de una *buena vida*. Y una buena vida es algo más que transcurrir; es resultado del ejercicio de un arte.

## 4.2 LOS AGENTES PRODUCTIVOS

Los primeros agentes productivos del habitar son los comitentes. Sin su presencia, poder, solvencia y demanda, no sería posible ninguna transformación concreta del hábitat. En condiciones primitivas de producción, el poder de realizar demandas efectivas está limitado a muy pocos individuos. El origen de las construcciones de cierta complejidad técnica, tales como los crómlech de Stonehenge, sólo puede tener lugar en el seno de una sociedad radicalmente estratificada, en donde unos pocos poderosos puedan imponer a grandes masas un trabajo relativamente penoso y dilatado en el tiempo. Por otra parte, la construcción puramente doméstica articula estrechamente al comitente con el constructor. En la antigua Grecia este vínculo se verificaba entre el ciudadano y el *oikódomos*, constructor de casas.

La principal práctica productiva del comitente es la concepción original de una demanda específica. En tiempos de Vitruvio, el Emperador, como comitente, era considerado el verdadero *auctor* de la obra arquitectónica. Ni la realización material (tarea de esclavos), ni el diseño (tarea del arquitecto) eran especialmente trascendentes frente a la comisión de la misma obra, signo de poder tanto como de solvencia. En la actualidad, algo de esto perdura: la nueva Ópera de París es considerada tanto obra del arquitecto Carlos Ott como del presidente François Miterrand.

De todos modos, sigue siendo excepcional un caso como el de Ludwig Wittgenstein, el que influyó decisivamente en la síntesis de la forma de la casa de su hermana Margarethe. También resultó infrecuente, aunque decisiva, la intervención de Richard Wagner en su teatro de Bayreuth. Lo esperable, en general, es que un comitente particular, en función a su calificación y solvencia económica negocie con un arquitecto la definitiva conformación de la construcción. Estos aspectos se aplican tanto al diseño como a la realización material.

Esta relación entre el comitente poderoso y solvente con el constructor es un tipo de vínculo francamente minoritario si se considera cómo el conjunto del cuerpo social soluciona su demanda de sitios habitables, en particular, si se considera la construcción doméstica, por una parte, y si se considera exclusivamente el comitente con el usuario final, por otra. Como se verá más adelante, el comitente empresario o promotor tiene especiales características que lo diferencian del comitente tradicional.

Frente al comitente, en una elemental división social del trabajo, se planta el constructor. Se trata de un artesano especializado o de un empresario capaz de coordinar un equipo de trabajo más o menos considerable. La concepción dominante en estos agentes es la elaboración de un ingenio útil, esto es, la consecución eficaz de una estructura que abra lugar al uso. Podría tratarse, en principio, de la recíproca contracara ofertante plantada ante las demandas del comitente.

En cierto sentido, el constructor, vinculado directamente a su comitente, ofrece elencos de propuestas que domina según las circunstancias de la cultura tectónica disponible. Proliferan las soluciones más o menos repetitivas, en la medida en que se configure un relativo consenso dominante en el que coinciden las demandas con las ofertas correspondientes. Los tipos predominantes de arquitectura doméstica en nuestras ciudades latinoamericanas provienen de estos consensos.

Fruto de la división social del trabajo, surge intermediando entre la figura del comitente y el constructor, la figura social y profesional del arquitecto. Figura de intermediación entre la demanda y la solución tectónica, el arquitecto proviene de dos diferentes orígenes sociales. El arquitecto medieval es un artesano primus inter pares, que domina un oficio y responde a la etimología que quiere que el arkitekton sea el principal de los artesanos de obra. Por su parte, un arquitecto como Leon Batista Alberti se forja como un humanista e intérprete de las demandas de calificados comitentes.

El oficio y la profesión del arquitecto se forjan en la interfase entre el comitente y el constructor. Allí se disciplinan el conocimiento experto de la demanda, el desarrollo competente las técnicas geométrico proyectivas al servicio de un sofisticado diseño y el relativo conocimiento empírico de la técnica constructiva.

La relación modélica triangular y virtuosa entre comitente, arquitecto y constructor, de todas formas, es apenas una parte muy restringida de las prácticas productivas del hábitat. Esta restricción es doble en su aspecto social —sólo los comitentes muy solventes y poderosos acceden a la intervención de un arquitecto profesional—, así como en sus aspectos productivos —la intervención del arquitecto sólo se justifica, en principio, en realizaciones muy sofisticadas o llanamente suntuarias—.

Aun así, el desarrollo del saber arquitectónico se aplica a la normalización disciplinar de los modos de concepción de la arquitectura de los lugares. Por otra parte, se perfecciona históricamente el proceso de síntesis de la forma según modos específicos del proyecto arquitectónico. En forma recíproca al proyecto, evoluciona a su manera el dominio tecnológico del arte de construir, transitando de una morosa artesanía a una competente rama industrial.

Fruto del desarrollo del modo capitalista de producción, emerge en la producción social del habitar la figura del promotor inmobiliario. Este se aplica a promover, realizar y colocar en el mercado tanto parcelamientos urbanos, edificios de renta o emprendimientos de vivienda, tanto popular como suntuaria. Gran parte de la fisonomía de las ciudades latinoamericanas es fruto de la iniciativa relativamente exitosa de tales empresarios, actores fundamentales de la expansión urbana liberal. La novedad que irrumpe es que los promotores inmobiliarios no son ya comitentes-usuarios, sino empresarios que elaboran a su modo mercancías, en forma de suelo urbano e inmuebles, que se colocan mediante compraventa.

Las primeras iniciativas de esta actividad la constituyen la inversión de excedentes de la actividad industrial o comercial en inmuebles de renta. Así, los inmuebles de las zonas centrales de las ciudades decimonónicas se organizan como edificios en altura, que suelen tener salones comerciales en planta baja y, prolijamente estratificados, sucesivos niveles de vivienda de renta que van disminuyendo en valor hacia el altillo o mansarda, allí en donde se alojan los sirvientes, poetas y estudiantes como los que protagonizan *La bohème*.

Otro importante aspecto del negocio del promotor lo constituye la configuración de suelo urbano a través de lo que se ha denominado, sardónicamente, el urbanismo de los agrimensores. La ciudad decimonónica se extiende, más allá de sus confines coloniales, a impulsos de sucesivas iniciativas liberal-mercantilistas de parcelamiento urbano. Emprendimientos de corte especulativo, la labor de estos actores es transformar suelo rural en urbano, posibilitados por una inexistente regulación territorial y por la extensión de los servicios de transporte público.

Por fin, la promoción inmobiliaria integral, esto es, la promoción de la construcción de edificios destinados a su venta, proviene de la experiencia de las iniciativas en pro del alojamiento obrero y popular. Sea a impulsos de los industriales que procuran alojamiento a su personal, sea fruto de emprendedores especulativos o sea a través de iniciativas de corte filantrópico, la solución empresarial a la cuestión de la vivienda obrera constituye el antecedente de esta forma de promoción. En ciertos casos, se llega a constituir verdaderos enclaves de carácter urbano.

Los promotores tienden a concebir los lugares a producir en primer lugar como mercancías: lo verdaderamente crucial es conformar una oferta comercialmente atractiva. La atracción de la mercancía radica en aquello que parece responder creativamente ante una demanda ("Esto es lo que usted necesita"), aquello que es presentado como oportunidad económica ("Esto que le ofrezco es valioso y sin embargo está al alcance de sus posibilidades económicas"), y aquello que se presenta como una solución a un problema ("He aquí lo que le conviene a sus circunstancias").

El principal problema radica en que lo ofrecido es, precisamente, una cosa-mercancía. Una entidad de tal naturaleza cumple su fin social en el consumo. Pero el consumo de una cosa es sólo un aspecto de la compleja relación que tienen los habitantes con sus lugares. Es frecuente que los activistas sociales protesten afirmando ¡Una vivienda no es una mercancía! Sin embargo, la cruda realidad es esa: la vivienda, como tal, es una mercancía, mientras que el lugar en donde uno vive, no lo es.

El promotor inmobiliario ha conseguido imponer al resto del cuerpo social una concepción sumamente importante: el habitar una residencia se reduce a acceder a una vivienda, la que se puede vender, alquilar y comprar. De las complejas relaciones humanas entabladas entre los habitantes con los lugares que efectivamente habitan, la promoción inmobiliaria extrae la ideología del acceso a la vivienda. Ideología que no resulta extraña al propio Estado, cuando éste desarrolla políticas de vivienda como políticas sociales.

Las prácticas de proyecto de los promotores inmobiliarios se apoyan en el conocimiento competente del mercado, de la disponibilidad de excedentes y de la competencia entre alternativas de su inversión. Así, un proyecto inmobiliario resulta de una adecuada interpretación de las circunstancias económicas en sus aspectos tanto espaciales como temporales. Es crítico en esta actividad dónde y cuándo invertir, tanto como en determinar el producto ofrecido.

Como comitentes, los promotores controlan de forma mucho más competente que los particulares no calificados el desempeño económico y financiero de los emprendimientos. En función de su experiencia y conocimiento del mercado, negocian de manera más ventajosa con los arquitectos y los constructores: de esta forma definen con más precisión relativa el producto. Consiguen de esta manera un relativo control sobre los costos de producción, lo que resultará decisivo en la rentabilidad de la inversión.

La implementación de los lugares habitables conseguida por los promotores tiene ciertas particularidades. Por una parte, los precios no se regulan como en el resto del mercado: la oferta tiene características oligopólicas. Los promotores colocan su oferta a los precios para ellos convenientes y si no lo consiguen en unas circunstancias, pueden esperar durante períodos más o menos prolongados el momento oportuno. De hecho, siempre parece haber un stock de viviendas desocupadas —tanto nuevas como usadas— esperando el momento adecuado para su comercialización.

En estrecha alianza con la actividad de los promotores opera el sistema financiero. Alguien ha comparado al sistema financiero con el sistema circulatorio del cuerpo: conduce los flujos de financiamiento haciendo posible tanto la promoción empresaria constructiva como la adquisición mediante créditos hipotecarios. El sistema financiero facilita la dinámica del negocio inmobiliario, sector económico que, por otra parte, es un destino importante en la colocación de excedentes de capital.

En efecto, el sector inmobiliario es una actividad económica destinataria de un tipo de inversión prudente y a largo plazo. En general, los valores inmobiliarios, peculiarmente los del suelo urbano, tienden a crecer, por lo que la actividad inmobiliaria es escenario de actividad especulativa.

Es ejemplar el caso de los desarrollos de balnearios: la especulación comienza adquiriendo predios de muy baja productividad agraria a valores bajos, realiza a continuación el parcelado urbano apropiado y, lo que es esencial, garantiza un fluido acceso del público solvente dentro del territorio circundante. Así, lugares relativamente distantes de los centros urbanos principales se vuelven cercanos e interesantes por sus condiciones ambientales y así se valorizan fuertemente al cambiar del destino rural al balneario y de éste al urbano.

El sector financiero es fundamental en este proceso al respaldar tanto las iniciativas de promoción y, complementariamente, facilitar créditos hipotecarios a los adquirentes. Estos créditos suelen ser a largo plazo, con lo que se vuelve crítica la creación de una unidad monetaria de cuenta, a efectos de absorber la pérdida de valor relativo de la moneda corriente. En nuestro país se ha elaborado al efecto la denominada unidad reajustable, que sigue la variación relativa del índice medio de salarios. Recientemente se ha impuesto en cambio, la unidad indexada, que se ajusta proporcionalmente al índice de precios de consumo.

La especulación inmobiliaria, facilitada cuando no promovida, por el sector financiero opera distorsionando el mercado de las viviendas. Los consumidores finales de las promociones inmobiliarias no son siempre y necesariamente usuarios, sino inversores de mediana escala. En escenarios económicos pujantes, el valor inmobiliario tiende a crecer más agudamente, con lo que se promueve la compraventa intensa de inmuebles, así como su alta cotización. Dado que esta cotización se distancia de los valores que los habitantes efectivos pueden pagar, tarde o temprano la "burbuja inmobiliaria especulativa" se rompe y el mercado entra en una crisis que vacía a los inmuebles de pobladores y los deja literalmente en la calle.

Existe otro actor social de singular importancia que es el Estado. Entendido éste como el orden normativo dominante en una sociedad (Di Tella et al. 2001: 234), lo consideraremos aquí un actor social productivo del habitar en consideración a su acción política positiva, a la elaboración de normas y a la propia gestión práctica de administración pública, todo esto aplicado concretamente a la producción social del habitar.

Desde el punto de vista histórico, el estado nacional decimonónico ha dejado hacer a los particulares, en su carácter liberal. Sólo hacia el siglo XX, sometido al activismo social y obrero, ha decidido intervenir, de una u otra forma, en el denominado problema de la vivienda.

En principio, esta intervención es mínima e higiénica: se reglamentan mínimos habitables y se va estableciendo de modo progresivo normas básicas de aceptabilidad en las construcciones. Hay intentos más o menos eficaces de conducir el desarrollo y expansión de las ciudades, no sin dificultades. Gobiernos nacionales y municipales van a su modo desarrollando las necesarias infraestructuras urbanas, tanto desarrollándolas por sí, como propiciando el servicio de empresas privadas.

Toda vez que el liberalismo clásico fue cediendo a las formas del estado de bienestar, los gobiernos fueron asumiendo diversas iniciativas, las que, dotadas de mayor o menor coordinación, suponen el ejercicio de políticas sociales. Dentro de estas políticas sociales surge, con claridad creciente hacia la segunda mitad del siglo XX, las políticas públicas de vivienda.

Las políticas públicas de vivienda se construyen sobre un conjunto de presupuestos tácitos que conviene examinar desde la perspectiva de la Teoría del Habitar. En primer lugar, cabe analizar su propia denominación: la política social pública se enfoca a la vivienda, reduciendo el complejo fenómeno del habitar al de la morada o alojamiento más o menos permanente de las familias. El verdadero problema social del habitar se ve tan reducido como, por otra parte, los CIAM habían reducido el concepto de habitar: a la función del alojamiento, diferenciado del trabajo, la circulación y la recreación.

En segundo término, el concepto de vivienda, en el contexto de la política social pública se especifica aún más: el objeto de la política es el acceso a la vivienda de interés social. Con este concepto se interpreta la demanda social por la habitación de lugares adecuados, dignos y decorosos, en ciertos términos que, si bien han sido más o menos pacíficamente aceptados, no parecen resistir un detenido análisis crítico.

El Estado, a través de los instrumentos jurídicos, elabora una estructura conceptual y normativa que define la habitabilidad en términos tenidos por esenciales. En realidad, se trata de especificaciones técnicas de mínimos de adecuación (de superficies construidas, de prestaciones funcionales, de condiciones de iluminación y ventilación, etc.). Mínimos impuestos a la vivienda popular promovida por el Estado, que se vuelven estándares para el conjunto de la producción privada. Los mínimos de adecuación condenan a los habitantes a las miserias del Existenzminimum, dejando las holguras de la dignidad y el decoro a salvo en la construcción residencial suntuaria.

El gran objetivo del perfilado de la vivienda de interés social es la especificación formal y sustancial del producto, con el fin de conseguir la minimización de los costos constructivos. La vivienda popular, entonces, debe ser una vivienda barata, más allá que es verdaderamente racional considerar los costos de mantenimiento y la durabilidad relativa como extremos ciertamente críticos para una familia de escasos recursos. Lo que en verdad resulta de este supuesto es que hay todo un desarrollo tecnológico destinado a abatir los costos de producción, abatimiento que no se ve reflejado, necesariamente, en los costos comerciales de las viviendas de interés social.

La conceptualización de la vivienda de interés social, en definitiva, sobresimplifica el complejo problema del habitar popular como un problema de acceso económico a una vivienda convenientemente abaratada, la que sin embargo resulta penosamente onerosa para los adquirientes. Acceder a una vivienda abaratada, en un solar apartado de la trama urbana, constituyendo un enclave puramente residencial y no un contexto cabalmente urbano, no es una solución satisfactoria para las demandas integrales de amplios sectores sociales. Estos demandan, en los hechos, adecuados, dignos y decorosos lugares para vivir y los lugares para vivir son algo muy diferente a un conjunto meramente agregado de viviendas.

La expresión típica y arquitectónica del desarrollo del concepto y la práctica de la vivienda de interés social lo constituye el conjunto habitacional. Por tal se entiende un conjunto de viviendas, más o menos extenso, servido sumariamente por un salón de reuniones comunitario y dotado de una estructura circulatoria propia y a menudo diferenciada de la traza urbana circundante. En general, los conjuntos adquieren una fisonomía propia no sólo al diferenciar su diseño arquitectónico del entorno circundante, sino fundamentalmente por irrumpir diferenciadamente como conjunto de edificaciones en un contexto no siempre respetado en su funcionamiento y desarrollo.

En general, los conjuntos habitacionales suponen una novedad en las regiones urbanas en donde se implantan. Implican a veces la localización de cantidades de personas en densidades desusadas en el sitio. Se conmueve con esto el entramado social preexistente con la irrupción de "extraños". En ocasiones, también suponen el desplazamiento de ocupantes ilegales o precarios, por lo que se generan tensiones y disputas de territorios.

Las viviendas construidas, por su parte, suelen tener, además de áreas mínimas, poca capacidad de adaptarse a otros usos. Con esto, el desarrollo de pequeñas actividades artesanales o comerciales tienen dificultad para cumplir con su tradicional desempeño urbano: intensificar las interacciones sociales en cantidad y calidad. En no pocas ocasiones, la desafortunada localización de locales comerciales hace que éstos permanezcan vacíos por falta de aptitud específica.

En síntesis, el conjunto habitacional, producto arquitectónico de las políticas públicas de vivienda, ofrece un aspecto contradictorio: por una parte, se presenta como una solución habitacional para sectores populares y medios, por otra, supone un desarrollo anómalo de la ciudad moderna, en donde proliferan, aquí y allá, regiones-islas puramente dedicadas a la residencia, fuerte y contradictoriamente yuxtapuestas al resto del tejido urbano. Con un agravante: quizá estos conjuntos habitacionales sean los inspiradores de las denominadas gated comunities, esto es, barrios residenciales cerrados a la ciudad.

Tanto en la ciudad consolidada como en los márgenes urbanos y sociales se desarrolla a su modo la acción más que milenaria de los autoconstructores. Con mucha imaginación e iniciativa, aliada necesaria de los presupuestos cortos y aún inexistentes, los artesanos de lo propio consiguen, con dispares resultados, volver habitables sus sitios. Esquivando toda formalidad, apelando a veces a la solidaridad microsocial, construyen efectivamente mucho más que los empresarios formales. Nuestras ciudades albergan, en el traspatio de muchas viviendas que dan a la calle, unas segundas y a veces terceras residencias forjadas en silencio y al resguardo de los organismos reguladores y sobre todo de las instituciones fiscalizadoras.

Los autoconstructores hacen uso de destrezas presentes en el cuerpo social, así como recursos económicos sustraídos a la circulación formal de los bienes. En realidad, conseguir hacer una "reforma" siguiendo todas las formalidades exigidas por reglamentos e instituciones puede resultar frustrante. El burocratismo y el formalismo exagerado promueven activamente la proliferación de las más enérgicas iniciativas de los fines de semana. Por otra parte, las relativas estrecheces económicas desafían a la paciencia tanto como a la creatividad.

Originados en las masas desposeídas y sumidas en la pura necesidad, se manifiestan, cada vez mejor organizados y aún mejor inspirados, los activistas sociales. En estos actores sociales se desarrollan las formas más elaboradas de conciencia social de las demandas sociales exigibles en torno al derecho a la vivienda.

Los activistas desarrollan en profundidad sus prácticas sociales de concepción, no sólo del producto buscado, sino también de la solución de procedimientos constructivos en consonancia con la posibilidad de autoconstruir de forma organizada y sistemática. Intervienen activamente en métodos participativos de proyecto, colaborando activamente con los proyectistas profesionales. Es frecuente que, así como demandan financiación pública para la construcción, ofrezcan en contrapartida la posibilidad de trabajar en el proceso productivo, con el fin de reducir costos sin mengua de la calidad final.

Quizá sea en la implementación en donde la labor de los activistas organizados sea más interesante. Estos activistas no se contentan con consumir sus productos, sino que aspiran a desarrollarlos en el tiempo. Es frecuente que reclamen a los poderes públicos un tratamiento diferenciado con el argumento que las viviendas y conjuntos habitacionales así desarrollados dejan de ser simples mercancías para ser bienes de pleno uso.

De esta manera se entiende las diferentes actividades de los distintos actores sociales: conforman un cuadro ciertamente contradictorio y variopinto. En donde estas contradicciones se manifiestan con mayor claridad es en la confrontación de los diversos proyectos sociales del habitar.

## 4.3 LOS PROYECTOS SOCIALES DEL HABITAR

Habitar es un proyecto. La situación y acontecimiento del habitar siempre se vuelca con expectativa hacia el futuro y guarda profunda memoria de lo vivido. Habitar prolifera en unas instancias críticas que alientan la transformación, a veces morosa, de los lugares: se habita, en cierta forma, en obras en construcción y reforma.

Si bien los modos de habitar de cada particular adoptan formas con mucho de idiosincrático, las conductas sociales tienden a hacer concurrir, aquí y allá y según perfiles socioeconómicos y culturales ciertos proyectos sociales del habitar que van orientando el desarrollo de la ciudad contemporánea. Así, cada figura de agente social conforma un proyecto más o menos regular, el que se traduce en la acción habitable y en las tensiones sobre la ciudad como producción social.

Por una parte, los comitentes altamente solventes tienden a conductas defensivas frente a la inseguridad ciudadana y al rechazo al contacto con sujetos de pobre condición económica. El principal recurso de estos sectores es tomar distancia de los contaminados sectores centrales de las ciudades, en busca de suburbios residenciales ocupados principalmente por población acomodada. La amplia disponibilidad de transporte automotor privado hace posible que el distanciamiento opere como factor excluyente. En tales suburbios se dispone de grandes solares con residencias suntuarias dispuestas en regiones aventajadas desde el punto de vista ambiental.

En los últimos tiempos la mera distancia no resulta suficiente para la exclusión de incursiones indeseadas, de forma que se impone el confinamiento urbano en los denominados "barrios privados" o *gated communities*. Allí no solo opera el mero alejamiento, sino que se provee de servicios privados de seguridad y restricciones al ingreso.

Por su parte, los sectores de ingresos medios libran una

dura competencia para acceder a zonas en que se asegura una densa y rica red de servicios. Así, se disponen las diversas regiones urbanas según escalas de valores inmobiliarios que aúnan la densidad de población con la solvencia media de los pobladores. De esto se originan diversas regiones muy precisamente estratificadas y cada vez más diferenciadas entre sí, en donde la media del ingreso y los perfiles de consumo típicos son los principales elementos identificadores tanto de los lugares habitados como de los propios habitantes.

Mientras tanto, los sectores depauperados ensayan diversas modalidades de acción. Por una parte, reclaman a los organismos públicos soluciones que hagan posible tanto el acceso al suelo urbano como a la construcción de viviendas populares. Estos proyectos tanto adoptan las formas de proyectos públicos o privados "llave en mano", esto es, ofertas inmobiliarias previamente definidas o bien proyectos propios de los comitentes gestionados en forma social participativa, generalmente bajo formas cooperativas. Por otra parte, en las capas más relativamente carentes, se apela a la ocupación irregular de zonas marginales de suelo urbano o suburbano, acompañada por esfuerzos de autoconstrucción individual o familiar.

Por lo general estos sectores acceden a regiones urbanas en los que los servicios urbanos (transporte, vialidad, saneamiento, provisión de agua potable y energía eléctrica, educación, cuidado de la salud) aparecen distantes o inexistentes. Una vez que las familias consiguen resolver de algún modo el requerimiento del cobijo y con la experiencia cotidiana, se van manifestando las dificultades inherentes a estos emplazamientos. Es entonces cuando se ensayan diversas formas de movilización social en pos de acercar los servicios faltantes.

Gracias al impulso de estos proyectos sociales, las ciudades latinoamericanas se explayan sobre el territorio, a costa del suelo rural circundante. Recíprocamente, las áreas centrales se van vaciando, toda vez que la población pobre se ve desplazada por el costo de los alquileres, los sectores medios se ven atraídos por locaciones alternativas a las céntricas y los sectores acomodados huyen hacia enclaves distantes y reservados. Gracias a este proceso, las áreas centrales languidecen, sobre todo cuando termina la jornada laboral: los centros históricos suelen conformar escenografías vacías de vida auténtica, más allá de la oferta comercial a turistas y los centros financieros, que bullen de actividad durante el día, se vacían en la noche.

La acción de los organismos públicos, en lo que toca a los proyectos sociales del habitar aparecen caracterizados como soluciones puntuales para problemas particulares. Parece haber falta de proyectos unificadores que orienten tanto la labor pública como ciertas conductas de los agentes privados. No faltan, por cierto, agudas contradicciones entre diversas agencias gubernamentales, cuyas lógicas de acción coliden unas con otras.

Como resultado de los contradictorios proyectos sociales que se desarrollan en su seno, las ciudades latinoamericanas derivan en lugares inadecuados para vivir, disarmónicos, segregados social y espacialmente, y a la vez que son fundamentalmente injustos, devienen lugares asolados por la inseguridad y el temor. Es de esperar que la elaboración de la conciencia política de los ciudadanos, en especial los activistas sociales, devenga en unas consignas claras, contundentes y llenas de contenido integrador con las que el conjunto de actores sociales pueda entender la naturaleza de la actual insostenibilidad urbana y social.

En la actualidad es dable observar una crisis urbana signada tanto por la dispersión generalizada de los proyectos sociales de habitación, por el efecto perverso de las prácticas empresarias de desarrollo de *urbanización sin ciudad*,[2] y por una disolución de la ciudad tanto en el espacio como en el tiempo.

---

[2] La locución fue acuñada por el geógrafo español Jordi Borja.

## 4.4 ESTÉTICA DEL HABITAR

Habitar es un arte. Lo es, en primera instancia, porque supone prácticas sociales de producción y esta producción, por su naturaleza, deviene en resultados contingentes, según la caracterización aristotélica del sentido del término tekné. En segundo lugar, habitar es un arte porque es una actividad dirigida a la consecución de una buena vida. La locución "buena vida" tiene caracteres tanto éticos como estéticos. Por fin, en una tercera instancia, debe reconocerse que el habitar resulta en ocurrencias de la más variada conformación, pero siempre ofrecen en primer lugar sus aspectos a la consideración de los sentidos.

En términos muy generales, todo habitar particular sigue una poética. No obstante, si se considera que a una poética le sigue como su sombra un marco de reglas, hay que reconocer que lo que existe en verdad es una pluralidad de poéticas. Por una parte, quizá sea deseable que exista tal pluralidad, toda vez que de ella resulta una agradable variedad vital. El problema radica en el carácter contradictorio de los marcos normativos. El sistema de reglas y la lógica que enmarca la acción de promotores inmobiliarios es contradictoria con la de los proyectos sociales del habitar propios de los activistas sociales. Por su parte, el sistema de reglas que impone el gobierno del Estado no alcanza a armonizar los intereses contrapuestos, quizá porque, en el fondo, estos son de naturaleza inconciliable.

En lo que toca a las poéticas del habitar, entonces, puede tenerse por seguro, en primer lugar, su pluralidad normativa, en segundo término, la conformación contradictoria de sus marcos de referencia y, en tercer lugar, el carácter heteróclito de la poética social de los lugares, lo que hace de la ciudad y el territorio especiales obras de arte. El estudio atento de las poéticas debe ser necesariamente complementado con el análisis de las condiciones sociales, económicas y culturales que no sólo las hacen posibles, sino que les confieren su significación propia.

Cabe en principio oponer modalidades poéticas en la medida en que pueden establecerse alternativas. Existe una primera oposición entre lo que podríamos caracterizar como poéticas de la síntesis de la forma contrapuestas a poéticas del embellecimiento. Aquí lo que permite establecer la alternativa es la concepción fundamental de la forma arquitectónica.

Para una poética del embellecimiento la consecución de la tradicional tríada vitruviana (utilitas, firmitas, venustas) se consigue sólo a través de un compromiso con los principios de formatividad: hay un orden de consideraciones para la utilidad, diverso de otro que persigue la estabilidad durable y ambos distinguidos del orden que informa la belleza perceptible. En virtud de ello se considera el plano estético como un conjunto de solicitaciones autónomo y articulado, con lo que, conseguidas la estabilidad y la utilidad relativas a través de un protocolo de específicas consideraciones constructivas, lo estético sería un orden añadido, en todo caso facultativo y por ello y de suyo no-necesario.

Opuesta a tal concepción, una poética de la síntesis de la forma afronta el problema de la determinación de la forma arquitectónica en un modo tal en que la articulación categorial vitruviana debe entenderse como un ejercicio necesario de síntesis superior. Así, el método no sigue las líneas de articulación conceptual vitruviana, sino que, desde la raíz se desarrolla un único y sintético sentido arquitectónico que propende a la composición específica de la forma. En este caso, lo estético sólo puede ser contemplado en su integración finalista con las otras categorías y no constituye ninguna añadidura facultativa, sino factor necesario y siempre presente.

Por otra parte, es dable oponer unas poéticas artesanas a otras poéticas afectadas por el productivismo moderno. En este caso se opone, en el fondo, el debate acerca del trabajo socialmente necesario para producir las diversas ocurrencias arquitectónicas. Al respecto, es oportuno traer a la consideración el aporte de Ralph Linton.

Hay siempre un punto más allá del cual la ulterior elaboración de la conducta no produce un incremento de eficacia proporcional al aumento de trabajo realizado. Sin embargo, las culturas existentes indican que estos límites no guardan relación con el progreso cultural. Todas las sociedades han llevado sus reacciones ante ciertas situaciones hasta un grado superior al máximo de utilidad relativa. Aún en el caso de herramientas y utensilios, donde serían más patentes las desventajas de semejante conducta, poseemos abundancia de ejemplos que demuestran un gasto totalmente innecesario de trabajo y materiales. (...)

Esta tendencia a la complejidad innecesaria de la cultura, perjudicial en ciertos casos, es uno de los fenómenos más significativos de la vida humana y demuestra que el desarrollo de la cultura se ha convertido en un fin en sí mismo. El hombre puede ser un ente racional, pero ciertamente no es un ser utilitario. (Linton, 1936: 99s)

En estas consideraciones se advierte que el destacado antropólogo concibe la elaboración de la conducta —enunciado en sus propios términos— del modo en que la juzgaría un ingeniero industrial moderno: en función de una eficacia que tiene un producto industrial depurado. Es cuestionable que toda producción humana deba ser considerada desde tal punto de vista. Lo que es extremadamente valioso es la constatación de la crucial distinción entre racionalidad productiva humana y utilitarismo.

En virtud de estas consideraciones, las poéticas artesanas se desarrollan aplicando la cuantía socialmente necesaria de trabajo, en donde la medida de ésta radica en la convicción interna que aúna por igual tanto al artesano como al usuario. No hay tanto sobreproducción como acabamiento debido en el producto artesano. El artesano cabal no trabaja, por cierto, en demasía, sólo que se asegura, con sus propios criterios, de producir su obra en forma íntegra, "como es debido" o "según las reglas del arte".

Por su parte, las poéticas afectadas por el productivismo industrial tienden a la minimización economicista del trabajo, virtud puramente mecánica, inherente a los modos capitalistas de producción y por completo autónomas de las solicitaciones del usuario que pasa a ser, apenas, un consumidor. Hay que probar, en este caso, si la cuantía de esfuerzo es la suficiente y necesaria, así como en qué medida el producto industrial no resulta en definitiva de un empobrecimiento del producto.

Una tercera oposición se entabla entre poéticas que se pretenden multidisciplinarias (poéticas del diseño, poéticas plásticas) y otras que se reivindican como propias y específicamente arquitectónicas. Aquí el punto de debate reside entre la importancia relativa conferida ya a los aspectos genéricos de la producción, ya a los aspectos específicos de una disciplina.

Las poéticas multidisciplinarias son opción de quienes se centran en la figura del artífice, su talento y capacidad de obrar según principios generales, que agrupan a diversas disciplinas como aspectos apenas puntualmente diferenciados de un hacer creativo, imaginativo e innovador. Para algunos la propuesta de forma de un tenedor tanto como la intervención urbanística en una ciudad son, fundamentalmente, temas de diseño y éste sigue reglas generales y comunes en donde la especificidad es apenas incidental.

Por su parte, es posible concebir poéticas arquitectónicas propias, en donde se enfatice el papel diferencial de las especificidades disciplinares. Se reconoce, por un lado, que hay aspectos arquitectónicos propios del diseño, pero por otro, que hay además caracteres arquitectónicos que no se subsumen necesariamente en el diseño, tales como el acondicionamiento habitable, la cultura tectónica local y la semiótica específica y propia de la arquitectura. De esta manera se entiende la poética arquitectónica como el sistema específico para la consecución de la forma arquitectónica. Tal sistema es abierto, pero no obstante se constituye con autonomía disciplinar.

Por otra parte, es necesario complementar esta visión con el examen de la recepción del fenómeno estético.

Entendemos aquí por *fenómeno estético*, una categoría de manifestaciones de lo real, producto de específicos vínculos entre los sujetos y sus objetos, de constitución compleja, en donde a la percepción de formas y figuras del objeto le corresponden sensaciones, percepciones y juicios de agrado o desagrado relativos, que se aplican en un específico marco de valores. De este modo se constituye una región deslindada en del conjunto integral de la actividad humana, en función a la kantiana clasificación que distingue las esferas del conocimiento y de la práctica, de la esfera del juicio

Por su parte, definiremos aquí la experiencia estética como una disponibilidad constitutiva del sujeto que integra y sistematiza a su modo la recurrencia de fenómenos estéticos que experimenta, de modo que cada nueva ocurrencia es juzgada pormenorizadamente como un caso en un marco contextual específico. Supone la consideración de diferentes objetos estéticos confrontados a las facultades mentales superiores de un sujeto evaluador, que se resuelven en juicios de valor específicos. En torno a esta caracterización de la experiencia estética es donde se desarrollará la teoría estética específica para el caso de la arquitectura.

El lugar habitado, como origen de unos fenómenos estéticos, se manifiesta como una estructuración significativa de sus aspectos de artefacto diseñado, de objeto útil y de hecho construido. Es posible conjeturar que la consideración específica del lugar habitado sea quizá el punto de vista perspectivo propio de la arquitectura, dada su intrínseca finalidad. La manifestación plena de lo arquitectónico, en tanto objeto, radica entonces en su caracterización como lugar habitado.

En principio, cabe suponer que la asunción estética corriente de la arquitectura es la configuración de una cierta contemplación de un artefacto. Sin embargo, hay que hacer notar que esta perspectiva es falaz —o ingenua— si se atiende a ciertas características. El modo cabal de interactuar con la arquitectura es habitarla, con lo que se ponen en juego no sólo una compleja estructura de percepciones, sino que también el habitante deviene en sustancialmente más comprometido con su objeto que un mero espectador. Por otra parte, el objeto arquitectónico no se reduce al artefacto material, sino que incluye, para constituir una cabal experiencia de habitación, la colaboración activa del sujeto habitante. El objeto arquitectónico es, a la vista de su habitación, una estructura relacional sujeto-objeto.

De ello se desprende que la asunción estética de la arquitectura es cabalmente una determinación de un habitar estético. Por habitar estético se entiende aquí a una forma de habitar que incluye la totalidad de una cabal experiencia estética de la arquitectura. Y por experiencia estética de la arquitectura se entiende, según se ha visto: una disponibilidad constitutiva del sujeto estético que integra y sistematiza a su modo la recurrencia de fenómenos estéticos que experimenta, de modo que cada nueva ocurrencia es juzgada pormenorizadamente como un caso en un marco contextual específico.

Así, una posible asunción estética de la arquitectura deviene de la experiencia plena del habitar. Del seno de esta última es posible y pertinente diferenciar el componente específicamente estético. Por ello, la asunción estética cabal de la arquitectura no resulta de una abstracción a priori, sino de un juicio concreto ambientado en el seno de una experiencia concreta.

Habitamos nuestro mundo transformándolo y proliferando los artefactos del vivir. Estas transformaciones y estos artefactos adquieren, a través de su manifestación ante los sentidos, entrañables significados. Por ello la arquitectura tiene un compromiso ineludible y una legítima aspiración al logro estético, en la medida en que nuestro mundo nos debe resultar inteligible, según las palabras del ingeniero Eladio Dieste. Nos resultará inteligible en tanto los objetos arquitectónicos tengan significado y sentido y porque estas características se sinteticen superiormente en el lugar del mundo tal cual lo vivimos.

El lugar que habitamos prolifera en formas que continuamente percibimos con los sentidos. Estas formas se organizan en forma arquitectónica y todos deseamos y nos merecemos que esa forma arquitectónica sea verdaderamente lograda. El logro arquitectónico de nuestro lugar no nos es facultativo, sino imperioso: merecemos un lugar adecuado y estéticamente logrado. Porque el lugar es en donde nos reconocemos a nosotros mismos, la arquitectura del lugar que habitamos nos concierne como cosa propia.

El habitar estético, según lo asumimos aquí, no estriba en una especialización o sesgo a priori, una mirada que contemple una pura figura aparente del objeto arquitectónico. Es, en cambio, un aspecto importante en la asunción plena y dichosa de la experiencia del habitar, allí en donde se pormenoriza una especial riqueza. Esta riqueza es el placer merecido que cada habitante tiene con respecto al lugar que habita.

El habitar estético es una específica intensificación de la vida que habita los lugares. Se trata de profundizar y explotar a fondo los vínculos entablados entre los objetos y los sujetos habitantes. Es la identidad, la memoria y el modo particular de habitar los lugares los que promueven juicios de valor singularmente sintéticos y complejos. Aquí, lo estético es un aspecto importante y, para muchas tareas, crucial. Es, no cabe duda, un aspecto capital para señalar el camino de las necesarias transformaciones del sitio habitado.

El desarrollo intenso de la experiencia estética del habitar no debe considerarse un privilegio reservado a minorías sociales detentadoras de amplios capitales materiales, culturales y simbólicos. Debe considerarse tan natural y omnipresente en el cuerpo social como el acceso al aire que respiramos. La esfera de lo estético es un componente ineludible de la buena vida. Y el derecho a una buena vida sólo tiene un sentido verdaderamente profundo cuando es efectivamente alcanzado por el cuerpo social en su conjunto.

La estética específica de la experiencia de habitar informará debida y necesariamente a las poéticas arquitectónicas que sirvan a la vida humana. En virtud de ello es necesario ahondar en la experiencia de habitar como requisito precedente a la derivación de reglas del arte arquitectónico. A la vez, es preciso revisar a fondo las tradiciones y el legado histórico de la arquitectura a la luz de las evidencias de la propia experiencia de habitar.

Como práctica social, el arte de habitar implica un conjunto específico de condicionantes. Un aspecto especialmente señalado radica en el efecto de consideraciones económicas sobre la producción y el producto arquitectónico, peculiarmente significativas en lo que toca a la residencia popular.

En este extremo debe distinguirse entre una estética propia de la pobreza de una antiestética del empobrecimiento.

Hay un sentido de la pobreza en lo humilde y necesitado. Estar limitado en posibilidades conduce a un estado cercano a la necesidad, al imperio de lo simple, contundente... y desornamentado de todo aquello que resulta superfluo por facultativo. De allí se obtiene, en el mejor de los casos, una estética de lo depurado, austero y forzoso. Es necesario cultivar una sensibilidad y perspicacia especial para apreciar el valor de belleza de productos de esta condición. A esta sensibilidad llamamos aquí una estética pertinente de la pobreza o de la austeridad.

Pero debe denunciarse el empobrecimiento, que es un asunto diferente en origen y en resultado. El sujeto empobrecido resulta carente, dañado y deprivado. El empobrecimiento es una antiestética para pobres, es una operación infligida sobre sujetos tenidos por desamparados, es una bastardía aleve. Gran parte de las presuntas "soluciones de tecnologías no tradicionales" provistas para la vivienda de interés social no son más que abaratamientos indignos e indecorosos.

Los arquitectos que pretendemos trabajar para el habitar popular inclusivo debemos cuidarnos especialmente de los empobrecimientos infamantes en que incurrimos, una y otra vez.

Hay un encanto especial en la contundencia de la arquitectura austera. Reducidos a su esencia, los elementos arquitectónicos no se empobrecen necesariamente: cuando se aúna ética y estética el resultado es simple y terminante. Mientras que la pobreza —el empobrecimiento— juega vanamente a quiero-y-no-puedo, la austeridad se ajusta con exactitud a la circunstancia. Hay una simplicidad auténtica y valiosa que no es simpleza, sino virtud en la depuración. No se trata de mezquindad, sino de adecuación a lo necesario. En vez de reducción a un mínimo, se opta por el tamaño conforme. Cierto es que en estas ocasiones se pierden matices, progresiones, elegancias. Pero siempre se conserva y atesora cuidadosamente la autenticidad.

La estética del habitar debe reconsiderar críticamente el comportamiento de los sentidos. Con mucho, es dable observar cómo es el sentido de la vista y sus perceptos los que dominan la crítica arquitectónica. Sin embargo, es preciso observar que es el sentido del tacto un protagonista peculiarmente importante de la experiencia sensible del habitar.

> *El tacto no denota posesión. La mano no agarra la pieza, sino que ésta se deja tocar. El tacto expresa confianza. Manifiesta el poder del sujeto y de la obra. Éstos no se muestran a la defensiva. No alzan barreras, ni se esconden, sino que se libran. El tacto exige quietud y cierto abandono. Sujeto y obra se entregan. Sienten ambos la presencia del otro. La comunicación se realiza por la vibración siquiera imperceptible. Vibran al unísono. Constituyen una unidad en la que cada miembro mantiene su integridad y su independencia. La mejor prueba que la obra está viva es que deje que el espectador se acerque. La obra no lo rechaza. Ambos se tienen la mano.* (Pedro Azara, 2016)

Si bien la vista y el oído son los sentidos más tenidos en cuenta, el tacto revela aspectos peculiarmente importantes de todo aquello con que habitamos. Es necesario meditar en las emociones de alegre serenidad que suscitan la apreciación cabal de las texturas. El tacto exige quietud y cierto abandono, dice Azara. Es que primero confiamos en las cosas que se dejan tocar y luego cedemos la iniciativa de los estímulos a las cosas. Estas, por su parte, libran sus condiciones que exigen un meticuloso detenimiento de las manos para percibir matices.

Y es que el asir con las manos no sólo es una interacción entre la piel y los músculos con los objetos, sino una que es una quiropráctica, un prendimiento que considera, valora, sopesa, que hace de un objeto una cosa. Asimos las cosas y tenemos entonces un mundo de cosas a la mano. La percepción háptica, por su parte, se complementa con la propioceptiva para configurar el mundo circundante tal como es habitado. Palpamos para comprobar ciertos estados de cosas, para expresar sentimientos ya sea sociales, amistosos, amorosos o sexuales. La parte próxima del mundo se nos revela por el contacto íntimo con la piel y es un goce estar vivo para experimentarlo.

## 4.5 EMOCIONES DEL HABITAR

Un desprendimiento posible de la estética del habitar lo constituye el examen sistemático de las emociones implicadas por la habitación de los lugares. A estos efectos es dable presentar una tipología de emociones con las que sea posible abordar, siquiera de modo inicial, el estudio de estos aspectos.

Puede pensarse, en principio que, antes que dar un detalle pormenorizado de emociones con los que elaborar una enumeración taxativa de éstas, cabe considerar que existen, de hecho, estados emocionales que se deslizan entre polos antagónicos. De esta forma, parece más fructífero no sólo dar la nota emocional relativa, sino intentar comprender el fenómeno emocional como una valoración compleja y multidimensional.

Así, se propone aquí examinar los deslizamientos emocionales entre los siguientes pares o valores polares:

1. Sorpresa/habituación
2. Adhesión/aversión
3. Alegría/tristeza
4. Serenidad/irritación
5. Entereza/miedo

La ilustración arquitectónica suele apelar con mucha frecuencia al efecto de la *sorpresa*. En un cuadro arquitectónico logrado siempre hay un elemento que promueve la admiración por la originalidad, el elegante equilibrio de los elementos, la conseguida contraposición de colores y texturas, a veces, los reveladores golpes de luz.

Por su parte, la obra arquitectónica en sí misma puede sorprendernos agradablemente con similares recursos. Por ello, la emoción de la sorpresa tiene un papel a desempeñar en la retórica arquitectónica. Pero, por lo general, las obras arquitectónicas perduran en el tiempo por plazos mucho más dilatados que los que colma esa maravilla. Así, a la sorpresa le sigue la *habituación*, que es no es un contravalor, sino un antagonista emocional. Frente al cultivo frecuente del recurso de la sorpresa, parecería un argumento más honesto, desde el punto de vista retórico, el recurso de la habituación a la bella interacción entre el lugar habitado y su ambiente.

Podría decirse que en todo habitar hay, al menos un par de vectores alineados en su dirección emocional y de signos o direcciones opuestas: la *adhesión* y la *aversión*.

Por lo general, cada uno intenta conformar sus lugares y disponer enseres y objetos en una forma que juzga adecuada, digna y decorosa. A situaciones así adherimos con grados variables de entusiasmo y complacencia. Frente a esto, una situación inadecuada, indigna o indecorosa nos mueve a la transformación, una vez que la aversión nos mueve a rechazar este escenario y anhelar el cambio.

Pero debe observarse cómo estas emociones antagónicas promueven, cada una a su manera, a las acciones y prácticas del habitar. La aversión nos desafía a encontrar alternativas: sustitución de lugares y equipamientos, reordenamientos, supresiones y adquisiciones, ajustes. Todas acciones movidas por el ímpetu de abandonar una situación que disgusta. Por su parte, la adhesión promueve, en algunos casos, la concentración de la atención en los elementos o componentes de la escena que resulten cruciales o fundamentales para alcanzar esta condición de complacencia. En otros términos: mientras que la aversión nos mueve al cambio, la adhesión nos mueve a posteriori a encontrar de qué condiciones resulta. El antagonismo *adhesión/aversión* tiene una cierta complejidad, por debajo de su aparente contundente sencillez.

> *La alegría consiste en tener salud y la mollera vacía.*
> (Antonio Machado)
> *Las tristezas no se hicieron para las bestias, sino para los hombres; pero si los hombres las sienten demasiado, se vuelven bestias.*
> (Miguel de Cervantes)

Le Corbusier definía al sol, el espacio y el verdor como alegrías esenciales, lo que es una bella y expresiva manera de caracterizarlos. Hay una idea que asocia la alegría con la salud: el estar sano y alegre parece constituir un estado de plenitud existencial. Este estado puede ser efímero, pero peculiarmente intenso, como en el éxtasis, así como la depresión aguda se identifica como un pujo de honda tristeza. En la vida contemporánea solemos aguardar expectantes unas intensas vivencias de la alegría que no suele referirse, por lo general y necesariamente, a factores saludables. Así nos va.

Los griegos nos han enseñado el valor de belleza en los semblantes *serenos*. Este valor estético ha sido trasladado de las personas a la arquitectura y de allí es que la verdadera hermosura arquitectónica se aprecia con una calma que se distancia tanto de la *irritación* iracunda como de la hilaridad. La arquitectura lograda es la que adopta una justa medida y sus fruidores rehúyen toda desmesura, toda pasión desatada.

*De lo que tengo miedo es de tu miedo.* (William Shakespeare)

Siempre nos ubicamos en un punto intermedio entre la *entereza* y el *miedo* que nos asegure un lugar en el mundo. Es que el miedo nos somete a la retracción, mientras es con entereza que afrontamos el lugar y sus condiciones. Sobre la recta que va del miedo a la entereza entonces situamos el punto que nos permite trazarnos un horizonte.

La ciudad y sus habitantes suscitan el miedo que nos recluye tras las rejas, al abrigo de nuestros muros y frente al televisor. Este último insiste todos los días en alimentar tanto nuestro miedo a nuestros semejantes —que empiezan a ser los Otros—, así como a proponernos con insistencia que debemos seguir consumiendo todas esas cosas maravillosas que suceden en las tandas publicitarias. Así, perdemos el horizonte, porque ahora estamos situados entre el miedo y el deseo y ambos son cada vez más fantasmáticos.

La observación atenta de los ámbitos habitados a la luz de los tonos emocionales que promueven puede resultar peculiarmente fructífera para la Teoría del Habitar. De lo que se trata es de pormenorizar y sobre todo de sistematizar unos protocolos de observación y valoración que permitan entender los modos en que los habitantes afrontan sus lugares. A este examen se le debe complementar con el examen profundo del desempeño emocional propio en los lugares.

A título de ejemplo de esta última alternativa, cabe analizar el tono *sereno* en el habitar corriente.

Hay ocasiones en donde las estancias ocurren en calma. Hay un estado emocional singularmente sereno que anima estas situaciones. Por cierto, es un estado que ocurre escasamente y por lapsos muy breves. Es quizá por la alternancia con otros momentos más ajetreados que podemos ponerlos en valor. Se trata del valor del bienestar en el reposo, en el relajado recuperar las fuerzas, en el tiempo de deliberar, de recordar, o de dejar viajar libre la imaginación. Se trata de respirar detenido de la atmósfera, de apreciar los juegos furtivos de la luz sobre las cosas, de distraerse con murmullos lejanos, de asir las cosas con especial consideración y de hacer inmersión en los aromas del lugar. El tiempo propio de nuestras estancias es el de una vida en queda suspensión que a veces nos damos el lujo de conseguir.

## 4.6 HISTORIA SOCIAL DEL HABITAR

> *Una historia que no se interesa por la memoria como recuerdo, sino como economía general del pasado en el presente* (Pierre Nora, 1998)

La historia de la arquitectura, en su contextura tradicional es una gesta de héroes y batallas victoriosas. Pero podría tratarse de *otra* historia. Sin héroes —con muy pocos nombres y apellidos—, sin batallas y otros tantos objetos singulares. Pero con morosos procesos sociales, con ilustraciones de la vida cotidiana, con historias de vida y testimonios del día a día. Con muchas palabras y sus ecos en los ámbitos. Con dilatados procesos de cambio. Una historia de la arquitectura como historia social de la habitación.

Hay quien ha dicho que todos demandamos al historiador, de una forma u otra, una misma consigna: *Cuéntanos cómo fue.*

Sin embargo, de las palabras de Pierre Nora se desprende que podríamos inquirirlo en otros términos. ¿Cómo es que llegamos a esta situación presente? Con mucho, esta cuestión es mucho más desafiante y quizá más pertinente. Es más desafiante porque supone desmontar el presente en los procesos tal como se desarrollan hoy e investigar cómo se han originado en un pasado que proyecta sus luces y sombras en el tiempo que aún transcurre. Es, por otra parte, más pertinente porque necesitamos entender la concreta contextura histórica del momento que nos toca vivir para poder proyectar hacia el futuro con conciencia fundada. Necesitamos una nueva historia.

> *La historia se edifica, sin exclusión, con todo lo que el ingenio de los hombres pueda inventar y combinar para suplir el silencio de los textos, los estragos del olvido...* (Febre, 1953)

Una teoría rigurosa del habitar no puede sustraerse a su compromiso histórico. La habitación humana de los lugares tiene una historia propia que merece sobradamente una historiografía adecuada a su contextura particular. En este terreno, todo está por hacerse, ya que el esfuerzo teórico realizado hasta aquí está próximo a su extenuación. Es ocasión entonces que los historiadores reclamen para sí la materia y el método apropiados para la investigación diacrónica del habitar.

El desarrollo teórico efectivamente llevado a cabo en Teoría del habitar es de naturaleza y conformación casi puramente sincrónicas. La investigación diacrónica del habitar, operando como un antagonista colaborador, si cabe la locución, ratifica o rectifica lo que, a los ojos de la Teoría, aparece como manifestación del ser de las cosas. Esta manifestación del ser de las cosas del habitar no es únicamente una función de la constitución presente, sino resulta de una tensión —no examinada en toda su magnitud— entre lo efectivamente observado en relación a una cierta deriva histórica. Esta deriva histórica efectiva es lo que hay que indagar en profundidad y con el rigor del método idóneo.

El problema del método idóneo conduce a la conveniente caracterización de la historiografía. Parece en principio claro que la historiografía del habitar nada tendrá que ver con la tradicional historia del arte arquitectónico. En efecto, la historia del habitar no se desarrolla a partir de casos excepcionales y paradigmáticos, sino a través del devenir de tipos de conductas corrientes. Por ello, no es ocioso caracterizar esta historiografía como una historia social que no se centra en héroes y en acontecimientos cruciales, sino que opta por el examen atento de todo aquello que, a través del tiempo, las personas comunes y corrientes han considerado razonable realizar en los sitios que habitan.

> *Juegos televisados, biografías populares, películas político-policíacas, recreaciones aproximadas de "atmósferas": todo empuja al hombre de la calle a pensar la historia sentimentalmente, moralmente, en función de individuos. Me permito considerar el conocimiento histórico como de otra naturaleza: consiste en captar y esforzarse en hacer captar los fenómenos sociales en la dinámica de sus secuencias.* (Vilar, 1987)

Si el habitar es el objeto de una historiografía idónea, los fenómenos sociales implicados por éste en sus secuencias son la materia señalada. Mientras que, en el plano puramente teórico, los fenómenos aparecen dotados de una peculiar significación, en función de sus relaciones y diferencias mutuas y tal como se presentan las cosas en la actualidad, en el plano histórico, lo verdaderamente significativo es el examen de las condiciones sociales que las han originado tanto, así como los procesos que han operado para conferirles su actual contextura. Es de esperar, con hidalguía intelectual, que el estudio histórico del habitar suponga una revisión radical de toda esta formulación teórica, tal como ha resultado posible enunciarla aquí y de este modo.

Un problema historiográfico peculiarmente interesante lo constituye la búsqueda de documentos adecuados. En general, la vida cotidiana se consigna en forma muy discreta en los textos, toda vez que su aparente obviedad la vuelve relativamente transparente. Las crónicas de costumbres tienen la limitación de responder a observaciones, generalmente no sistemáticas, de la habitación de personas tenidas por extrañas por el cronista. Así, las semblanzas son de lo curioso, distinto, extemporáneo y, en general, diverso a los modos de vivir del testigo. Todo parece indicar que deberá indagarse con no poco esfuerzo tanto en documentación muy secundaria como en los márgenes de la documentación disponible, sin desdeñar los testimonios literarios.

Por su parte, el material iconográfico tiene sus peculiaridades. Puede pensarse que las pinturas de la vida popular y burguesa desarrollada en los Países Bajos en el siglo XVI y XVII constituyen importantes testimonios de la vida cotidiana, al menos de su lugar y época. Pero también hay que considerar el legado cultural que tiene la denominada pintura de género en lo que dirige la atención de los artistas a la captación de la vida humana en los lugares. Significativamente, entre las más interesantes imágenes de la vida cotidiana sólo se encuentran en forma muy excepcional las obras consideradas maestras por la crítica. Es preciso buscar con mucho empeño en aquellas realizaciones pictóricas volcadas a la documentación realista de la vida cotidiana.

Todo indica que la historia social del habitar se desarrollará en la estela inspiradora de la historia de la vida cotidiana y de la historia de la vida privada. Tanto Michel de Certeau como Philippe Ariès y Georges Duby han iniciado un camino y un método de los que hay mucho que aprender y ejercitar. Por otra parte, habrá de prestarse atención especial a las perspectivas históricas de género y edad, tal como ha desarrollado Michelle Perrot. A nuevas perspectivas teóricas, entonces, una historiografía apropiada.

# 5. Perspectivas de desarrollo futuro

## 5.1 HACIA UNA TEORÍA DEL CONFORT

Según puede verse en el actual estadio de desarrollo, uno de los principales ejes temáticos del conocimiento efectivo del habitar podría consistir en una elaboración sistemática del concepto del confort. Al desenvolver hasta cierto punto la teoría del habitar parece que la idea de confort puede constituir un tema a indagar en profundidad y con especial rigor.

¿Qué es el confort? ¿Cómo definirlo en términos operativos? ¿A qué nos referimos cuando citamos el vocablo?

Se entiende al confort como el conjunto de condiciones materiales que aseguran bienestar y comodidad. Por su parte, al bienestar se le reconocen aspectos físicos, psicológicos, emocionales y sociales. Mientras tanto, la comodidad es expresión de utilidad y adecuación en la relación entre las personas y las cosas de que éstas se sirven.

A efectos de definir el término de un modo operativo, esto es, forjar un significado adecuado y fértil para desarrollar una teoría específica, debemos formular ciertas precisiones:

- Primero, el confort es un *valor*, esto es, una relación entre un conjunto de condiciones objetivas y un estado subjetivo de relativa satisfacción o conformidad, expresión de una forma específica de bienestar.

- Segundo, el confort es una variable ambiental, lo que implica que el sentido de la locución se dirige a la relación del ser vivo con el conjunto de condiciones que hacen posible y efectiva una modalidad específica de vida.
- Tercero, en tanto se considere el confort humano, éste constituye un estado de un mundo relacionado con un existente, en donde este último forja e interviene activamente en una relación específica con aquello que hace posible y efectiva su existencia.
- Cuarto, que toda forma de confort es un constructo histórico social, esto es, una elaboración contingente y revisable, originada en concretas condiciones históricas y sujetas a procesos de revisión crítica.

La tercera de las cuestiones radica en qué entidad referente es el confort. Por el momento, sólo es posible asegurar que se trata de una idea fuerza y una racionalización de un deseo profundo y estructural de la condición humana.

En principio, en torno a la idea del confort, se atiende a ciertos factores microclimáticos: higrotérmicos, acústicos y lumínicos. Así se consideran asociadas variables tales como la humedad, temperatura y velocidad del aire en correlación con los períodos estacionales, el tipo de vestimenta y las modalidades de actividad corporal. El acondicionamiento higrotérmico pasivo y la climatización artificial suelen ser los recursos principales para asegurar un marco de condiciones higrotérmicas satisfactorias.

En lo que toca al confort acústico se suele tener en cuenta las intensidades de los sonidos, tanto los eventuales como los niveles de fondo. Se apela al acondicionamiento específico por el control de fuentes, las variables de absorción y reflexión, y a la aislación por cerramientos. Por su parte, el confort lumínico atiende a la intensidad, distribución espaciotemporal y modulación de la luz, así como la luminancia diferencial de los elementos. Los recursos técnicos disponibles son el acondicionamiento pasivo de la iluminación natural y el diseño de sistemas artificiales específicos. Todos estos factores de naturaleza microclimática se tienen como fundamentales en tanto afectan críticamente algunos sentidos. Sin embargo, no son los únicos que afectan el confort efectivo.

Los factores microclimáticos de confort tenidos en cuenta en la literatura arquitectónica sobre el tema omiten considerar algunos aspectos tales como el confort olfativo o confort osmótico. Esto quizá se deba a que pueda considerarse que un arquitecto poco o nada puede hacer en este aspecto: las características olfativas del lugar parecería que son responsabilidad del habitante. Y se sabe, para el sentido común de los arquitectos, la arquitectura es aquello de lo que se ocupan en exclusividad los arquitectos profesionales.

En realidad, una buena práctica arquitectónica no soslaya sino pone en primer lugar aquello que hace el propio habitante por su lugar. Por otra parte, hay ocasiones en donde el propio arquitecto cuida de aspectos como el que nos ocupa en un cuidadoso acondicionamiento específico de jardines y patios.

La experiencia de visitar los jardines de la Alhambra y no sólo solazarse con los colores y texturas, sino también disfrutar con la inspiración, es singularmente atrayente. Pero la mención a este aspecto debe hacernos reflexionar que, a efectos del confort debemos hacer centro en el ser humano como entidad sensible y valuadora de todos los aspectos del lugar que habita. En este sentido, aspectos como el aroma de un lugar son, indudablemente, aspectos insoslayables del confort. Y seguramente habrá otros.

Aparte de los factores ya asignados al confort, puede pensarse que hay que agregar a ellos otros aspectos más complejos en su constitución. Se trata de factores de conformación holística: efectos del ambiente físico global, aspectos del ambiente psicológico y otras condiciones propias del contexto social.

Como efectos del ambiente físico global podemos mencionar, en principio, a factores tales como la limpieza. Es claro que un lugar sucio no constituye, de suyo un ambiente confortable, si bien los umbrales relativos de conformidad son muy variables. Con todo, constituye un factor holístico, ya que no depende de una variable clara y distinta, sino de la constitución de un estado general de aseo. Es preciso indagar y reconocer más aspectos análogos, a la vez que ensanchar comprehensivamente el sentido del término confort.

El confort tiene claros aspectos holísticos propios del ambiente psicológico. No se trata de asignar ingenuamente factores emocionales a los lugares en sí y a priori, sino de reconocer que los lugares son escenarios propiciatorios de eventos con consecuencias afectivas sobre las personas. Por efecto de los mecanismos de identificación, memoria y referencia, los lugares se ven caracterizados, más allá de las variables puramente físicas concretas, por valoraciones afectivas de adhesión, rechazo o aún fobia, en función a los efectos emocionales de las experiencias vitales cuando tienen efectivo lugar.

¿El carácter agradable de una alcoba no es función, acaso, de las experiencias amorosas que allí han tenido lugar, más allá de las condiciones físicas efectivas? ¿La más elegante y pulcra sala velatoria puede quizá desentenderse de su vinculación con la aflicción por la muerte? La consideración de variables psicológicas del confort vuelve considerablemente complejo su tratamiento conceptual.

Aparte de los factores holísticos de naturaleza psicológica, en el confort efectivo también operan ciertas condiciones propias del contexto social. Unas condiciones físicoambientales determinadas pueden resultar en una situación confortable en cierto contexto de actividad o interacción social, mientras que pueden no serlo en otras. Unas condiciones ambientales propicias al trabajo intenso se vuelven inaceptables en la intimidad doméstica, mientras que en una animada reunión social imperan ciertas condiciones por completo diferentes a las de una consulta médica. En la valoración sistémica del confort no sólo hay que atender, en consecuencia, a los factores ambientales, sino que deben ser ponderados complementariamente ciertos aspectos holísticos psicológicos y sociales.

Hay una dimensión no ambiental en el concepto de confort. Proviene del tratamiento heurístico de la relación hombre-máquina y, en la actualidad, se extiende comprehensivamente a toda relación entre el cuerpo humano y una cosa cualquiera. De su origen en el mundo del trabajo deriva su nombre: confort ergonómico (del griego *ergon*, esfuerzo o trabajo). Trata este importante factor del confort de la fatiga muscular y articular, así como también factores conexos de naturaleza psicológica.

A grandes rasgos puede especificarse tal confort ergonómico:

- *Seguridad* en la implementación, uso, operación o finalidad. La persona debe servirse de una cosa o utensilio en forma que no afecte su integridad física, su salud y su bienestar
- *Comodidad* en la implementación. Debe minimizarse la fatiga y otros aspectos aflictivos en la relación con las cosas de las que uno se sirve.
- *Eficiencia* en la implementación. La relación entre el uso, operación o implementación del sujeto de la cosa debe resultar no sólo eficaz (la cosa debe ser capaz de auxiliar la acción de modo efectivo), sino además eficiente (debe maximizarse el beneficio de la acción)

El confort, como valor, reside en la relación existente entre un conjunto de condiciones objetivas que afectan a un sujeto y un determinado estado de satisfacción, expresado como forma positiva de bienestar. Debe distinguirse, entonces, tanto de las cosas o útiles capaces de conferir estas condiciones, así como de los estados subjetivos de satisfacción. El confort, en sí mismo, se desarrolla en el territorio de la relación entre estos factores. El confort, en tanto su constitución como valor, supone la concurrencia de una triple caracterización: ambiental, humana y de representación.

En principio, el confort es un valor de naturaleza ambiental, esto es, afecta la constitución del sujeto en tanto ser vivo. Estar vivo implica constituir una relación equilibrada y dinámica entre una entidad biológica y el conjunto total de circunstancias que hacen posible su desarrollo y su eventual reproducción. Por ello, el confort comienza por constituir un valor sustentado en la calidad de la supervivencia y su desarrollo espaciotemporal. Este carácter ambiental supone un primer estrato —que podríamos caracterizar como infraestructural— de la naturaleza compleja del confort.

Concurre una característica específicamente humana que afecta constitucionalmente al confort. Cuando tratamos del confort humano nos situamos en un mundo de posibilidades, proyectos, construcciones y transformaciones constantes. Mientras que el resto de los seres vivos se conforman con padecer su ambiente, el ser humano produce una antroposfera, un mundo posible, construido y continuamente modificado, sin que alcance a ser del todo un puro artefacto. Se habita entonces un mundo situado entre dos luces o condiciones: posibles y necesarias. Esta constitución antroposférica del mundo es una determinación estructural del ambiente habitado por el hombre. Concomitantemente, así se determina un estrato propiamente estructural del confort. Se trata de un estado posible, proyectado, construido y transformado de modo constante.

Existe un tercer y superior estrato en la naturaleza compleja del confort. Se trata del estatuto de la representación. El confort constituye un signo, esto es, un contenido evocado y hecho presente a la conciencia humana mediante formas significantes de variada constitución. Hay ideas, ilusiones, deseos, fantasmas, reflejos vagos, entrevisiones, y otros modos de representar y anticipar en la conciencia el confort que constituyen constructos históricos sociales. Estos constructos son elaboraciones contingentes y revisables, fruto de ciertas circunstancias socioculturales y están sujetas tanto a procesos de revisión crítica conceptual, así como a la verificación concreta en la vida de los cuerpos que la experimentan.

Con los elementos apenas sumariamente presentados es posible entrever en un horizonte relativamente próximo en el futuro un desarrollo sistemático y maduro de una teoría del confort como renglón teórico peculiarmente importante en la Teoría del Habitar.

## 5.2 HACIA UNA INDAGACIÓN SISTEMÁTICA Y PROFUNDA DE LAS DEMANDAS DEL HABITAR

*El amor y el deseo son las alas del espíritu de las grandes hazañas.*
GOETHE

Una principal consecuencia del desarrollo de la Teoría del Habitar consiste en agregar, a las tradicionales tareas arquitectónicas (proyectar y construir), una nueva, que es una intensa y aplicada labor hermenéutica.

Se trata, en principio, de *interpretar* de modo metódico, riguroso y fundado las diversas demandas sociales en pos de adecuados, dignos y decorosos lugares para vivir. No es por cierto una tarea fácil, pero es ineludible para cumplir debidamente con las solicitaciones de una práctica social productiva. Pero no es el único cometido. También es posible y pertinente desdoblar la labor hermenéutica en un nuevo cometido: *promover y estimular* la imaginación, el sueño y el deseo para hacer aflorar nuevas y mejores expresiones de demanda social. En la interpretación profunda de la demanda quizá radique el proyecto arquitectónico del futuro próximo.

> Si el mundo no fuera primero mi ensoñación, entonces mi ser estaría inmediatamente ceñido en sus representaciones, siempre contemporáneo y esclavo de sus sensaciones. Privado de las vacaciones del sueño, no podría tomar conciencia de sus representaciones. El ser, para tomar conciencia de su facultad de representación, debe pasar por ese estado de vidente puro. Ante el espejo sin azogue del cielo vacío, de realizar la visión pura. (Bachelard, 1953)

Esta labor hermenéutica se vuelve imperiosa por varios motivos. El principal de ellos es que la arquitectura debe recuperar su misión social de servicio trascendente a las demandas humanas de habitación. Parafraseando a Edmund Husserl, quien en su momento demandó *ir a las cosas mismas*, parece que ahora corresponde *ir a las demandas sociales efectivas mismas*. Los arquitectos no podemos ufanarnos vanamente de *interpretar a nuestro modo* las solicitaciones habitables de la humanidad, sino que tenemos, imperiosamente, que forjar una escucha atenta y una interpretación profunda y pormenorizada de las demandas de nuestros actores sociales.

Eso de *interpretar a nuestro modo*, no ha significada hasta ahora otra cosa que hacerse eco de las ideologías dominantes, esas que tratan a los habitantes como usuarios y a los sujetos como consumidores. Es ética y políticamente insoslayable atender a los sujetos de carne, hueso y deseo en primera persona, con la atención detenida de un antropólogo social y con la profundidad de un psicoanalista, espeleólogo de los psiquismos. Debemos aprender a interpretar en beneficio de quienes son destinatarios legítimos de nuestra labor.

Y nuestra labor, ahora, es conseguir la mejor arquitectura que nuestros congéneres, en sus actuales y futuras condiciones, merezcan efectivamente. No podemos confiarnos en muestras excepcionales de genio o talento puestos al servicio de los objetos singulares. Debemos apostar a la forja de conocimiento científico puesto al servicio de una práctica metódica y socialmente comprometida. Por ello, la mejor arquitectura no reside necesariamente en las anfractuosidades de las mentes de proyectistas y constructores, sino en las profundidades del deseo de nuestros semejantes, a título de habitantes.

La mejor de las arquitecturas es la que portamos en los enigmas del deseo. ¿Hay un lugar mejor iluminado, donde mejor reverbere la música de la respiración, donde se aspiren las mejores fragancias y donde proliferen las más tersas texturas? Por ello, debe haber un método de diseño arquitectónico que ahonde hermenéuticamente en las anfractuosidades del alma. Pero preguntarle ingenua y directamente a la conciencia puede resultar frustrante. Hay que indagar en el fondo que no se expresa con el lenguaje estereotipado de la imaginación alienada. Hay que saber oír las voces profundas del cuerpo.

Es difícil, por cierto, pero tiene que sernos posible.

## 5.3 HACIA UNA ARQUITECTURA COMO EL EJERCICIO DE UN HUMANISMO PRÁCTICO

Los arquitectos nos ocupamos mucho de las cosas, mientras que no prestamos debida atención a nuestro necesario compromiso con las personas. Sin embargo, el aspecto más importante que tiene la arquitectura como producción es el modo en cómo se relaciona con la vida de las personas. De allí puede sostenerse que el ejercicio profesional de la arquitectura puede constituir una suerte de humanismo práctico.

La arquitectura puede constituir un humanismo práctico

- cuando nutra su teoría con una honda antropología del habitar,
- cuando entienda al cuerpo humano como el principal recurso material y energético de la arquitectura,

- cuando reconozca en la vida humana plena y dichosa el fin de todo desvelo profesional.

Esto significa que un ejercicio profesional de la arquitectura así entendido proviene de un *compromiso social* efectivo: *lo que hacen, sueñan y construyen las personas es el punto de partida de toda la reflexión disciplinar.* El proyecto y la construcción de edificios dejan de ser finalidades en sí mismas para configurar apenas medios para la consecución social de lugares a habitar.

Por otra parte, los arquitectos y urbanistas comprometidos partimos del principio que, por cierto, no vivimos ni en el mejor de los mundos posibles, ni en la ciudad que merece nuestra gente. Contribuir reflexiva y pragmáticamente al esclarecimiento de la conciencia social sobre el hábitat es una tarea ardua, necesaria e impostergable.

¿Qué debemos entender por humanismo práctico?

En primer lugar, un pensamiento disciplinado por el conocimiento profundo de la condición humana. Un humanismo práctico, en este sentido, pone centro epistémico en la humanidad, sus características y demandas. El pensamiento arquitectónico que hace centro en el habitar asume un compromiso humanista fundamental. Mientras que las formas ya conocidas de humanismo suponen un *saber* del hombre, de su condición y de su desarrollo, un humanismo práctico es aquél que busca *actuar* y *producir* en pos del hombre y a favor del desarrollo de su condición.

En segundo lugar, debemos entender por humanismo práctico unas prácticas puestas en servicio principal y final al hombre. Son humanismos prácticos, entonces, las representaciones, acciones y actividades que tienen a la humanidad como causa final. Así, la práctica arquitectónica humanista implica tener al diseño, proyecto y construcción como medios para la consecución del habitar humano. Se trata de la concepción de la arquitectura como del ejercicio de una *actividad social de producción*. De este modo, un humanismo práctico niega críticamente el ejercicio privativo del oficio de arquitecto, poniendo en cambio su conocimiento y talento al servicio de las efectivas demandas sociales, tenidas por el verdadero origen de la autoría de la obra arquitectónica.

Por último, un humanismo práctico tiene una expresión productiva específica propia de su carácter de arte. El hombre es una autoproducción, es la concepción profunda de todo arte. Y la arquitectura respeta y se somete de buena gana a esta autoproducción. Por otra parte se constituye en una diversa *sustancialización* de la arquitectura. En este sentido y a la luz de un humanismo práctico, la arquitectura no se reduce a la obra construida y sus valores, sino que comprende, de modo fundamental, el hombre que habita y el lugar en donde este hecho tiene lugar

Para que el ejercicio de la arquitectura adopte plenamente la forma de un humanismo práctico, debe verificarse un importante viraje de corte epistemológico. En la medida en que, aún hoy, la arquitectura es considerada un oficio especializado reservado a especialistas profesionales, el sustento epistemológico aparece, de una u otra forma, bajo el modo de una teoría de la arquitectura. Tal teoría de la arquitectura, en esa perspectiva, es una teoría del arte, que adopta diversas modalidades según cómo se conciba la categoría problemática del propio arte. Toda vez que la arquitectura se asuma como un humanismo práctico, su teoría deja de ser una teoría del arte para dirigir su constitución como una Teoría del Habitar. La consumación de esta asunción radica en la superación epistemológica de esta Teoría por obra del desarrollo de una antropología del habitar plenamente desarrollada como ciencia social.

La asunción del ejercicio de la arquitectura como un humanismo práctico tiene un aspecto proveniente de una nueva sustancialización crítica de la arquitectura como obra social. Un humanismo práctico arquitectónico considera al cuerpo humano como el principal recurso material y energético de la arquitectura. Pone de relieve esta concepción que la realidad humana es sustancial para la arquitectura más que la materialidad de los componentes constructivos.

El habitar humano no es el resultado práctico de la transformación constructiva sino su causa. En función de esto, la sustancia primera y final de la arquitectura es la realidad plena de la habitación humana de los lugares, la que promueve transformaciones materiales y energéticas en el ambiente como medios. De la constitución concreta del cuerpo humana provienen tanto la estructura fundamental de los lugares así como la proliferación de dimensiones que le son inherentes.

La asunción del ejercicio de la arquitectura como humanismo práctico tiene también consecuencias en lo que toca a la naturaleza y objeto de la producción social arquitectónica. Mientras que una práctica productiva tradicional de la arquitectura resulta en bienes construidos, valores socioculturales conexos y derivados, así como ideas y conceptos propios de un grupo social especializado, el humanismo práctico en arquitectura produce situaciones y circunstancias humanas que relacionan íntimamente a las personas con los lugares que habitan. Se trata entonces de una autoproducción social: los seres humanos se producen a sí mismos como existentes socializados, en tanto producen de modo integrado e integral la estructura que alberga y da lugar a esa existencia.

A los efectos del ejercicio competente y responsable de la arquitectura, está aceptado, por lo general, que debe estudiarse a fondo la tecnología de la construcción y dominar con talento el difícil arte de proyectar y diseñar. A lo que hay que agregar, porque no por obvio debe callarse, que hay que saber del habitar del hombre. Entonces, *hay que saber*:

- Que el habitar no es la consecuencia del arte de proyectar y construir, sino su *causa*.

- Que el habitar es una conducta humana que se lleva a cabo tal como las personas creen y desean, no como los proyectistas y constructores creen adecuado.
- Que el habitar es una práctica, esto es, unas acciones asociadas a diversas y complejas representaciones sociales que se llevan a cabo en formas que hay que conocer e interpretar antes de proyectar y construir
- Que el habitar es una producción, lo que quiere decir que el principio o causa material radica en la actividad continuada del habitante y no en la pura elaboración material de la cosa construida por arquitecto o ingeniero.

Estas reflexiones han comenzado por preguntarse *¿qué es lo que sucede con la arquitectura cuando el arquitecto le entrega la obra al habitante?* En principio fue una intriga. Pero poco después constituyó una forma apasionada de arrebato: el habitar seduce como tema, promete fertilidad y devuelve más interrogantes que certezas. Pero, sobre todo, *hace falta.*

Hoy puede decirse que algo hemos avanzado, pero en ninguna medida suficiente. El recorte epistemológico parece más o menos claro, pero no puede descartarse que deba ser sometido a revisión. Es palpable que aquí y allá surgen muy tímidas expresiones de interés en pos de unas prácticas profesionales nuevas en su orientación humanista. Todavía no es posible anticipar unas nuevas formas arquitectónicas que surgirían, necesariamente, de las profundidades del psiquismo de los habitantes, antes que del talento individual de los arquitectos.

No es mucho, por cierto, pero hay futuro

*Montevideo, 2016- 2018*

# Galería de ilustraciones

**Ilustración 1.**
Antonello da Messina (1430-1479) *San Jerónimo en su estudio* (1475)

Hay pinturas que son un tratado teórico en sí mismas. En este caso la arquitectura se ilustra mostrando primero, su exterior, su naturaleza material tectónica, fruto del aparejamiento de las masas. Pero también se muestra su superficie interior, que contornea el cuerpo de Jerónimo y sirve a su habitación del lugar. Nuestra perspectiva se dirigirá al tratamiento de este segundo y crucial aspecto de la arquitectura.

Ilustración 2.
Albert Edenfelt (1854-1905) *Mujeres de Ruokolahti fuera de la Iglesia* (1887)

Nuestro estudio del habitar no partirá del objeto construido, sino del *lugar*. Y el lugar principia por la constitución humana. Las personas *tienen lugar* allí donde hagan presencia efectiva en espacio y tiempo y es allí y entonces que el habitar adquiere su concreta contextura.

**Ilustración 3.**
Christoffer Eckersberg (1783-1853) *Mujer frente al espejo* (1841)

En Teoría del Habitar, el cuerpo humano merece una peculiar atención. Las diferentes proyecciones del cuerpo en los lugares y la conformación del ámbito íntimo arrojan luz sobre importantes aspectos del habitar. Es tarea de la Teoría del Habitar observar e interpretar los signos de la habitación del cuerpo en los lugares.

**Ilustración 4.**
Pietro Marussig (1879-1937) *Figuras en el balcón* (1921)

La vida cotidiana y la arquitectura corriente también son temas destacados de atención para la Teoría del Habitar. Gran parte del esfuerzo teórico radica en revelar y tratar cognoscitiva, práctica y productivamente los gestos de la habituación cotidiana de las personas en los lugares.

**Ilustración 5.**
William Paxton (1869-1941) *Dejando el estudio* (1921)

Además de considerar la habitación en las estancias, debe observarse con perspicacia el comportamiento del cuerpo en los umbrales, en los lugares de pasaje y transición. Se descubrirá allí cómo la arquitectura emociona a las personas, ya que gran parte de la significación arquitectónica es protagonizada por sus estos umbrales.

**Ilustración 6.**
Gyula Benczúr (1844- 1920) Mujer leyendo en el bosque (1875)

El cuerpo lleva a cabo los gestos más simples de creación de un lugar en el sumario acondicionamiento del entorno próximo, el que constituye un primigenio signo del habitar. Una simple colcha basta para ofrecerle territorio al cuerpo, un parasol puede ayudar en cualquier contingencia. *Mucho antes* que se produzca un gesto arquitectónico puede haber constituciones de lugares, condición precedente y necesaria para toda arquitectura.

**Ilustración 7.**
Albert Chevalier Tayler (1862- 1925) *Kent vs. Lancashire* (1906)

Hay un gesto social primordial, por su parte, que construye del modo más simple posible un lugar. Una vez que se impone de buena gana un juego, éste proyecta el imperio de sus Reglas sobre el lugar o *field*. Se distingue entonces del entorno circundante en función a la oposición En el juego/Fuera del juego. Aún falta mucho para pensar en algo tan sofisticado como un edificio, pero ya se dispone de una estructura o forma nomotópica que es condición necesaria y precedente de cualquier arquitectura.

**Ilustración 8.**
Círculo de piedras en Swinside, Inglaterra

Por su parte, un primigenio gesto arquitectónico propone separar y unir a la vez dos regiones: Uno y Otro lado. Dos piedras hincadas bastan para ello. Ha sucedido una Articulación en el lugar. Con una serie de tales elementos que se cierra sobre sí, ya tenemos algo mucho más interesante: un Otro lado que se vuelve un recinto. Es natural que este Otro Lado se destine a las divinidades, a los muertos o a los ritos. La arquitectura tiene lugar.

**Ilustración 9.**
Marie Bashkirtseff (1858-1884) *Con el libro* (1882)

Si consideramos el habitar como un aposentarse, como una detención en una estancia, todo lugar adopta la configuración fundamental de una esfera. Esta idea de esfera, como lo ha demostrado con creces Peter Sloterdijk, es capital para entender mucho del habitar humano. Por cierto, en este caso no se trata de una esfera que tiene por radio la pura distancia física entre la cabeza de la lectora y la superficie de su libro, sino de la hondura existencial de la lectura, mucho más considerable.

**Ilustración 10.**
Charles Demuth (1883-1935) *Comodidades modernas* (1921)

Pero si concebimos el habitar en sus tránsitos, si consideramos que todo en el tiempo es camino, entonces la configuración fundamental del lugar corresponde a la de un laberinto. Esta configuración es complementaria a la configuración fundamental esférica y necesaria para la comprensión del carácter espacio-temporal de la constitución concreta del lugar.

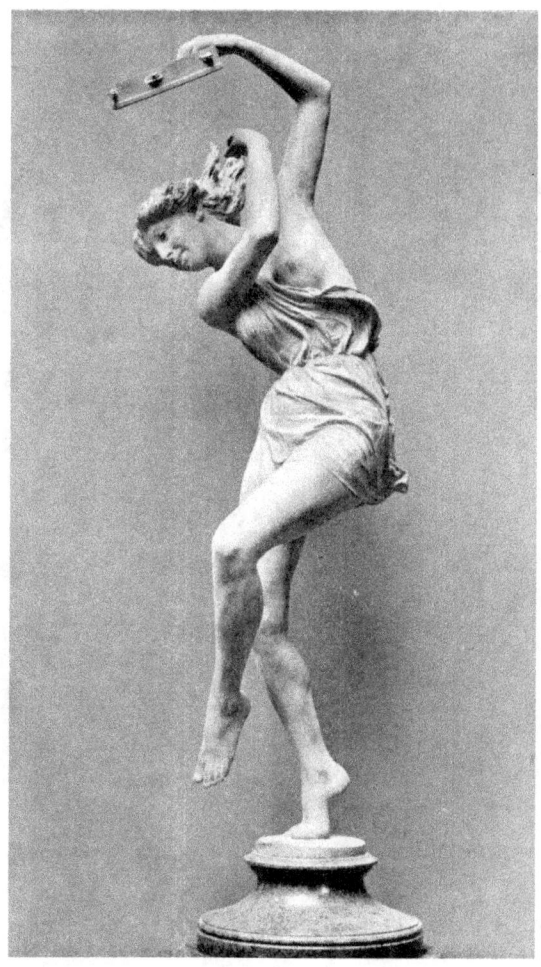

**Ilustración 11.**
Andrea Carlo Lucchesi (1860-1924) *Danzante* (s/d)

Más allá, de las configuraciones fundamentales de esfera y laberinto, el rector de la conformación efectiva del lugar es el cuerpo humano. Con cada actitud, postura y gesto, con cada composición coreográfica, el cuerpo humano mide, ordena, valora, proyecta y construye el lugar. Las danzantes dominan espacio y tiempo con su movimiento lleno de gracia y de ancestral sabiduría.

**Ilustración 12.**
Emanuel de Witte (1617-1692) *Interior con mujer al virginal* (1670)

El movimiento de la marcha da lugar al despliegue de la primera dimensión espacial —la profundidad perspectiva— en su relación con la dimensión temporal. El cuerpo en movimiento y las percepciones asociadas a esta actividad primordial confieren una precisa y concreta dimensión física al lugar.

**Ilustración 13.**
Albrecht Dürer (1471-1528) *Adán y Eva* (1504)

La bipedestación da lugar a la constitución efectiva de la dimensión vertical en el cuerpo, y por proyección, en el lugar. De esta segunda proyección significativa se derivan importantes ordenamientos jerárquicos que imprimen particular sentido a toda composición arquitectónica.

**Ilustración 13.**
Jan Van Beers (1852-1927) *En el balcón* (s/f)

Una tercera proyección del cuerpo en el lugar es la dimensión de la amplitud o latitud. Esta es la dimensión de la holgura, comodidad y libertad del cuerpo en el lugar habitado. Con la extensión de la envergadura, el cuerpo mide y ordena su primer y fundamental confort relativo. Sin embargo, hay que considerar que la profundidad perspectiva, la altura y la amplitud no son por cierto las únicas dimensiones de la estructura fundamental del lugar.

# BIBLIOGRAFÍA

AALTO, Alvar (1940) *La humanización de la arquitectura*, Tusquets editores, Barcelona, 1978.
ÁBALOS, Iñaki (2000). *La buena vida*. Gustavo Gili, Barcelona, 2000.
ABBAGNANO, Nicola (1961). *Diccionario de filosofía*. Fondo de Cultura Económica, México, 1963. Quinta Reimpresión: 1987.
ALBERTI, Leon Batista. *De Re Aedificatoria*. Akal, Madrid, 1991.
ALEXANDER, Christopher (1966). *Ensayo sobre la síntesis de la forma*. Ediciones Infinito, Buenos Aires, 1969. Tercera ed.: 1973.
——, (1977) *Un lenguaje de patrones*, Gustavo Gili, Barcelona, 1980.
——, (1979). *El modo intemporal de construir*. Gustavo Gili, Barcelona, 1981.
ARISTÓTELES. *Ética Nicomáquea*.
AUGÉ, Marc (1992). *Los no lugares. Espacios del anonimato*. Gedisa, Barcelona, 1998.
BACHELARD, Gaston (1957). *La poética del espacio*. Fondo de Cultura Económica, México, 1986.
BARRIOS PINTOS, Aníbal, 1971. *Montevideo: los barrios (I)*. Nuestra Tierra, Montevideo, 1971.
BERISSO, Lía (2008) "Carlos Vaz Ferreira y el mínimo social: una posición de avanzada". En revista *Actio*, N° 10, Montevideo, Facultad de Humanidades y ciencias de la educación, diciembre de 2008
BORGES, Jorge Luis (1951). "La esfera de Pascal". En *Otras inquisiciones*, (1960). Madrid, Alianza- Emecé, 1976. Segunda ed.: 1979.
BORONAT, Yolanda Y RISSO, Marta, 1996. *La actividad inmobiliaria y*

*la expansión urbana de Montevideo. El caso "Bello y Reborati".* 1921-1936. Dos puntos, Montevideo, 1996.

BOURDIEU, Pierre (1972). *Esquisse d'une theorie de la pratique.* Droz. Genève, Paris.

BOURDIEU, Pierre (2000). *Las estructuras sociales de la economía.* Manantial, Buenos Aires, 2001.

BOURGEOT, André (1991) "Territorio". En BONTÉ, Pierre, e IZARD, Michel, *Diccionario de etnología y antropología.* Akal, Madrid, 2005.

BRUNET, Roger (1989). «La carte modèle et les chorèmes », en *Mappemonde*, n° 4, 1986, disponible en http://www.mgm.fr/PUB/Mappemonde/M486/p2-6.pdf.

CALVO, María José (2000) *La función social de la propiedad y su proyección en el sistema de compensación urbanística.* Ediciones Universidad de Salamanca, Salamanca, 2000.

CASANOVA BERNA, Néstor (2013). *Hacia una teoría arquitectónica del habitar.* CSIC-UDELAR, Montevideo, 2013.

CASTRO, Pedro *et al.* (1996) "Teoría de las prácticas sociales" en *Complutum Extra*, 6 (II), 1996: 35-48. Publicado electrónicamente en http://ddd.uab.cat/pub/artpub/1996/22861/complutum_a1996v6n2p35.pdf. Consultado el 24 de marzo de 2015.

CIRLOT, Juan-Eduardo (1969). Diccionario de símbolos. Barcelona, Labor, 1991. Undécima ed.: 1995.

CONTI DE QUEIRUGA, Nydia (1972) *La vivienda de interés social en el Uruguay.* Facultad de Arquitectura, Montevideo, 1972.

CORTINA, Adela (1986) *Ética mínima.* Madrid, Tecnos, 2000.

DEVILLERS, Christian (1975) "Tipología del hábitat y morfología urbana" en *L'Architecture d'aujourd' hui* N° 174 1975, reproducida y traducida en *Trazo* N° 16, Montevideo, 1986.

DI TELLA et.al (2001).*Diccionario de Ciencias Sociales y Políticas.* Ariel, Buenos Aires, 2001.

DIAB, Fernanda (2008). "Fundamentación del Derecho a la Vivienda". En revista *Actio*, N° 10, Montevideo, Facultad de Humanidades y ciencias de la educación, diciembre de 2008.

DIBIE, Pascal (1987). *Etnología de la alcoba.* Gedisa, Barcelona, 1989.

DOBERTI, Roberto (s/f). "Lineamientos para una teoría del habitar".

Publicado electrónicamente en http://www.teriadelhabitar.blogspot.com.
——, (2011). *Habitar*. Nobuko, Buenos Aires, 2011.
DOBERTI, Roberto Y GIORDANO, Liliana (2000). "De la descripción de las costumbres a una teoría del habitar". En *Revista de Filosofía Latinoamericana y Ciencias Sociales* N° 22 - Octubre - 2000 Publicado electrónicamente en http://www.asofil.org/web/paginas/pdf/DOBERTI/REVISTA/de%20la%20descripcion.pdf.
DUQUE, Félix (2001). *Arte público y espacio político*. Akal, Madrid, 2001.
DUSSEL, Enrique (1984). *Filosofía de la producción*. Editorial Nueva América, Bogotá, 1984.
EINSTEIN, Albert (1953). "Prólogo". en JAMMER, Max (1954), *Conceptos de espacio*. México, Grijalbo, 1970.
ENGELS, Friederich (1887) "Contribución al problema de la vivienda"
FEBRE, Lucien (1953). *Combates por la historia*. Altaya, Madrid, 1999.
FERRATER MORA, José (1994). *Diccionario de filosofía*. Ariel, Barcelona, 1994 Segunda edición: 1999.
FRAMPTON, Kenneth (1980). "Lugar, forma e identidad: hacia una teoría del regionalismo crítico". En TOCA, Antonio (ed.) *Nueva arquitectura en América Latina: presente y futuro*. Gustavo Gili, México, 1980.
——, (1981) *Historia crítica de la arquitectura moderna*, Gustavo Gili, Barcelona, 1987.
——, (1995). *Estudios sobre cultura tectónica*. Akal, Madrid, 1999.
GARCÉS, Marina (2006). "Entre nosotros" en *Espai en blanc*, N° 1-2, Barcelona. Disponible en http://www.espaienblanc.net/Entre-nosotros.html. Consultado el 23 de marzo de 2015.
GAZZANO, Inés y ACHKAR, Marcel (2013). "La necesidad de redefinir ambiente en el debate científico actual" en revista *Gestión y Ambiente* Vol. 16 (3): 7-15. Diciembre de 2013.
GEHL, Jan (2010). *Ciudades para la gente*, Ediciones Infinito, Buenos Aires, 2014.
GIEDION, Siegfried (1948). *La mecanización toma el mando*. Gustavo Gili, Barcelona, 1978.

HARRIS, Marvin (1988). *Introducción a la antropología general*. Alianza, Madrid, 1981. Sexta ed. corregida, 1999.
HARVEY, David (2011). "El derecho a la ciudad". Publicado electrónicamente en http://www.hic-al.org consultado el 31/08/11.
HEIDEGGER, Martin (1947)."Carta sobre el humanismo".
HEIDEGGER, Martin (1954). "Construir, habitar, pensar". En *Conferencias y artículos*. Ediciones del Serbal, Barcelona, 1994.
HENCKMANN, Wolfhart y LOTTER, Konrad (eds.) (1992). *Diccionario de estética*. Crítica, Barcelona, 1998
INGOLD, Tim (2012). *Ambientes para la vida*. Trilce, Montevideo, 2021.
JAMMER, Max (1954). *Conceptos de espacio*. México, Grijalbo, 1970.
KANISZSA, Gaetano (1980). *Gramática de la visión*. Paidós, Barcelona, 1986.
KRUFT, Hanno-Walter (1985). *Historia de la teoría de la arquitectura*. Alianza, Madrid, 1990.
LAWRENCE, Denise (1992). "Arquitectura". En BARFIELD, Thomas, *Diccionario de antropología*. Siglo XXI, México, 2000.
LAWRENCE, Denise (1992). "Lugar". En BARFIELD, Thomas, *Diccionario de antropología*. Siglo XXI, México, 2000.
LE CORBUSIER (1923). *Vers une architecture*. Les Éditions G. Crès, 1924 (Segunda edición ampliada).
LÉVI-STRAUSS, Claude (1955). *Tristes trópicos*. Paidós, Barcelona, 1988
LINDÓN, Alicia (2005). "El mito de la casa propia y las formas de habitar". En *Scripta Nova. Revista electrónica de geografía y ciencias sociales*. Barcelona, Universidad de Barcelona, 1 de agosto de 2005, vol. IX, núm.194 (20). Publicado electrónicamente en http://www.ub.es/geocrit/sn/sn-194-20.htm.
LINTON, Ralph (1936). *Estudio del hombre*. México, Fondo de Cultura Económica, México, 1988.
LÓPEZ MOLINA, Antonio (2008). "Fundamentación epistemológica de las ciencias humanas (El diálogo de Habermas con Dilthey)" *Anales del Seminario de Historia de la Filosofía* Vol 25 (2008) Universidad Complutense Madrid, en http://revistas.ucm.es/index.php/ASHF/article/view/ASHF0808110407A consultado el 10/03/2015.

LOTMAN, Iuri (1992) "El texto y el poliglotismo de la cultura". En *La semiosfera I*, Cátedra, Madrid, 1996.
LYNCH, Kevin (1960). *La imagen de la ciudad*. Ediciones Infinito, Buenos Aires, 1966.
MADERUELO, Javier (2008). *La idea de espacio en la arquitectura y el arte contemporáneos, 1960-1989*. Akal, Madrid, 2008.
MAGRI, Altaïr (2014) *De José Batlle y Ordóñez a José Mujica. Ideas, debates y políticas de vivienda en Uruguay entre 1900 y 2012*. CSIC-UDELAR, Montevideo, 2015.
MALIANDI, Ricardo (2004). *Ética: conceptos y problemas*. Biblos, Buenos Aires, 2004 (Tercera ed, corregida y aumentada).
MARTÍ ARÍS, Carlos (1993) *Las variaciones de la identidad. Ensayo sobre el tipo en arquitectura*, Ediciones del Serbal, Barcelona, 1993.
MARTÍNEZ CORBELLA, Carlos (2002). *Algunas teorías sobre la vivienda de interés social*. Universidad de Valparaíso, Valparaíso, 2002.
MARX, Karl (1859) Prólogo de la contribución a la crítica de la economía política. En Marx, Karl y Engels, Friedrich, *Obras escogidas*. Progreso, Moscú, s/f.
MASIERO, Roberto (1999). *Estética de la arquitectura*. A. Machado Libros, Madrid,2003.
MASSEY, Doreen (2003). "Lugar, identidad y geografías de la responsabilidad en un mundo en proceso de globalización". En *Treballs de la Societat Catalana de Geografía*, 57, 2004, pp. 77-84.
MERLEAU-PONTY, Maurice (1945). *Fenomenología de la percepción*, Planeta-Agostini, Barcelona, 1993.
MORIN, Edgar (1973). *El paradigma perdido*. Kairós, Barcelona. Cuarta ed.: 1992.
MUNTAÑOLA, Josep (1973). *La arquitectura como lugar. Aspectos preliminares de una epistemología de la arquitectura*. Gustavo Gili, Barcelona, 1973.
——, (2011). "El diálogo entre proyecto y lugar" en *Cuadernos de Proyectos Arquitectónicos* N° 2 disponible en http://polired.upm.es/index.php/proyectos_arquitectonicos/article/view/1411.
——, (s/f) "Arquitectura, proyecto y memoria". Disponible en https://upcommons.upc.edu/revistes/bitstream/2099/12021/1/DPA%20 18_6%20MUNTA%C3%91OLA.pdf.

NORA, Pierre (1998). "La aventura de Les lieux de mémoire", en Josefina Cuesta Bustillo (ed.), *Memoria e historia, Revista Ayer*, núm. 32, 1998.

NORBERG-SCHULZ, Christian (1975). *Existencia, espacio y arquitectura*. Blume, Barcelona, 1975.

——, (1979). *Genius loci. Paesaggio, ambiente, architettura*. Electa. Milán, 1979.

——, (1984) *L'abitare. L'insediamento, lo spazio urbano, la casa*. Electa, Milán, 1984.

NÚÑEZ, Ana (2011). "Formas socioterritoriales de apropiación del habitar y derecho al espacio diferencial", en *Territorios* N° 24, 2011

OLSON, David (1994). *El mundo sobre el papel. El impacto de la escritura y la lectura en la estructura del conocimiento*. Gedisa, Barcelona, 1998.

ORTIZ, FLORES, Enrique (2004) *Notas sobre la producción social de vivienda. Elementos básicos para su conceptualización e impulso*. Casa y ciudad, México, 2004.

——, (2012). *Producción social de la vivienda y el hábitat Bases conceptuales y correlación con los procesos habitacionales*. Habitat International Coalition, México, 2012.

PEREC, Georges (1974). *Especies de espacios*. Montesinos, Barcelona, 1999. Cuarta ed.: 2004.

PÉREZ LUÑO, Antonio-Enrique (2014). "Los derechos humanos hoy: perspectivas y retos", en *Isegoría*, N° 51, Julio-diciembre 2014, pp. 465-544.

PEZEU- MASSABUAU, Jacques (1983). *La vivienda como espacio social*. Fondo de Cultura Económica, México, 1988.

PORTILLO, Álvaro (2010). "Vivienda y sociedad. La situación actual de la vivienda en Uruguay" publicado electrónicamente en https: // alvaroportillo.files.wordpress.com/2011/02/informe-final-vvienda.pdf.

RAPOPORT, Amos (1977). *Aspectos humanos de la forma urbana*. Gustavo Gili, Barcelona, 1978.

RIBCZYNSKI, Witold (1986). *La casa. Historia de una idea*. Nerea, San Sebastián, 1989.

RICŒUR, Paul (1969) *El conflicto de las interpretaciones. Ensayos de hermenéutica*. Fondo de Cultura Económica, México, 2003.

ROMERO, José Luis (2009). *La ciudad occidental. Culturas urbanas en Europa y América*. Siglo XXI, México, 2009.

SÁENZ, Alejandro (2000). "Algunas reflexiones teóricas a partir del análisis territorial de un barrio periférico de la ciudad de Mendoza, Argentina". En *Scripta Nova. Revista electrónica de geografía y ciencias sociales*. Barcelona, Universidad de Barcelona, 1 de agosto de 2000núm.69 (78. Publicado electrónicamente en http://www.ub.es/geocrit/sn/sn.

SALA I LLOPART, Blanca (2000). "Antropología y arquitectura. La apropiación del espacio del hábitat" En *Elisava Temes de Disseny* N° 16, 2000 disponible en http://tdd.elisava.net/coleccion/disseny-tecnologia-comunicacio-cultura-2000/sala-llopart-es

SIOLI, Harald (1973). *Ecología y protección de la naturaleza. Conclusiones internacionales*. Blume, Barcelona, 1982.

SENNETT, Richard (1990). "Las ciudades norteamericanas: planta ortogonal y ética protestante". Publicado electrónicamente en http://www, bifurcaciones.cl/001/bifurcaciones_001_ RSennett.pdf.

SHIPTON, Parker (1992). "Tenencia de la tierra". En BARFIELD, Thomas, *Diccionario de antropología*. Siglo XXI, México, 2000.

SLOTERDIJK, Peter (1998). *Esferas I. Burbujas*. Siruela, Madrid, 2003.

SLOTERDIJK, Peter (2004). *Esferas III. Espumas*. Siruela, Madrid, 2006.

TATARKIEWICZ, Wladislaw (1976). *Historia de seis ideas*. Tecnos, Madrid, 1986. Séptima ed.: 2002.

TOBOSO MARTÍN, Mario (2007). "Fenomenología del transcurso del tiempo". En *Diánoia*, v. 52 N° 59, México, noviembre de 2007.

SECRETARÍA DISTRITAL DEL HÁBITAT (BOGOTÁ) (2008). "Política Integral del Hábitat 2007-2017". *Bitácora Urbano Territorial*, vol. 12, núm. 1, enero-junio, 2008, pp. 209-230. Universidad Nacional de Colombia Bogotá.

URREJOLA, Luisa (2005). "Hacia un concepto de Espacio en Antropología. Algunas consideraciones teórico-metodológicas para abordar su análisis", *Tesis inédita*, disponible en http://www.tesis.uchile.cl/tesis/uchile/2005/urrejola_l/sources/urrejola_l.pdf.

VAN DIJK, Teun (1978). *La ciencia del texto*. Paidós Barcelona, 1992.

VIDART, Daniel (1997). *Filosofía ambiental. El ambiente como sistema*. Editorial Nueva América, Bogotá, 1986. Segunda edición corregida y aumentada: 1997.

VIGARELLO, Georges (1985). *Lo limpio y lo sucio. La higiene del cuerpo desde la Edad Media*. Alianza, Madrid, 1991

VILAR, Pierre (1987). "Pensar históricamente". Conferencia de clausura de los cursos de verano de la Fundación Sánchez Albornoz, Ávila, 30 de julio de 1987.

VITRUVIO, Marco. *Los diez libros de arquitectura*. Versión española de José Ortiz y Sanz. .Akal, Madrid, 1987.

WALDENFELS, Bernhard (2004). "Habitar corporalmente en el espacio" en Δαίμων, Revista de Filosofía, N° 32, 2004, 21-37.